영산靈山의 기슭에서

영산靈山의 기슭에서

영목회 편저

우리는 꿈을 이루는 조용기 목사님의 제자들입니다

교회성장연구소

" 지혜로운 자와 동행하면 지혜를 얻고
미련한 자와 사귀면 해를 받느니라 "

잠언 13:20

사랑하고 존경하는 스승 조용기 목사님을
가까이에서 따르고 동행할 수 있었던 것은
우리에게 가장 큰 축복이었습니다.
그 모든 추억을 이 한 권에 담아
조용기 목사님께 바칩니다.

"지혜로운 자와 동행하면 지혜를 얻고
미련한 자의 친구는 해를 받느니라"
잠언 13:20

사랑하고 존경하는 스승 조용기 목사님을
가까이에서 따르고 동행할 수 있었던 것은
우리에게 가장 큰 축복이었습니다.
그 모든 추억들 이 한 편에 담아
조용기 목사님께 바칩니다.

CONTENTS

__ 헌정사 「영산靈山의 기슭에서」를 조용기 목사님 영전에 드립니다   18
__ 추모시   큰 별은 떨어지지 않았습니다   20

01	이영훈 목사	영산 조용기 목사님의 신앙과 신학	28
02	최성규 목사	나의 멘토, 나의 아버지	40
03	엄기호 목사	언제나 따뜻했던 사랑의 스승님	48
04	이태근 목사	나의 나 됨이 있기까지	58
05	김경문 목사	탁월한 영적 지도자, 영전靈戰의 용사	68
06	전호윤 목사	행복한 만남의 추억	82
07	박종선 목사	변함없는 순종으로	94
08	백승억 목사	나의 영적 스승, 나의 아버지 목사님을 기억하며	104
09	이호선 목사	조용기 목사님의 지도로 목회자가 되기까지	112

10	권경환 목사	나의 사랑하는 목사님, 벌써 그립습니다	124
11	윤종남 목사	만남의 축복	138
12	고석환 목사	아! 나의 아버지 같으신 스승 조용기 목사님	150
13	신성남 목사	그리운 목사님, 너무나도 보고 싶습니다	162
14	장희열 목사	1978년 찬바람 부는 여의도 벌판	172
15	최명우 목사	성령의 사람, 나의 목사님	178
16	김용준 목사	나의 꿈은 베풀고 나누며 사는 삶입니다	190
17	함동근 목사	꿈은 이루어집니다	200
18	최용우 목사	삶으로 보이신 위대한 교훈	210

19	김봉준 목사	조용기 목사님을 추억하며	222
20	김상길 목사	큰 별은 떨어지지 않았습니다	232
21	최영길 목사	아버지, 진정 사랑합니다	240
22	한상인 목사	하늘을 바라보고 위대한 꿈을 꿔라	250
23	김대수 목사	절망에서 희망으로	260
24	김삼환 목사	내 인생과 목회의 스승이 되신 조용기 목사님	270
25	남준희 목사	스승님의 영광스러운 족적을 따라가겠습니다	278
26	송영준 목사	온 힘을 다해 지켜드리고 싶었습니다	286
27	정재우 목사	꿈과 성실을 깊이 새겨 주신 스승님	298

28	임형근 목사	그리스도와 복음을 위해서라면	308
29	양병초 목사	영적인 스승이자 아버지이신 조용기 목사님	318
30	김유민 목사	좋으신 하나님, 좋으신 스승님	328
31	임동환 목사	나의 영원한 스승, 조용기 목사님	338
32	민장기 목사	내 아버지여! 내 아버지여!	348
33	함덕기 목사	성령충만의 역사를 계속 이루어 가라	356
34	변성우 목사	또 하나의 열매가 되길 바라며	370
35	정재명 목사	기도하는 대로, 바라는 대로	380
36	김형근 목사	영원히 위대한 좋으신 사랑하는 목사님	390

_ 조용기 목사님을 기리며   400

헌정사

「영산靈山의 기슭에서」를 조용기 목사님 영전에 드립니다

영목회장 전호윤 목사

    조용기 목사님은 큰 산과 같습니다. 옛날 모세는 시내산에서 말씀과 영감을 얻었고, 엘리야는 호렙산에서 세미한 음성을 들었으며, 예수님의 제자들은 예수님이 지시하신 갈릴리의 어느 산에서 모든 민족에게로 보내심을 받았습니다.

    조용기 목사님의 제자 된 영목회 회원들은 영산靈山에서 순복음의 영성을 전수받았습니다. 큰 산에서 자란 나무들처럼 영산의 제자들도 영산 기슭에서 큰 숲을 이루고 있습니다. 큰 산은 사철 내내 맑은 물줄기를 흘려보내어 시내를 이루고 강을 이룹니다. 영산도 그러합니다. 영산 기슭의 나무들이 순복음의 생수를 계속 흘려보내어 민족복음화와 세계선교의 강을 이루고 있습니다. 큰 산기슭 숲속에는 아름다운 새들의 노래가 끊이지 않듯 영산 기슭의 나무숲에도 하나님을 향한 찬미와 스승의 은덕을 기리는 추모의 노래가 끊이지 않고 있습니다. 골짜기마다 봉우리마다 각양각색의 노래가 아름다운 하모니를 이루고 있습니다.

    이 추모집이 바로 영산 기슭에서 들려오는 그 아름다운 노래들입니다. 이 글을 읽는 이마다 마음이 향기로울 것이며 은혜의 감동을 받게 될 것입니다. 누구보다 영산이신 스승 조용기 목사님께서 즐거워하실 것입니다. 왜냐하면 목사님도 알지 못하시는 목사님을 향한 제자들의 추억이 옥합처럼 깨어져 향유처럼 향기를 발하고 있기 때문입니다.

2021년 12월에

추모시

큰 별은 떨어지지 않았습니다

김상길

지상에서 가장 큰 별이 떨어졌습니다
영산이 무너지는 줄 알았습니다
암흑의 시대 동방박사에게 비췄던 별처럼 절망의 세상에서
구원과 성령충만
치유와 형통
천국의 영광을 비추던 찬란한 별이었습니다
가시덤불이 뒹구는 사막의 밤하늘에서
아브라함이 탄성을 지르며 보았던 별이었습니다

모든 열방 한 영혼의
심장과 모세혈관까지 비추고 뛰게 했던 별이었습니다
에스겔 골짜기에서 죽어 가던 영혼들이, 교회들이
그 별을 보고 다시 생명을 얻었고 생기의 행진을 했습니다

사막에서 꿈을 잃고 절망하던 영혼들이
야곱처럼 사닥다리의 꿈을 꾸고
벧엘로 올라갔습니다

은하수에서 쏟아지는 별빛 같은
생명의 메시지에 지상의 영혼들이 천상의 길을 보았고 길을 밟았습니다
격변의 시대
최초의 선지자며 최후의 사사였던 사무엘 같은, 주의 종이었습니다

시대의 선지자 시대의 사사이었습니다
죽어있던 사데교회들이 깨어났고 살아났습니다
성령 운동의 선구자
교회 부흥이 전 세계에서 일어났습니다
차갑던 라오디게아 교회들이 열정과 부흥을 회복했습니다
첫사랑을 잃은 에베소가 다시 성령충만으로 일어났습니다
전 세계가 복음의 열풍에 휩싸였고 대한민국의 복음이 중심에 있었습니다
아, 그분이 병거타고 하늘로 오르셨습니다
지상엔 애가의 비가 내렸습니다
큰 별을 잃은 세상은 애통에 잠겨 허망의 비를 맞고 있습니다
이제 우리는 어떡해야 합니까
어디가서 가르침을 받아야 합니까

그 큰 별이 빛을 소진하기까지
얼마나 많은 십자가의 고통이 있었을까요
찔림과 상함이 있었을까요
얼마나 아프셨을까요

민족복음화와 세계선교로 디딘
발자국 발자국 마다엔
별의 피가 고여 있습니다
순교자의 혈서가 쓰여 있습니다
아, 아 저희는 어떡해야 합니까

영산의 기슭에서
애통해하는 저희가 이제야
영혼을 추스르다가 다시 그 준엄한
별의 음성을 듣고 깨어납니다

아, 아 별은 결코 떨어지지 않았습니다
별은 소리 내지 않고 반짝이는 줄 알았는데
그게 아니었습니다
별은 더 크게, 생기있게 살아서
소리치며 반짝이고 있었습니다
지상, 모든 이들의 가슴에서 반짝이며 살아있었습니다

주님 오시는 그날까지
복음 증거하며 주의 제자로 살라고 반짝이고 있었습니다
그 큰 영산은 무너지지 않았습니다
능력과 존귀로 옷으로 삼은
잠언의 현숙한 여인처럼
꿈과 생각, 믿음과 천국의 언어로
옷을 삼고 매일 능력있게 존귀하게 살라고
별은 살아서 소리치고 있었습니다

주님 오시는 그날까지
저희는, 아니 세상 모든 사람은

큰 별을 가슴에 고이 품고 하늘의 은총을
찬양할 것입니다
오늘도 저희는 그 별을 따라갑니다
동방박사는 잠시 별을 잃었지만
저희는 별을 잃지 않고 끝까지
주의 성탄의 자리, 베들레헴으로
행진하겠습니다
믿음과 소망과 사랑의 세 가지
예물을 들고 베들레헴으로 가겠습니다

우리는 꿈을 이루는 조용기 목사님의 제자들입니다

이영훈 목사 - 여의도순복음교회

연세대학교 신학과 졸업, 신학사(Th.B.) 취득·한세대학교 신학과 졸업·연세대학교 연합신학대학원 졸업, 신학석사(Th.M.) 취득·미국 웨스트민스터 신학대학원 석사과정(Th.M.) 수료·미국 템플대학교 대학원 졸업, 종교철학 석사(M.A.) 및 종교철학 박사(Ph.D.) 취득·여의도순복음교회 교육연구소장, 국제신학연구원장, 교무담당 부목사·워싱턴순복음제일교회 담임목사·순복음 동경교회 담임목사·LA 나성순복음교회 담임목사·한국기독교총연합회(CCK) 대표회장·한국기독교교회협의회(NCCK) 회장·한국교회총연합(UCCK) 대표회장·한국교회봉사단 공동대표회장·현) 기독교대한하나님의성회 대표총회장·현) 사단법인 굿피플 인터내셔널 이사장·현) 재단법인 순복음선교회 이사장·현) 영목회 고문·현) 교회성장연구소 대표이사·현) 여의도순복음교회 위임목사

01

영산 조용기 목사님의
신앙과 신학

01

영산 조용기 목사님의 신앙과 신학

1964년 이래 영산 조용기 목사님을 모시고 신앙생활을 한 58년은 내 일생의 큰 축복이었고 은혜였습니다. 조 목사님께 받은 은혜와 사랑은 말로 다 표현할 수 없습니다. 천국 가신 조용기 목사님을 그리워하며 조 목사님의 신앙과 신학의 핵심적인 부분에 대해 정리해 보고자 합니다.

좋으신 하나님의 신앙

조용기 목사님의 신학은 '좋으신 하나님' 신앙에 기초하고 있습니다. 조 목사님의 좋으신 하나님 신앙은 한국 기독교인들이 가지고 있던 전통적인 신관에 큰 변화를 가져왔습니다. 유교 문화의 영향을 받은 한국의 기독교는 하나님을 가부장적 권위와 위엄을 가지신 분으로 이해하는 경향이 있었습니다. 특히 장로교에서는 하나님의 절대주권을 강조함으로 성도들에게는 엄위하신 절대자 하나님의 모습이 각인되었습니다. 그런데 조 목사님은 하나님의 절대주권을 강조하면서도 동시에 좋으신 하나님을 강조하셨습니다. 이를 통해 성도들이 공의의 하나님과 함께 사랑의 하나님을 체험할 수 있게 하셨습니다.

좋으신 하나님 신앙은 6·25 전쟁 후라는 역사적 배경 속에서 탄생하였습니다. 조 목사님이 처음 천막 교회를 세운 대조동은 당시 전쟁으로 잿더미가 되어버린 서울에서 가장 가난한 동네였습니다. 그곳에 사는 사람들은 너 나 할 것 없이 가난과 굶주림으로 신음하고 있었습니다. 그들은 절대 절망에 빠져있었습니다.

조용기 목사님은 그들이 삶에서 경험하는 실제적인 문제에 대한 성경적 해답을 찾기 위해 애쓰시다가 요한3서 1장 2절 "사랑하는 자여 네 영혼이 잘됨 같이 네가 범사에 잘되고 강건하기를 내가 간구하노라"는 말씀에서 그 답을 발견하셨습니다. 이후 요한3서 1장 2절 말씀은 조 목사님의 모든 설교와 목회의 기초가 되었습니다.

조 목사님은 1977년 『삼박자 구원』을 통해 삼중축복을 제시하셨고, 1983년 『오중복음과 삼중축복』을 출간하여 이를 이론화하셨습니다. 오중복음과 삼중축복은 영산 신학의 핵심인데 그것의 대전제가 되는 것이 바로 '좋으신 하나님 신앙'입니다. 좋으신 하나님이라는 신관은 오중복음과 삼중축복의 신학 전반에 흐르는 신학 개념으로서 1950~1960년대 절망에 처한 이들에게 새로운 희망을 안겨 주었습니다.

나도 조용기 목사님의 제자로서 조 목사님의 좋으신 하나님 신앙을 통해 큰 은혜를 체험하고 항상 '절대 긍정, 절대 감사'의 메시지를 선포해 왔습니다. 절대 긍정의 신앙은 좋으신 하나님을 믿는 믿음의 산물입니다. 좋으신 하나님 신앙은 성경 전체를 통해 보여 주고 있는 '하나님은 사랑이시다'라는 신앙을 깊이 반영하고 있습니다. 절대 긍정의 신앙은 언제나 하나님이 선하시다는 사실을 믿는 것으로, '하나님은 좋으신 하나님이시다'라는 신관에 기초하고 있습니다. 로마서 8장 28절은 "우리가 알거니와 하나님을 사랑하는 자 곧 그의 뜻대로 부르심을 입은 자들에게는 모든 것이 합력하여 선을 이루

느니라"고 말씀합니다. 하나님은 우리 삶에 좋은 일을 행하시는 언제나 좋으신 하나님입니다. 그러므로 그리스도인은 절대 긍정의 신앙을 가져야 합니다. 절대 긍정의 신앙은 고난조차도 하나님의 축복으로 받아들이게 합니다. 절대 긍정의 신앙으로 무장할 때 우리는 날마다 승리하는 신앙생활을 할 수 있습니다.

예수 그리스도의 십자가 중심의 신앙

좋으신 하나님 신앙에 기초한 조용기 목사님의 목회와 신학을 한마디로 요약하면 '십자가 신앙'입니다. 조 목사님의 모든 설교는 예수님의 십자가 구원 사역에 기초를 두고 있습니다. 조 목사님의 설교는 아담의 죄로 말미암아 절대 절망에 처한 인간의 실존에서 출발하여 예수 그리스도의 십자가로 말미암은 절대 희망의 구원으로 나아갑니다. 조 목사님의 삼중축복, 오중복음, 4차원의 영성은 모두 십자가 대속의 은혜에 기초를 두고 있습니다. 조 목사님은 십자가 대속의 결과로 다가온 '영혼이 잘되고, 범사가 잘되고, 강건하게 되는 삼중축복'을 강조하셨습니다. 오중복음은 예수 그리스도의 십자가를 통해서 본 성경의 핵심이 되는 다섯 가지 주제 곧 중생, 성령충만, 신유, 축복, 재림에 대한 내용을 설명한 것입니다. 4차원의 영성은 예수 그리스도의 십자가 대속의 결과로 다가온 삼중축복과 오중복음을 성도의 삶에 적용하는 역동적이고 실제적인 원리입니다. 그러므로 조용기 목사님의 목회와 신학은 철저히 예수 그리스도의 십자가에 근거합니다.

스승이신 조용기 목사님으로부터 배운 나의 신앙과 목회 사역 역시 예수 그리스도의 십자가에 뿌리를 두고 있습니다. 특히 나는 예수님의 십자가 앞에서 예수님을 닮은 '작은 예수'로서의 삶을 결단할 것을 성도들에게 강조하고 있습니다. 하나님의 사랑을 받은 성도는 날마다 자기를 부인하고 자기 십자가를 지고 예수님을 따라가야 합니다. 그래서 나는 성도들에게 작은 예수의 영성을 가지고 살아갈 것을 늘 권면하고 있습니다.

성령님과의 동역

　조용기 목사님은 늘 성령님과 함께하셨습니다. 신앙생활과 목회 사역의 모든 부분에서 인격이신 성령님과 교제를 강조하셨습니다. 조 목사님은 순복음중앙교회가 창립된 지 3년째 접어들던 1964년에 인격이신 성령님을 새롭게 인식하게 되었다고 말씀하셨습니다. 당시 교회의 성도 수가 3천 명 정도였는데 조 목사님이 아무리 애를 써도 더는 교회가 성장하지 못하고 있었습니다. 그러던 어느 날 새벽예배를 마치고 혼자 성전에 남아서 기도하고 계실 때 "너는 지금 너의 힘으로 교회를 성장시키려고 스스로를 혹사하면서 애쓰고 있다. 그러나 내가 성령의 바람을 일으키면 놀라운 기적이 일어날 수 있다. 너는 지금까지 성령을 교회성장을 위한 도구로만 생각해 왔다. 성령은 인격자이다. 교회가 성장하기 원하느냐? 그렇다면 성령을 인격적으로 인정하고, 환영하고, 모셔 들여라. 성령과 인격적인 교제를 나누도록 하라"는 하나님의 음성을 들으셨습니다. 그 후 조용기 목사님은 성경을 연구하면서 초대교회 성도들이 성령님을 모시고 사역했음을 깨닫고 성령님을 목회 사역에 필요한 능력 정도로만 생각했던 것을 깊이 회개하셨습니다. 그때부터 조용기 목사님은 성령님을 교회의 담임 교역자로 모시고 평생 성령님을 의지하면서 목회하셨습니다.

조용기 목사님이 인도하시는 부흥회에서 강력한 성령 체험을 한 나는 이를 계기로 오직 예수님만 바라보고 믿음의 전진을 해나가다가 목회자의 길로 들어섰습니다. 나는 4대째 장로교 기독교 집안에서 태어났습니다. 평양 서문밖교회 장로님이셨던 할아버지고 이원근 장로께서는 북한이 공산화가 되자 신앙의 자유를 찾아 1948년 8월 월남하셨습니다. 나의 가족이 순복음교회에 출석하게 된 것은 서대문으로 이사한 후 평생 새벽제단을 쌓으셨던 할아버지께서 집 앞 5분 거리에 있는 순복음중앙교회 새벽기도회에 참석하시면서부터입니다. 할아버지는 몇 달 동안 그곳 새벽기도회에 다녀오신 후 어느 날 가족을 모아놓고 말씀하셨습니다. "돌아오는 주일부터 이 앞에 있는 순복음중앙교회에 출석한다. 젊은 목사가 아주 말씀에 능력이 있고 은혜가 충만하더라."

그렇게 해서 순복음중앙교회로 교회를 옮긴 후 조용기 목사님의 설교를 듣게 되면서 그때까지 신앙생활을 하며 전혀 들어 보지 못했던 성령에 대한 말씀을 듣게 되었습니다. 조 목사님은 예배 시간마다 성령세례 받고 성령충만을 받아 능력 있는 신앙생활을 해야 한다고 말씀하셨습니다. 그리고 성령세례 받은 증거는 방언이라고 말씀하셨습니다. 그때 나는 '성령 받지 않고는 순복음중앙교회를 다니지 못하겠구나'라고 생각했고, 간절히 성령 받기를 사모하게 되었습니다.

그 후 1966년 2월에 조용기 목사님이 인도하시는 부흥회에서 성령세례를 받고 방언을 하게 되었는데 그때의 기억은 지금도 생생합니다. 그날 이후 기도하려고 엎드리기만 하면 예수님의 십자가가 생각나서 눈물이 멈추지 않았습니다. 그때 나는 평생 주님을 위해 살겠다고 결심했고, 중학교 때부터 조용기 목사님이 인도하시는 주일, 수요일, 금요 철야, 1년에 4~5회 진행되는 부흥회, 어느 한 예배도 빠짐없이 참석하여 큰 은혜를 받았습니다. 그렇게 은혜의 감동 속에서 청소년기를 보냈고, 신학을 졸업한 후 1978년 여의도순복음교회에서 사역을 시작한 이래 지금까지 오직 성령의 인도하심을 따라 목회자의 길을 걸어오고 있습니다.

여의도순복음교회 제2대 담임목사로서 조용기 목사님의 성령 운동을 계속 확산해 나가고 발전시켜 성령의 강력한 역사와 함께 성령의 열매와 성화를 강조하는 메시지를 선포하고 있습니다. 성령충만을 받으면 성령의 열매를 맺어 우리의 성품이 예수님을 닮게 됩니다. 성경은 "오직 성령의 열매는 사랑과 희락과 화평과 오래 참음과 자비와 양선과 충성과 온유와 절제니 이같은 것을 금지할 법이 없느니라"갈 5:22-23라고 말씀합니다. 그리스도인의 신앙생활은 예수님을 구주로 믿는 것에서 끝나지 않습니다. 모든 그리스도인은 반드시 성령으로 충만하여 사랑, 희락, 화평, 오래 참음, 자비, 양선, 충성, 온유, 절제라는 성령의 아홉 가지 열매를 맺어야 합니다. 오늘에 이르기까지 한국 교회가 급성장하면서 양적인 성장에 대해서는 관심이 많았지만, 영적인 성숙에 대해서는 상대적으로 관심이 부족했습니다. 성장과 성숙에는 큰 차이가 있습니다. 나는 여의도순복음교회를 보다 건강한 교회, 보다 성숙한 교회로 만드는 데 관심을 가지고 있습니다. 그래서 설교를 통해 성령의 은사를 강조함은 물론 성령의 열매를 강조함으로써 성도들이 영적으로 성숙한 신앙생활을 할 수 있도록 힘쓰고 있습니다.

나누고 베푸는 교회

성령충만은 나누고 베푸는 삶으로 나타납니다. 사도행전을 보면 초대교회의 주된 사역이었던 나눔과 구제는 성령충만한 삶의 자연스러운 결과였습니다. 조용기 목사님은 선한 사마리아인에 관한 설교를 자주 하셨는데 설교를 통해 어려운 이웃을 돌보는 교회의 역할을 강조하셨습니다. 심장병 어린이들이 무료로 수술을 받을 수 있도록 지원하셨고, 국제구호 NGO인 굿피플, 탈북민 정착을 돕는 선한 사람들, 청소년과 어르신들을

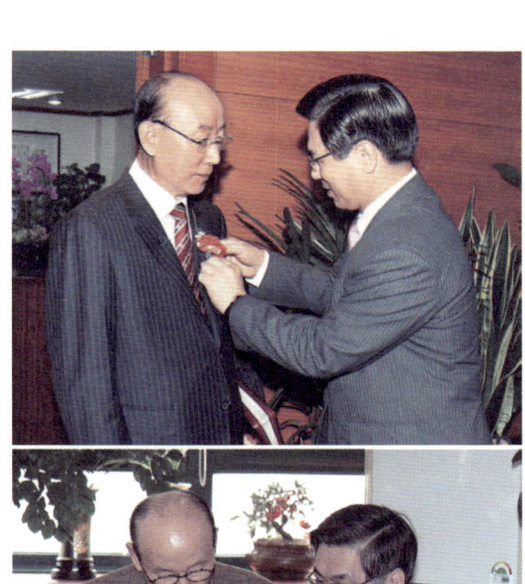

돌보는 엘림복지회 같은 기관들을 통해서 사회 봉사활동에 적극적으로 참여하셨습니다. 또한, 50년 목회 사역을 마치고 은퇴하시면서 '사랑과행복나눔재단현 재단법인영산조용기자선재단'을 발족시켜 소외된 이웃과 가난한 이들을 돕겠다는 결단을 내리셨습니다. 조용기 목사님은 이렇게 말씀하셨습니다.

"나는 이제 곧 목회 사역에서 졸업합니다. 그러나 하나님은 나에게 새로운 꿈을 주셨습니다. 그것은 '사랑과 행복 나누기 운동'을 펼치는 것입니다. 우리는 소외되고 불쌍한 이웃에게 하나님의 사랑으로 다가가야 합니다. 사랑과 행복을 나누는 운동은 거창한 것이 아닙니다. 내게 있는 것을 나누어 주는 것입니다. 가진 것이 없어도 누구나 사랑과 행복을 나눌 수 있습니다. 사랑은 나누면 나눌수록 더 커져서 마침내 예수 그리스도의 사랑으로 이 세상을 뒤덮을 것입니다."

나는 조용기 목사님의 나눔과 구제 사역을 이어받아 여의도순복음교회와 각 지교회가 지역 사회를 섬기는 교회가 되도록 힘쓰고 있습니다. 우리 교회는 오래전부터 개인 구원과 함께 섬김을 통한 사회 구원을 실천해 왔습니다. 앞으로도 우리 여의도순복음교회는 '소외된 이웃을 섬기는 교회'로 존재할 것입니다. 이를 위해 첫째, 영산조용기자선재단을 통한 구제와 사랑 실천. 둘째, 굿피플을 통해 국내외에서 고난을 당하고 있는 이웃을 섬기기. 셋째, 심장병 무료 시술. 넷째, 출산장려운동 전개. 다섯째, 국내 다문화 가족과 탈북자 가족을 섬기기. 여섯째, 장애우 가족을 섬기기. 일곱째, 미혼모·소년소녀가장·독거노인·지역아동센터에서 자라나는 아동을 섬기기 등을 지속적으로 추진해 나갈 계획입니다.

신약성경 사도행전은 오순절 성령강림의 결과로 초대교회가 탄생했고 디아코니아diaconia 즉 돌보고 나누는 것이 초대교회의 지속적인 부흥과 성장을 뒷받침한 원동력이었다는 것을 잘 보여 줍니다. 나는 여의도순복음교회가 앞으로도 조용기 목사님이 남기신 뜻을 계승하여 '성령의 능력으로 섬김과 나눔을 실천하는 사도행전적 교회'가 되기를 바라며 땅끝까지 복음증거와 함께 나누고 베푸는 사역에 계속 힘쓸 것입니다.

최성규 목사

· 인천순복음교회

영목회 증경회장·현) 성산(효)대학원 대학교 설립자 총장·현) 재단법인성산청소년(효)재단 이사장·현) 인천순복음교회 원로목사

02

나의 멘토, 나의 아버지

02

나의 멘토, 나의 아버지

산더미처럼 불어난 채무에서 만난 구원의 길

서른한 살에 기울어져 가는 회사를 인수하여 필사적으로 일에 매달렸지만, 사업은 점점 진퇴양난의 미로를 헤매기만 했습니다. 회사를 인계받을 때 물려받은 채무가 산더미처럼 불어나고 있었던 것입니다. 더군다나 뭘 한번 시작하면 미쳐 지내는 성격이라 사업에는 항상 몰두했지만, 정에 약하고 냉정하지 못한 성격 탓에 사업적인 손해도 많이 감수해야 했습니다.

그러던 중에 아내는 사내아이 둘을 차례로 낳았고, 셋째 아이 출산을 준비하고 있었습니다. 지방 출장을 일주일 동안 다녀왔는데 집에 와보니 아내가 보이지 않았습니다. 어머님에게 여쭈어 보았습니다.

"어머니, 집사람 어디 갔어요?"

"가긴 어딜 가. 병원에 갔지."

어머님은 한심스러운 눈길로 나를 쳐다보시면 말씀하셨습니다. 센스가 좀 있었더라면 그 정도에서 깨달았어야 했는데 아무것도 모르고 재차 물었습니다.

"아니, 병원엔 왜요?"

그러자 어머니는 화 나신 듯 대답하셨습니다.

"왜라니 이 사람아, 자네 아비 될 자격 있나?"

나는 그때서야 아내의 출산일이었다는 걸 알았습니다. 마치 큰 망치로 머리를 한 대 얻어맞은 듯 정신이 멍해졌습니다. 자기 부인의 출산일도 모르고 사업에 미쳐 지내는 나 자신이 너무나 한심스럽게 느껴졌습니다. 출산한 아내의 얼굴을 바라보고 있자니 마음이 혼란스러웠습니다. 갑자기 온몸에 힘이 빠지며 털썩 주저앉고 싶었습니다.

'내가 뭔가 잘못 살고 있구나. 이게 아닌데……'

나는 6·25 전쟁 중에 아버지를 잃은 후 홀어머니와 동생을 부양해야 했던 소년 가장이었습니다. 힘들게 살다 보니 보리개떡 한 번 마음 놓고 먹어 본 적이 없습니다. 그렇다고 마음 약한 아이는 아니었습니다. 오히려 남들보다 더욱더 강하게 자란 편이었습니다. 그러다 보니 모든 것은 내가 노력만 하면 될 거로 알았고, 나 자신을 강하게 신봉하게 되었습니다. 그런데 그날 혼자 고통을 감내하며 출산한 아내를 바라보는 순간, 나에 대한 신뢰가 갑자기 와르르 무너져내렸습니다. 아내의 눈동자와 마주치는 순간, 나 자신의 무기력함에 두 손을 들고 말았습니다.

'아, 이게 아니구나! 인간은 노력만 해서 되는 게 아니구나. 세상에! 내가 그렇게 바라던 딸을 낳았는데 그걸 모르고 있었다니……'

그 순간, 내 마음에 영적인 각성이 다가왔던 것입니다.

'그렇다. 내 힘으로는 안 된다. 이제 나에게도 신의 도움이 필요하다. 사람은 완전한 존재가 아니라는 것을 인정하자.'

서른세 살 늦은 나이에 처음으로 신에 대한 의식의 전환이 있게 되자, 다음

날 새벽에는 나도 모르게 일찍 눈을 뜨게 되었습니다. 그런데 그날이 마침 주일이었습니다. 문득 한 장소가 떠올랐습니다. 언젠가 서대문 사거리에 있는 교회 앞을 지나가면서 봤던 사람이 많이 모이던 바로 그 교회였습니다.

'그래, 그 곳을 가보자! 왜 그 교회 앞에 사람이 그렇게 많았을까? 거기에 가보자! 이제 내 힘으로는 살 수 없을 것 같다. 나도 신을 의지해야겠다.'

그때 나는 그 교회가 여의도순복음교회의 전신인 순복음중앙교회인 것도 몰랐습니다.

참 순박한 마음으로 다짐을 하고 예배에 참석한 나는 처음으로 조용기 목사님의 설교를 들을 수 있었습니다. 당시 조 목사님은 경상도 사투리를 심하게 하셨는데도 집중해서 들어서 그런지 설교가 잘 들렸습니다. 조용기 목사님의 설교가 마치 총알처럼 가슴에 와 박히는 것을 느꼈습니다. 성령님의 깨닫게 하시는 역사로 나는 교회 출석한 첫날 나의 비신앙이 잘못이라는 것을 깨달아가고 있었습니다. 그때는 설교라는 개념도 없었을 때니까 나는 혼자서만 생각했습니다.

'야! 저 목사님, 연설 참 잘한다! 아니, 누가 나에 대해 저분께 고자질했나? 어쩌면 그렇게 나 들으라는 듯이 꼬집어서 연설을 잘할까?'

그래서 예배가 끝났는데도 자리를 뜰 줄 모르고 다음 예배를 또 드리게 되었습니다.

두 번째 예배에서는 성령의 역사가 더욱더 강하게 내 심령 가운데 일어나고 있었습니다. 그동안 잘못 살아왔던 내 비신앙의 모습들이 회개가 되면서 구원의 확신이 찾아왔습니다. 눈물, 콧물 다 흘리며 부끄러움도 잊고 엉엉 울었습니다. 동시에 성령충만나중에야 그런 느낌을 두고 '성령충만'이라 표현한다는 사실을 알았지만해져서 하늘이라도 날아갈 것 같았습니다. 온몸이 붕붕 뜨는 것 같았습니다. 그날 나는 얼마나 감격이 되던지 차를 타고 집으로 돌아오면서도 내내 울고 또 울었습니다. 흐르는 눈물을 주체할 수가 없었습니다.

위대한 스승이 있어 행복한 사역자

모든 위대한 인물의 배후에는 좋은 스승이 있었습니다. 철학자 플라톤Plato의 뒤에는 소크라테스Socrates가 있었습니다. 헬렌 켈러Helen Adams Keller 뒤에는 앤 설리번Anne Sullivan 선생님이 있었습니다. 여호수아 뒤에는 모세가 있었습니다. 다윗 뒤에는 사무엘이, 엘리사 뒤에는 엘리야가 있었습니다. 나에게는 영원한 멘토이신 조용기 목사님이 계십니다. 나에게는 조용기 목사님께 배운 신학과 신앙이 있습니다.

첫째는 오중복음 입니다. 중생의 복음, 성령충만의 복음, 신유의 복음, 축복의 복음, 재림의 복음입니다. 둘째는 4차원의 영성입니다. 생각, 믿음, 꿈, 말입니다. 셋째는 7대 신앙입니다. 7대 신앙은 믿음과 사명의 실천입니다. 갈보리 십자가의 신앙, 오순절 다락방의 신앙, 땅끝까지 전하는 신앙, 좋으신 하나님의 신앙, 병을 짊어지신 예수님의 신앙, 다시 오실 예수님의 신앙, 나누어주는 신앙입니다. 그리고 오중복음을 믿고 7대 신앙을 실천하면 삼중축복을 받습니다. 요한3서 1장 2절입니다. "사랑하는 자여 네 영혼이 잘됨 같이 네가 범사에 잘되고 강건하기를 내가 간구하노라"

성전 맨 앞줄 의자에 앉아 녹음한 메시지로

조용기 목사님과 나는 나이로는 다섯 살 차이입니다. 하지만 신학교로는 20년 차이가 나는 대선배님이십니다. 조용기 목사님은 내가 하나님을 믿는 데 결정적인 영향을 미치며 하나님의 뜨거운 사랑 속으로 나를 사정없이 몰아넣었습니다.

조용기 목사님은 목회의 스승이자 멘토이며 아버지 같은 분이십니다. 나보다 여섯 살 어린 동생이 1989년 1월에 심장마비로 갑작스럽게 세상을 떠났을 때 제일 먼저 달려간 곳은 조용기 목사님의 품이었습니다. 어머니 앞에서도 참았던 눈물을 조 목사님 앞에서 터트리며 간신히 입을 열어 동생의 사망 소식을 전하자 동생의 구원 여부부터 확인하고 나서 아버지처럼 등을 어루만져 주셨습니다.

위대한 가르침에 따라

여의도순복음교회의 신학과 신앙을 인천순복음교회가 계승했습니다. 하나님 아버지의 말씀을 믿고 그 말씀대로 사는 것이 성경 7효입니다. 우리 교회는 성경적 효를 구현하는 일곱 가지 실천사항을 모두가 함께

완수해야 할 7대 사명으로 받았습니다.

① 하나님을 아버지로 섬김　② 부모, 어른, 스승 공경
③ 어린이, 청소년, 제자 사랑　④ 가족 사랑
⑤ 나라 사랑, 국민 사랑　⑥ 자연 사랑, 환경보호
⑦ 이웃 사랑, 인류 봉사

성경적 효는 하나님 아버지 섬김을 전제로 합니다. 하나님 섬김 없는 효는 효가 아니며, 부모 공경 없는 신앙은 죽은 신앙입니다. 보이지 않는 하나님을 사랑하는 것은 이웃 사랑과 부모 공경으로 검증될 수 있습니다. 1995년 7월 16일 효에 관한 첫 설교를 했습니다. 그때부터 지금까지 줄곧 한결같은 꿈을 꾸고 있습니다. 효가 살면 나라가 사는 꿈, 효가 살면 사회가 건강해지고 경제가 성장하는 꿈, 효가 살면 교육이 바로 서고 가정이 행복해지는 꿈, 그리하여 모두가 행복하게 사는 꿈을 꿉니다.

'나의 멘토, 나의 아버지, 영원토록 사랑합니다. 행복하세요.'

엄기호 목사 · 성령사랑교회

사)새생명운동본부 이사장·사)구제사랑 재단이사·한국기독교총연합회 제23, 24대 대표회장·한국기독교부흥협회 대표회장·기독교대한하나님의성회 제36대 총회장·순복음부흥사협의회 대표회장·한세대학교 이사장·국민일보 이사·교회와경찰중앙협의회 대표회장·영목회 증경회장·현) 한국기독교복음주의총연맹 총재(세계복음화 중앙협의회, 온누리복음화협의회 총재)·현) 성령사랑교회 담임목사

03

언제나 따뜻했던 사랑의 스승님

03
언제나 따뜻했던 사랑의 스승님

잊지 못할 1973년 성탄절 전야

성도의 입장에서 조 목사님을 가까이에서 뵈었던 첫 만남은 1973년 12월 25일 성탄절 전야에 여의도순복음교회 예루살렘성가대를 격려해 주시기 위해 오셨던 시간이었습니다.

그리고 목회자의 입장에서 첫 맛남은 1979년 12월 여의도순복음교회에서 신규 교역자를 채용하던 때에 당시 면접관이셨던 조용기 목사님을 만나 뵈었던 순간이었습니다. 그 자리에서 '소명'에 관한 질문을 해 주셨던 기억이 납니다. 그때, 신학교 주야간 총학생 회장이던 경력을 귀하게 여겨 주셔서, 6~7명 합격자 중 한 사람의 전도사로서, 주의 종으로서 사역의 첫 출발을 하게 되었습니다.

생생한 목회 현장의 메시지와 메모

내 평생 사역하는 동안 조용기 목사님께 배우고 깨달은 내용을 어찌 다 말로 열거할 수 있겠습니까? 오중복음, 삼중축복, 4차원의 영성 말씀은 제자들이 계승해 가야 할 핵심 메시지이자 중심에 두고 전해야 할 대표적 말씀입니다. 하지만, 개인적으로 특별하게 소중히 여겨온 말씀들로는 1979년 12월 여의도순복음교회 전도사로 시무했을 당시부터 조회 때마다 들려주셨던 다양한 교훈의 말씀이 오래도록 기억에 남아 있습니다.

그 당시 매주 화요일은 교역자들과 직원들이 함께 하는 조회로, 금요일은 교역자들만을 대상으로 모였는데 그때마다 나는 조용기 목사님께서 하신 말씀들을 일일이 다 메모했습니다. 그 메모들을 지금까지도 잘 보관하고 있는데, 세월이 지나서 빛이 바래 희미해진 글씨보다도 더욱더 선명하게 마치 대필한 목회 서신과도 같이 내 마음속 깊이 새겨져 있습니다.

브라질 상파울루에 모인 150만 군중

사실 조용기 목사님과는 오랜 세월 함께 해 왔기에 개인적으로도 시간을 보낼 기회가 많았고, 그때마다 진솔한 대화를 나누었던 추억이 많습니다. 하지만, 아무래도 목회자 간의 추억이다 보니 목회 현장에서의 추억들이 주류를 이루고 있습니다.

여의도순복음교회 사역 시절, 5대 교구 대교구장이었을 1981년도 즈음이었습니다. 대교구장으로서 교구 내 지역에서 '지도자 모임'을 창설하여, 월 1회 조 목사님을 모시고 각 가정을 돌아가면서 예배를 드렸었습니다. 당시에 함께

했던 성도 중에는 3성 장군도 있었고, 교수, 대통령비서실장, 헌법 초안자 등을 포함하여 핵심 장로님들이 계셨는데, 신앙 안에서 함께 모여 예배드린 후 식사하며 교제하는 시간에 나누었던 대화를 통해 교회 내 주요 현안들이 물 흐르듯이 자연스레 해결되고는 했습니다.

그때 참석했던 분 중에 조용기 목사님께서 기도해 주신 후 질병을 치료받고 수출입은행, 주택은행, 중소기업은행의 행장을 역임하셨던 류돈우 장로님도 계셨는데 그 모임이 계기가 되어 교회에도 실질적으로 큰 도움을 주었습니다. 그렇게 시기적절하게 헌신할 사명자를 발굴하여 교회에 기여하게 된 나 자신도 그 자체로 크게 보람을 느꼈던 기억이 조용기 목사님과의 추억 속에 남아 있습니다.

또한 그 모임과 관련하여 한번은 사택 이사 준비로 인해 부부 동반 모임에 불참하시겠다던 김성혜 사모님께 조 목사님께서 나에게 "자네가 이야기해 봐라" 말씀하셔서, 내가 사모님께 "꼭 참석하셔야 합니다"라고 이야기한 적이 있었습니다. 그때 사모님이 참석하시자 조 목사님께서 "자네가 나보다 세다. 자네가 말하니까 오네!"라고 하시며 웃으셨던 에피소드가 생각이 납니다. 그 후, 나는 한세대학교 이사장을 역임했고, 김성혜 사모님께서도 총장님을 하시게 되었습니다.

조용기 목사님과는 일본, 중국, 러시아 등 해외 선교지나 국내 성회에 함께 동역했던 추억은 무수히 많이 있습니다. 그중에서도 가장 인상 깊었던 기억은 1999년 내가 기하성기독교대한하나님의성회 총회장직을 역임할 당시 일입니다.

브라질 상파울루에서 개최된 세계오순절대회에 동행했을 때였습니다. 브라질 하나님의성회 웰링턴 총회장 산하의 교단 성도 수는 1,430만 명으로서 그 오순절대회는 150만 목회자와 성도가 운집했던 은혜로운 집회였습니다. 그런데 조용기 목사님께서는 브라질 성회를 마치신 후 귀국하셔서 지성전과 지교회 활성화에 더욱 박차를 가하신 계기가 된 것을 보면서 나 역시 사역과 비전에 큰 도전을 받았습니다.

개인적인 관계 안에서의 추억으로 가장 의미가 있었던 것은 조용기 목사님께서 내게 직접 지어 주신 별호였습니다. 그것은 '팽이 목사'였습니다. 기도 중에 깨달은 것은 팽이는 채찍을 맞아야 잘 돌아갑니다. 나의 사랑하는 스승 조용기 목사님께서 지어 주신 호처럼 기도, 말씀, 찬양의 채찍을 가할수록 더 잘 돌아가는 사역자가 되리라고 다짐했습니다. 그런데 울퉁불퉁한 땅 위에서 팽이는 아무리 채찍을 때려도 구심점을 잃고 쓰러져버립니다. 그래서 나는 하나님, 예수님, 성령님 중심인 신본주의가 구심점인 사역을 하리라고 결단했습니다.

그뿐만 아니라 조용기 목사님께서는 '오뚝이 목사'라는 별호도 주셨습니다. 성전 건축을 하면서 아무리 많은 어려움이 닥쳐도 좌절하지 않고 일어나고, 교계를 연합하는 과정 중에서도 난관에 부딪혀 쓰러져도 다시 일어남을 보시고 인정해 주셔서 붙여 주신 별호였습니다. 그로 인해 설령 목회 현실에서 요철처럼 평탄하지 못한 상황에 부딪힌다 해도 오뚝이처럼 반드시 다시 일어나는 근성을 발휘하여 불굴의 소망을 붙들고 사역하기로 결단하였습니다.

함께 안수할 때 일어난 기적

1982년 당시 안디옥성전현재 바울성전에서 진행했던 집회를 기억합니다. 한 성도가 간암으로 사형선고를 받은 후 안수기도 받기를 간절히 원했습니다. 이미 복수가 차고 황달이 온 모습을 볼 때, 나의 눈으로는 며칠 못 넘기겠다 싶었습니다. 사실 조용기 목사님께서 손을 얹고 안수기도를 하시려고 다가가실 때도 곁에 있던 나는 그 성도가 어떻게 살겠나 싶은 마음에 주저하고 있었습니다. 그러자 조용기 목사님께서는 나에게 그 성도에게 손을 얹으라고 하셨고, 나는 목사님과 함께 안수했습니다. 그때 믿음이 작았던 나로서는 믿음이 큰 조 목사님의 안수에 함께 손을 얹었을 뿐이었습니다. 그런데 기적이 일어났습니다. 아무리 봐도 살 수 없을 것 같은 그 사람이 일주일 만에 기적적으로 치료되어 나타난 것입니다.

36년이 지난 2018년에 조용기 목사님과 둘만 함께 있을 때, 그 일에 대해서 여쭈어 보았습니다. 그때 조 목사님께서는 다음과 같이 말씀해 주셨습니다. "나는 병자가 사느냐 죽느냐를 따지면서 기도하지 않는다. 그 사람이 살겠나 죽겠나를 따지면 안 된다. 하나님께서 나를 통로로 사용하시도록 손을 얹고 다만 믿음의 기도를 드리는 것뿐이다. 치료자는 주님이시다. 나는 쓰임 받는 도구이다. 그러므로 두려움과 염려는 필요 없다." 그 후로 나도 그대로 된다고 믿고 주님께 맡기고 갑니다. 믿음의 기도는 역사가 일어납니다.

나는 또한 스승이신 조용기 목사님을 통해서 '희망의 목회'를 잘 배웠습니다. 희망 목회에 있어서 꿈을 품는 것이 중요하다는 의미로 해 주셨던 "벌레의 눈을 가진 자는 망하지만, 새의 눈을 가진 자는 흥한다"라는 말씀이 가슴에 남습니다. 자벌레는 온 힘을 다해 움직여 기어가봐도 근거리 밖에 못 가지만, 독수리가 하늘을 보고 하루를 날면 자벌레가 평생 간 거리 이상을 날 수가 있는 것입니다.

이후로 나도 꿈과 희망을 품는 목회를 지향하게 되었습니다. 그렇게 긍정적이고 창조적이며 생산적인 생각을 설교와 목회 사역에 접목했기 때문에 1983년 11월 3일 경기도 성남 땅에 교회를 개척하게 되었던 것입니다.

한평생 말씀으로, 교훈으로, 삶으로

조용기 목사님은 나뿐 아니라 세계를 영성으로 이끌어 주신 20세기, 21세기 최고의 스승이셨습니다. 세상이 기억하는 조용기 목사님은 세계 최대의 교회를 담임하신 '성공한 목회자'이셨으나 내가 기억하는 스승 조용기 목사님은 늘 타인의 장점을 인정해 주시고 칭찬을 아끼지 않으시고, 격려해 주시고 힘 실어 주시며, 어려운 사람을 도와주신 따뜻한 사랑의 스승이셨습니다.

오늘, 스승 조용기 목사님과 함께 찍었던 사진들을 정리하다가 문득 이런 생각이 떠올랐습니다. 조용기 목사님께서는 해외 선교를 수없이 다니셨는데도 다녀오신 지역에 대해 잘 모르셨습니다. 그 이유는 관광을 다니지 않으시고 오직 집회와 선교 사역만 집중하셨기 때문입니다. 호텔에 머물러 계시면서 도착한 날부터 돌아오는 날까지 기도만 하셨기 때문입니다.

조용기 목사님께는 설교 전에 기도로 준비하는 시간이 그 무엇보다 중요하셨기 때문입니다. 그렇기 때문에 수십만, 수백만이 운집한 집회마다 성령님께서 함께하셔서 기사와 이적을 나타내주셨다고 나는 믿습니다.

'한평생 말씀으로, 교훈으로, 삶으로, 본을 보이시며 예수님을 따르셨던 조용기 목사님, 저 또한 선한 싸움 싸우시고 달려갈 길을 마치고 믿음 지키신 스승님의 발자취를 잘 따르겠습니다.'

이태근 목사

여의도순복음은혜교회

한세대학교 졸업·미국 오리건주 유진(Eugene) Bible College B.S·미국 일리노이주 시카고 McCormick Theological Seminary(M.Div. 와 D.Min.)·순복음시카고교회 담임목사·미국 나성순복음교회 담임목사·순복음북미총회 총회장·여의도순복음교회 부목사·여의도순복음교회 성북성전, 송파성전, 제2교회, 분당교회 담임목사·영목회 증경회장·현) 여의도순복은혜교회 담임목사·현) 기독교대한하나님의성회 총회장·저서) 『세 나무의 꿈』, 『설교의 힘』, 『창조력』, 『스피치』, 『열매 맺는 사람』, 『예수 닮은 사람』, 『마음 리셋』, 『성경 속 예수님의 비유』 등

04

나의 나 됨이 있기까지

04
나의 나 됨이 있기까지

처음으로 들은 꿈과 바라봄의 법칙

나는 원래 서울 은평구 대조동에 있는 한 장로교 교회에 출석하고 있었습니다. 우리 교회 청년들이 주일예배를 마치고 나면 자꾸 사라져서 물어보니 서대문 사거리에 있는 순복음중앙교회에 또 예배를 드리러 간다는 것이었습니다. 늘 서대문 사거리를 지날 때 성도들이 인산인해로 모이는 것을 보았었기에 안 그래도 궁금하던 차에 하루는 함께 따라나섰습니다.

그때 처음으로 조용기 목사님의 설교를 듣게 되었는데 지금도 눈에 생생합니다. 불을 토해내듯 성령에 취해 힘껏 전하시는 설교 말씀을 듣는 순간 심장이 뛰고 가슴이 벅차오르는 것을 느꼈습니다. 장로교 교회에 다니면서 차분하고 윤리적인 설교에 익숙해져 있었는데, 조용기 목사님의 설교를 들으니 우선 가슴에 와닿고, 큰 감동이 밀려왔고 가슴에 불이 붙는 것 같았습니다. 한 마디로 충격이었습니다.

그때까지만 해도 교회에서 꿈이라는 이야기를 들어 본 적이 없었는데 조용기 목사님을 통해 꿈을 갖게 되었고 비전을 품게 되었습니다. 바라봄의 법칙과 함께 삶에 쉽게 적용할 수 있는 말씀, 특히 성령충만에 대하여 확신하며 선포하시는 말씀을 들으면서 어느새 나도 모르게 심령이 순복음 신앙으로 물들어가기 시작했습니다. 꿈과 희망의 중요성을 깨닫고 믿음 안에서 미래를 바라보게 되고, 확실한 목표를 가지고 기도하는 법을 배웠습니다. 그렇게 한두 번 참석하다 결국 순복음중앙교회 청년부로 옮기게 되었습니다.

당시 신동수 목사님이 청년회 회장이었고 김남수 목사님이 전도부 부장이었는데, 내가 전도부 차장으로 임원 활동을 하게 되었습니다. 그 덕분에 조용기 목사님을 만날 수 있게 되었습니다. 그리고 신학교를 졸업하던 해에 조용기 목사님께서 결혼식 주례를 해 주시는 큰 축복을 받게 되었습니다.

율법적인 메시지에서 치유의 메시지로

무엇보다도 조용기 목사님의 설교와 교회 부흥에 대한 가르침이 가장 기억에 남습니다. 조 목사님은 나의 최고의 롤모델이라고 말해도 과언이 아닙니다. 60, 70년대 당시 설교자들의 메시지는 윤리 중심, 본문 강해 중심의 메시지가 주를 이루었습니다. 성령에 대한 메시지보다 율법적인 메시지가 많았습니다. '무엇을 해야 한다. 무엇을 하지 말아야 한다, 무엇을 지켜야 한다' 등의 설교가 많았습니다. 그리고 때로는 설교 내용을 이해하기 어려울 때도 많았습니다. 하지만 조용기 목사님의 설교는 오중복음과 삼중축복의 메시지를 중심으로 신앙을 조직적으로 이해하기 쉽도록 말씀을 전하셨습니다. 설교자로서 살아가는 나에게는 큰 영향을 미친 부분이라고 할 수 있습니다.

특히 4차원의 영성은 조용기 목사님 가르침의 백미라 할 수 있습니다. 성경 전체를 꿰뚫어 볼 수 있는 영적 툴입니다. 생각, 믿음, 꿈 그리고 말. 조용기 목사님을 통해 이 영성의 네 가지가 이 땅에서 하나님의 나라를 경험하는데 필요한 매우 필수적인 영적 요소라는 것을 깨닫게 되었습니다. 3차원의 세계인 이 세상에서 4차원에 속한 하나님 나라와 그 능력을 경험할 수 있는 열쇠라는 것을 알게 된 것입니다. 하나님께서 우리에게 주시는 은혜와 기적은 3차원적인 이 세상으로부터 오는 것이 아니므로, 이 세상의 제약을 초월하여 하나님의 4차원의 영적 세계로 들어갈 수 있는 문을 여는 방법을 알아야 하는데, 조용기 목사님을 통해 그것을 배울 수 있었던 것이 얼마나 큰 축복인지 모릅니다. 특히 하나님이 주시는 믿음을 가지라는 조 목사님의 메시지가 나에게 큰 울림이 되었습니다.

또한 생각의 중요성에 대해서도 알게 된 것이 감사합니다. 조용기 목사님을 통해 긍정적인 생각과 부정적인 생각, 좋은 생각과 나쁜 생각을 구분하는 법을 배운 것이 큰 축복이었습니다. 부정적인 생각을 제거하고 좋은 씨앗과도 같은 긍정적인 생각을 심는 것이 얼마나 중요한지 모릅니다. 특히 나에 대한 자화상과 관련하여 더욱 그래야 합니다.

조용기 목사님께서 가르치신 믿음은 하나님의 말씀 위에 서는 믿음을 말합니다. 느낌 위에 서는 믿음, 감각 위에 서는 믿음이 아닙니다. 조 목사님께서 말씀하시는 믿음은 철저히 하나님의 말씀 위에 서는 것이기 때문에 환경에 따라 변하지 않는 믿음이며 성령충만과 함께 가는 믿음입니다.

조용기 목사님과 관련하여 늘 마음에 간직하는 추억 몇 가지가 있습니다.

시카고에서 목회하던 당시 조 목사님을 초청한 적이 있었습니다. 조 목사님께서 시카고 오헤어 공항에 도착하신 후, 차로 우리 교회 제직 30~40명이 모여있는 신라식당으로 모시는데, 가는 40분 동안 내내 기도하시는 것입니다. 얼마나 열정적으로 기도하셨는지 차 안의 분위기가 하나님의 임재로 가득했습니다. 목사님은 정말로 때를 가리지 않고 기도하시는 분이셨습니다.

그리고 식당에 도착해서 간단히 예배를 드리기로 했습니다. 약 10분 정도 말씀 전해 주시기로 했는데, 음식이 식어 가든지 말든지 1시간 동안이나 뜨겁게 설교하셨습니다. 그런 목사님을 보면서 깨달은 것은 '작은 일에 충성하고 온 힘을 다해야 하는구나! 사람이 적거나 많거나 하나님의 말씀을 전해야 한다면 온 힘을 다해 전해야 하는구나'라는 거였습니다.

한번은 한국에서 조용기 목사님과 일본을 가게 되었습니다. 나리타에서 조 목사님이 부흥회를 인도하시기로 되어 있었고, 나는 나리타에서 미국으로 가는 일정이었습니다. 그래서 조 목사님을 기다리고 있었는데 비행기 시간이 다 되도록 나오지 않으시는 것이었습니다. 그래서 비서에게 물어보니 3시간째 기도하고 계시는 중이라는 대답을 들었습니다.

또 이런 일도 있었습니다. 아마도 1984년이었을 것입니다. 하와이에서 북미총회가 열렸습니다. 당시 내가 총무로 섬기고 있었습니다. 모든 일을 정리하고 와이키키 해변에 가서 수영을 하려고 만반의 준비를 마치고 있었습니다. 같은 숙소를 사용했던 제임스 한 선교사님과 나가려던 참에 누가 노크하는 것입니다. 나가보니 조용기 목사님이셨습니다. 우리를 보며 조 목사님이 말씀하셨습니다.

"너희는 안 나갔구나?"

"이제 나가려고 합니다."

"오늘 저녁에 집회하니까 같이 기도하자."

빨리 수영하러 나가고 싶은 마음뿐이어서 간단히 기도하자고 말씀드렸습니다. 분명히 알았다고 말씀하셨는데, 갑자기 그래도 기도하기 전에 누가 말씀을 잠깐 전하라고 하셨습니다. 제임스 한 선교사님이 조 목사님과 나를 앞에 두고 한 30분 정도 설교했습니다. 그리고 함께 통성으로 방언기도하기 시작했는데 결국 또 3시간 기도하고 말았습니다. 그날 수영하기로 한 계획은 취소할 수밖에 없었습니다. 하여간 조용기 목사님은 해외 성회에 가시면 관광 같은 것에는 별로 관심이 없으시고 오직 기도로 은혜를 끼치는 것만 생각하셨습니다. 조 목사님은 진심으로 말씀과 기도에 올인하는 목회자이셨습니다.

한 사람이라도 나오면 집회 인도하겠다

조 목사님을 통해 얻은 귀한 가르침 가운데 바라봄의 법칙이 있습니다. 조 목사님께서 서대문에 순복음중앙교회를 세우시려고 할 때 영락교회 사진을 갖다 놓고 바라보며 기도하셨다는 이야기를 들었습니다. 나도 시카고에서 교회 개척할 때 성전 구매를 놓고 기도하면서 사진을 걸어 놓고 기도했습니다.

그리고 기도는 확실한 목표를 놓고 하는 것임을 지금도 늘 적용합니다. 조 목사님께서 천막 교회 시절 자전거를 놓고 기도하신 유명한 예화가 있지 않습니까? 그래서 교회 개척할 때 항상 분명한 목표를 놓고 기도합니다. 지금 개척 중인 교회를 놓고 기도할 때도 마찬가지입니다.

시카고 개척 당시 하나님께 일꾼을 보내 달라고 기도할 때, 가장 먼저 덕망 있는 사람 그리고 사업하는 사람, 교회에서 봉사를 잘하는 사람, 대인관계 및 전도를 잘하는 사람, 물질로 풍성히 봉사할 수 있는 사람, 기도의 은사가 있는 사람, 의사 이렇게 기도했습니다. 그런데 하나님께서 정확하게 기도한 대로 일꾼들을 보내주시는 것을 경험했습니다.

교회 성전을 세울 때도 마찬가지였습니다. 개척 3년 이내 300명이 모이는 교회를 목표로 기도하던 시절이었습니다. 브린마 성전 입당 예배 때 조용기 목사님을 초청했는데, 당시 산호세에서 먼저 집회하시고 우리 교회로 오시기로 예정되어 있었습니다. 그때 산호세에 고속도로가 무너질 정도로 큰 지진이 났습니다. 주빌리 처치에서 집회하시기로 했는데, 과연 누가 집회 장소로 나올지 의문이었습니다. 그래도 조용기 목사님은 한 사람이라도 나오면 집회를 인도하시겠다고 하셨습니다. 그런데 그때 3천 명 이상의 사람이 모였습니다. 그만큼 설교에 늘 생명을 거셨습니다. 그런데 또 문제가 있었는데, 모든 비행기가 셧다운 된 것입니다. 그래서 우리 교회에 못 오시는 줄 알았는데 기도하신 뒤 약속대로 시카고에 오셨고 은혜로운 입당 예배를 인도해 주셨습니다.

그때 "내가 건축헌금 한 푼도 안 도와줬는데 이렇게 좋은 교회를 세우고, 너무 수고가 많았다"라며 격려해 주셨습니다.

그리고 3년 후 켓지 지역에 또 다른 새 성전으로 이전할 때도 조 목사님을 다시 초청했는데, 성전 헌당을 3년 만에 다시 한다고 하니 많이 놀라셨던 기억이 납니다. 당시 조 목사님께서 하신 대로만 하면 국내든 해외든 교회를 부흥시킬 수 있다는 믿음으로 사역했습니다. 그리고 조 목사님의 가르침대로 철저히 성령님을 의지하여 사역하였더니 많은 환자가 고침 받았고 귀신 들린 자들이 해방되면서 하나님 나라가 확장되는 것을 보았습니다.

목사님을 추모하는 마음의 글

사랑하고 존경하는 목사님, 목사님께서 전 세계를 다니시면서 구름 떼처럼 모인 사람들에게 성령충만한 말씀을 선포하시고 기적을 행하시는 모습을 보면서 저를 포함한 해외 사역자들의 마음에 엄청난 긍지와 자부심을 주신 것을 기억합니다. 목사님은 우리의 자랑이었습니다.

목사님, 저는 목사님께서 더 오래 사실 줄 알았습니다. 전 세계를 누비며 불같은 복음을 증거하시던 목사님께서 떠나신 것이 실감이 나지 않습니다. 지금도 세계 곳곳에서 목사님의 말씀을 사모하는 사람이 많은데 말입니다.

저는 목사님께서 회복하시면 모시고 세계선교여행 다니고 싶었습니다. 그동안 못다 하신 여행을 시켜드리고 싶었습니다. 목사님은 예수님 다음으로 저에게 가장 큰 영향을 미치신 분입니다. 어떤 말로도 목사님을 향한 사랑과 감사를 다 표현할 길이 없습니다.

목사님, 정말로 사랑합니다. 우리를 사랑으로 키워주셔서 정말로 감사드립니다. 우리가 목사님으로부터 받은 신앙의 유산을 잘 계승하고 발전시켜서 목사님의 유업을 이어 가도록 하겠습니다.

목사님! 뵙는 그 날까지 천국에서 편히 쉬십시오.

김경문 목사

― 순복음중동교회

부천시기독교총연합회 이사장·부천생명의 전화 이사장·미국 베데스다대학교 이사장·영제회 대표고문·4차원영성최고지도자과정 총동문회 부총재·필리핀 민도르 영산시니어학교 교장·굿워커스(다문화)고문·부천시 원미경찰서 경목위원·영목회 증경회장·현) 순복음중동교회 담임목사

05

탁월한 영적 지도자,
영전靈戰의 용사

05
탁월한 영적 지도자, 영전靈戰의 용사

세기적 탁월한 영적 지도자

20세기와 21세기에 걸쳐 하나님께서 위대하고 특별한 주의 사자를 쓰셨습니다. 바로 조용기 목사님입니다. 조용기 목사님은 목회자요, 부흥사요, 교육가요, 문학가이셨습니다. 특히 6·25 전쟁 이후 절망과 도탄에 빠져 신음하고 있던 백성에게 희망의 복음을 전하여 민족중흥을 일으키는데 큰 견인차 역할을 하신 참으로 귀하고, 역사가 높이 평가하고 있는 것은 주지의 사실입니다.

조용기 목사님의 목회철학과 그 영적 도식은 오중복음, 삼중축복, 희망목회, 4차원의 영성 등으로 요약할 수 있습니다. 이 네 가지의 목회 철학의 근간과 핵심은 오직 예수 십자가 중심, 성령 운동입니다. 조용기 목사님의 메시지에는 언제나 예수 십자가 내용이 빠지지 않았습니다.

언젠가 부천시에 자리한 한 대형 교회의 후계자가 순복음중동교회에 와서 예배를 드렸습니다. 나중에 알고 보니 우리 교회 분위기와 메시지를 분석하기 위함이었습니다. 또 어느 날 그 교회 원로목사님이 한 모임에서 내게 "우리 교회 후임 목사가 홀로 벤치마킹을 위해 순복음중동교회를 방문했는데,

김경문 목사님이 설교를 통해 예수 십자가와 성령을 특히 강조하는 것을 들었다 하더라"며 그때 일을 전했습니다. 이것은 40여 년 조용기 목사님의 가르침을 받은 결과요, 산물입니다. 조용기 목사님의 신학적 성향은 보수요, 성령 중심이요, 성경적입니다.

하나의 교회를 세우는 것도 쉬운 일이 아닌데, 조용기 목사님은 살아생전에 전 세계에 1천여 교회를 세웠습니다. 85만 성도의 교회를 이룩하고, 지구를 120바퀴 돌면서 복음을 전하셨습니다. 하나님의 땅을 한 평이라도 더 넓히기 위해 80노구가 되신 후에도 중단없이 오대양 육대주를 날아다니셨습니다.

한 시대를 복음으로 풍미한 위대한 조용기 목사님의 제자가 되어, 스승 목사님을 모시고 미국, 일본, 인도, 이스라엘, 동남아, 유럽 등 여러 나라를 다닐 수 있었던 것은 더없는 영광이었습니다.

특히 2007년 12월 심장병원 건립을 위해 북한을 방문했던 일은 특별한 동행이었습니다. 나는 당시 순복음선교회 상임이사였습니다. 따라서 통일부에 신고된 평양심장병원 건립 책임자였습니다. 평양 양각도호텔에서 방문단 150여 명과 함께 예배드리며, 내가 설교한 것은 두고두고 기억에 남아 있습니다. 특히 만수대의사당을 방문해 김영남 최고인민회의 상임위원장을 만나 담소하는 자리에 참석한 것도 그렇습니다. 그 자리에서 오고 가는 대화를 메모한 쪽지를 국민일보 측에 전달해 그날 대서특필되기도 하였습니다.

평양 순안공항에서 특별기를 타고 북한을 벗어날 때 조용기 목사님은 북한 동포를 많이 걱정하며 "무거운 짐을 남한이 안고 있다"라며 안타까운 심경을 내게 토로하셨습니다. 스승 목사님의 동족애를 느끼게 하는 대목이었습니다.

신앙계 시절부터 가까이 한 조용기 목사님

　1970년대 말 나는 한국경제신문현대경제사에서 신앙계로 자리를 옮겼습니다. 당시 총회 산하 전국청년연합회에서 청년회장 윤종남, 최완기 형제 등과 함께 임원으로 활동하고 있었는데, 「신앙계」 편집부장이었던 최완기 형제로부터 제안을 받았습니다. 세상일보다 하나님 일이 소중하다 싶어 기도 중에 자리를 옮겼습니다. 당시 여의도순복음교회의 유일한 매스미디어였던 신앙계에서 일하다 보니 자연히 조용기 목사님을 종종 뵐 수가 있었습니다. 연재되던 '나는 할렐루야 아줌마였다', '영산칼럼' 그리고 해외 성회에 다녀오신 선교내용 등을 인터뷰해서 게재하곤 하였습니다.

　40대 초반이었던 조용기 목사님은 늘 자신감이 넘치셨고, 의욕적인 모습을 보이셨습니다. 당시 「신앙계」는 월 10만 부 이상 발행했던 기독교 최대 잡지로 교계뿐만 아니라 군부대, 외항선원, 외국 이민 사회 등에서 그 영향력이 컸습니다. 「국민일보」나 「순복음방송국」, 「순복음가족신문」 등이 아직 없던 시절이니만큼 그러했습니다.

신앙계에서 약 6년간 근무하면서 특별한 일이 있다면 조용기 목사님의 전기를 최초로 발간한 일이었습니다. 1982년 당시 조용기 목사님은 이단으로 한창 수세에 몰리고 있던 시절이었습니다. 이에 하나님의 전권 대사로서 역동적으로 사역하고 계신 조용기 목사님의 정체성과 순복음신학과 목회에 대해 대변할 필요가 있어 책을 쓰기로 한 것이었습니다. 규장문화사의 여운학 장로님과 협의해 출간하기로 하고, 판매는 서울서적 전무였던 조용우 장로님이 맡기로 했습니다. 책 구성은 내가 직접 조용기 목사님과 조두천 장로님을 인터뷰하여 조용기 목사님의 출생부터 살아온 이야기를 썼고, 「신앙계」에 게재된 선교 기사와 외부 유명 목사님들이 직접 집필한 '내가 본 조용기 목사'라는 글을 넣었습니다. 책 제목은 『주의 뜻대로 이루소서』였습니다. 여름휴가 때 속전속결로 집필하고 정리했습니다. 이 책은 20여만 권 판매되면서 베스트셀러가 되었고, 이단 시비의 오해를 줄이는데도 크게 이바지했습니다. 당시 신현균, 김준곤, 김장환, 로버츠 슐러 목사님 등이 조용기 목사님을 앞장서 옹호하였습니다. 참 감사한 일이었습니다. 신의를 지켰습니다.

저널리스트 출신이니 국민일보로 가라

1988년 8월 어느 날 조용기 목사님께서 부르시더니, "자네는 저널리스트 출신이니, 앞으로 창간될 국민일보 출판국장으로 가라!" 명하셨습니다. 자리를 옮긴 후 「신앙계」는 물론 각종 책 출판과 「국민일보」 초창기 종교면 팀 구성과 편집 방향에 대해 관계자들과 논의했고, 대여섯 명의 신앙계에 있던 기자들을 종교국으로 투입하였습니다. 아울러 주말판 「홈가이드」와 종합 주간지 「시사토픽」을 창간해서 50여 명의 기자를 지휘하며 일을 하였습니다. 신문사 운영에도 사장인 조용우 장로님과 여의도에서 파송된 장로님 몇 분과 기도하며 참여하였습니다.

 1988년 창간 전부터 입사 6년 후 어느 날 여의도순복음교회 종합기획실장으로 임명을 받았습니다. 당회에서 여의도순복음교회는 물론 여의도순복음교회 산하 기관인 국민일보나 한세대학교 등을 통틀어 컨트롤 탑이 필요하다고 판단한 것에 기인한 것입니다. 기조실장을 맡으면서 비서실장 겸 그리고 신앙계 사장과 한세대학교 기획실장 등 네 가지 직책을 맡아 일했습니다.

 「국민일보」 창간 7년 차 되는 해였습니다. 조용기 목사님께서 경영개선을 이유로 신임사장을 이건영 장로로 전격 교체하였습니다. 회사 내 일부 구조 조정에 들어가기 위함이었습니다. 이 일로 인해서 여러 임직원이 퇴사하게 되었습니다. 회사는 자연히 술렁거리게 되고, 이건영 사장의 구조 조정과 운영 방식에 불만을 품은 노조가 반발하여 이건영 사장 퇴진 운동을 일으켰습니다. 급기야는 노조들이 파업을 하고 신문이 정상 발행되기 어려웠습니다.

 이때 조용기 목사님은 "이건영 사장을 퇴진시킬 테니 노조 위원장도 사표 내라"고 강경하게 대처하셨습니다. "이게 안 되면 폐간하겠다"라고 단호한 의지를 보이셨습니다. 교회 대표 장로님들도 "당회장님이 임명한 사람을 쫓아내려 하는 것은 있을 수 없는 일이다"라며 노조 위원장을 데리고 오라고 했습니다. 당시 교회 기조실장을 맡고 있던 내가 노조를 만났으나, 정작 노조 위원장은 나오지 않았습니다. 참으로 난감했습니다. 주일예배 후 오후 4시 조 목사님과 교회 대표, 국민일보 주요 임원들과 마주 앉아 대책 마련을 위해 부심하였습니다. 하지만 해법을 찾는 데는 한 발자국도 내딛지 못한 상황이었습니다.

노조는 "400억짜리 윤전기에 모래를 뿌리고 끝장내자!"라고 맞불을 놓았습니다. 내일이면 국민일보가 문을 닫느냐, 마느냐 하는 위급한 상황에서 어디서 그런 용기와 지혜가 나왔는지 모르겠습니다. 내가 침묵을 깨고 일어나 긴급 발언을 했습니다.

"이건영 사장 먼저 퇴진시키면, 분명 노조 위원장도 도의적 책임을 지고 사표를 내지 않겠습니까?"

그러자 조용기 목사님께서 버럭 큰소리를 치셨습니다.

"자네가 책임질 꺼야?"

"제가 사표 받아올 테니, 목사님께서 넓은 아량으로 사표를 반려해 주시면 어떻겠습니까?"

그러자 참석자들이 "김 실장 제안이 좋은 절충안이다"라고 했고, 조용기 목사님도 "좋다!"라고 하셨습니다.

나는 주일날 밤에 노조 위원장에게 찾아가 사표를 받아냈습니다. 이제 미션은 조 목사님께서 사표를 반려해 주시는 일만 남았습니다. 그러나 노조 위원장을 '괘씸하다' 생각하시면서 사표를 반려 안 하시면 큰일이었습니다. 다음날 월요일 아침 10시 노조 대표와 교회 주요 관계자들이 당회장실에 모이기로 했습니다. 회의 직전에 나는 노조 위원장에게 받아온 사표를 건네드리며 걱정스러운 마음에 "목사님, 반드시 돌려주셔야 합니다."라고 재차 확인했습니다. 조 목사님은 고개를 끄덕이셨습니다. 그래도 내심 불안했습니다. 드디어 노조 위원장과 노조 대표들이 사무실로 막 들어서서 인사를 하자, 조 목사님께 벌떡 일어나시면서 노조 위원장을 가슴에 끌어안으셨습니다. 예상치 못한 일이었습니다. 역시 하나님의 큰 종이셨습니다. 조 목사님은 "앞으로 서로 잘해 보자!"라는 당부와 함께 사랑과 용서를 보이시고, 사표를 반려하셨습니다. 나는 안도의 숨을 쉬었습니다. 노조원들도 "앞으로 열심히 하겠다"라고 다짐했습니다. 그래서 폐간 직전까지 가던 국민일보는 반전을 맞이했습니다.

당일 선교를 위해 일본으로 출국하신 조용기 목사님께서 그날 밤 새벽 2시에 동경에서 내게 전화를 하셨습니다.

"자네가 사장으로 가라!"

"제가 맞기에는 그릇이 아닙니다."

"그럼 누가 좋겠나?"

"사회 경험이 많은 차일석 장로님이 좋겠습니다."

"좋다. 차 장로에게 통보하라!"

이렇게 하여 당시 캐나다에 머물고 있던 차일석 장로님에게 알리고, 급거 귀국하라고 전함으로 국민일보 파동은 끝나고 오늘에 이르렀습니다. 지나고 보니 국민일보 33년 역사 중 중대 고비였던 것이 사실입니다.

한세대학교 건축과 종합 평가

1995년 김성혜 한세대학교 총장님이 조용기 목사님께 한세대학교 기획실장을 천거해 달라고 요청하셨고, 이때 김경문 목사를 데려다 쓰라고 하셨습니다. 그래서 졸지에 나는 여의도순복음교회와 한세대학교 두 기관의 기조실장을 맡게 되었고, 김성혜 총장님과 처음 가까이서 일하게 되었습니다. 그전까지는 가까이에서 일을 한 적이 없었습니다. 그렇게 인연이 되어 4년 반을 한세대학교까지 겸직하며 일했습니다.

근무하면서 1998년 처음으로 순수 학교 자금으로 약 40억 공사비의 기숙사를 지었습니다. 그리고 여의도순복음교회 지원으로 음악당 준공을 했고, 본관을 완공하였습니다. 특별한 일은 학교명을 공모해서 '순신대학교'에서 '한세대학교'로 바꾼 일이며, 2000년 봄 한국대학교육협의회 주도 첫 대학평가에서 최우수대학으로 평가받은 일이었습니다. 정말 기념비적인 일들이었습니다. 대학의 위상이 높아지고, 구성원들의 자부심이 한껏 올라갔습니다. 당시 조용기 목사님과 교회 안팎으로부터 격려와 칭찬이 있었습니다. 교수, 학생, 직원 등으로 구성된 대학평가준비단 단장인 나는 2년간 밤낮으로 함께 일한 보람과 성취감을 크게 맛볼 수 있었습니다.

영산수련원 시절 적자에서 흑자 반전

2004년 영산수련원 원장으로 임명받았습니다. 준공식 날 조용기 목사님은 방명록에 '내 소원이 이뤄지다!'라고 쓰셨습니다. 차세대 청소년들을 사랑하고, 그들의 역할이 앞으로 중차대함을 아셨기 때문입니다. 청소년을 위한 수련원은 기도원처럼 다양한 집회를 통해 수익을 창출할 수 있는 기관이 아니었습니다. 오직 숙식비만 받아 운영해야 했습니다. 호텔이나 수련원 운영 경험이 일천日淺한 나로서는 난감했습니다. 직원 50여 명의 월급을 주고, 건물 관리비 등을 지출하면 한 달에 약 6천만 원의 적자를 냈습니다. 공격적인 운영을 위해 적자인 상태에서도 청소년지도사를 더 채용하고 훈련프로그램을 만들어 전국 학교에 팸플렛을 만들어 배포했습니다. 그 후 배재, 이화, 진명 등 유명한 학교 120곳에서 단체로 들어오기 시작했습니다. '할렐루야!'였습니다. 당시 여타 수련원들이 적자를 면치 못하고 있었는데, 얼마 후 영산수련원은 흑자로 전환되었습니다. 조용기 목사님께서 공·사석에서 "김경문 목사, 대단하다"라고 칭찬하셨습니다. 그 후 순복음선교회 상임이사로 승진해 자리를 옮겨 더 큰일을 맡게 된 것은 주님의 은혜였습니다.

순복음중동교회 부임,
33억 원 빌려 완전 구입하고 6년 만에 갚다

2008년 순복음중동교회 부임하여 알게 된 것은 교회 1층 일부 200여 평 면적이 아직 남의 소유라는 것이었습니다. 이로 인해 교회 출입이 너무 불편해 어느 날 조용기 목사님께 찾아가 사정을 말씀드리고, 돈을 빌려달라고 하였습니다. 얼마? 33억 원이었습니다. 그것도 무이자로 말입니다. 순복음선교회 보유자금이 얼마 있는지 담당자였기에 너무도 잘 알았습니다. 그러자 조 목사님의 눈이 휘둥그레지셨습니다. 표정은 그러하셨어도, 곧바로 "알았다"라고 하셨습니다. 어느 장로님은 "독립 교회 중에 현재 건물 구매나 건축을 준비하고 있는 곳이 많은데 순복음중동교회에 빌려주시면 다른 곳에도 빌려줘야 합니다"라고 반대 의사를 표했습니다. 그러나 조 목사님은 "이미 김 목사에게 약속했으니 빌려주라"고 하셨습니다. 물론 갚는 조건이었습니다. 그렇게 빌려와 1층 면적을 사게 되고, 100% 교회 건물을 확보하게 되었습니다.

언젠가 조 목사님께 욕심을 내어 "목사님, 과거에 전주교회, 광주교회, 제주도교회 건축할 때 거저 지원해 주셨는데, 우리 중동교회도 빌려 간 돈을 탕감해 주시길 바랍니다"라고 말씀드렸습니다. 그러자 조 목사님께서는 "중동교회는 충분히 갚을 능력이 있으니 갚으라"고 하셨습니다. 그래서 결국 수년 동안에 걸쳐 다 갚았습니다. 여의도순복음교회에서 듣기로는 제자교회 중 중동교회와 인천순복음교회만 빌려 간 돈을 다 갚았다는 소리를 들었습니다. 어쨌든 조 목사님께서 무이자로 빌려주셔서 지금은 홀가분하게 교회 건물 전부를 잘 사용하고 있어 감사합니다.

제자 그룹 사랑! 눈물 흘리심

조용기 목사님께서는 은퇴 시 20개 지성전을 독립시키기로 하셨습니다. 은퇴하시기 3년 전부터 교회가 프로젝트로 준비하였고 그에 맞는 절차를 한 해 한 해 밟아가고 있었습니다. 그런데 막상 독립 직전에 일부 여의도순복음교회 장로님들이 편지를 써서 반대 의사를 표했습니다. 이때 조용기 목사님은 순복음 이사회 자리에서 "내가 제자들을 얼마나 사랑하는데……"라고 하시며 눈물을 흘리셨습니다. 제자 사랑이 물씬했고 나도 울컥하여 그 자리에서 함께 울었습니다. 조 목사님은 "교회는 모이는 사명과 흩어지는 사명이 동시에 있다"라고 하시면서 독립 의지를 꺾지 않으셨습니다. 이로써 본 교회는 20개 지성전을 독립시킴으로 한국 교회사에 큰 족적과 한 획을 긋게 되었습니다.

강한 의지와 영전靈戰의 용사

조용기 목사님은 항상 적극적이고 진취적인 목회철학 자세를 견지하셨습니다. 토요일이면 주요 제자들을 이끌고 기도원 토굴에 들어가서 3시간씩 기도하셨습니다. 그렇게 주일 전날 영적 전쟁을 앞두고 전의를 불태우셨습니다.

이제 스승님의 곁에 근 40여 년 동안 단 1년도 떨어지지 않고, 동행하면서 영육 간의 엄청난 영향력을 받은 제자로서 순복음의 기치를 드높인 스승 목

사님의 사명을 이어서 감당하는데 열과 성을 다할 것입니다. 아울러 스승님에 대해 후세에 남기고 전하는 데 힘쓸 것을 다짐합니다. 이것은 지극히 마땅한 일이요, 특히 큰 사랑받은 영목회, 영제회 소속 제자들 모두의 몫입니다. 혹자가 "사도 바울 이후 가장 큰 종이었다"라고 평하는 것을 들을 때 나는 고개를 끄덕였습니다. 동시대 역사적이며 위대한 하나님의 사자와 함께한 것은 엄청나게 축복된 일이고, 사랑받은 것 또한 말로 다 표현할 수 없는 은혜였습니다. 조용기 목사님과 함께 했던 시간을 다 기록한다면 한 권의 책으로도 모자랄 것입니다. 이 모두가 하나님의 은혜이고, 오직 영광을 돌릴 뿐입니다.

전호윤 목사 · 순복음강북교회

순복음 세계선교회 유럽총회 소속 독일 본 쾰른 순복음교회 담임목사·여의도순복음교회 교구장·여의도순복음교회 교육국장·여의도순복음교회 부목사·현) 영목회 회장·현) 순복음강북교회 담임목사

06

행복한 만남의 추억

06

행복한 만남의 추억

예수님과 만남, 조용기 목사님과 만남

1968년 신약성경을 읽고 예수님의 특이한 말씀에 매료되었습니다. 인생고에 허덕이는 부모님과 함께 마음속에 평안함이 없었는데 예수님은 "수고하고 무거운 짐 진 자들아 다 내게로 오라 내가 너희를 쉬게 하리라" 마 11:28 하셨습니다. 나의 앞길은 캄캄한데 예수님은 "내가 곧 길이요 진리요 생명이니 나로 말미암지 않고는 아버지께로 올 자가 없느니라" 요 14:6 고 하셨습니다. 나는 죽음이 두려워 비굴하게라도 살아야 할 형편인데 예수님은 "나는 부활이요 생명이니 나를 믿는 자는 죽어도 살겠고 무릇 살아서 나를 믿는 자는 영원히 죽지 아니하리니 이것을 네가 믿느냐" 요 11:25-26 라고 하셨습니다. 나는 이 말씀 앞에 무릎을 꿇게 되었습니다.

그해 11월 1일 예수님을 '나의 주님'으로 영접하였습니다. 그리고 한 달만인 12월 8일 출애굽 하듯 서울에서 자취하며 공부하고 있는 친구를 찾아 고향을 떠나 상경했습니다. '말은 나면 제주도로 보내고 사람은 나면 서울로 보낸다'라는 말처럼 서울을 가나안 땅처럼 여기고 옷 가방 하나와 책가방 하나 들고 서울행 완행열차에 몸을 실었습니다.

그렇게 상경하는 중에 하나님의 은혜를 처음으로 경험하게 되었습니다. 열차 안에서 다른 자리에 앉아있던 청년 한 분이 내 앞자리에 앉아 있는 분에게 좌석을 바꾸자고 요구하더니 나에게 이런저런 말을 걸어오면서 종교에 대한 이야기를 하기 시작했습니다. 그분은 감리교 신학생으로 내게 전도할 목적으로 다가온 것이었습니다. 대화 중에 그분이 바로 내가 찾아가는 친구의 고등부 담당 교사라는 것을 알게 되었습니다.

서울역에 도착했는데 마중 나와 있어야 할 친구가 보이지 않았습니다. 그날이 마침 토요일이라 고등부 모임이 교회에 있었는데, 기차에서 함께 이야기를 나누던 분이 교회로 전화하여 친구를 불러주었습니다. 알고 보니 내가 편지로 간다고 했던 날보다 하루 일찍 도착하여 착오가 생긴 것이었습니다. 기차에서 그분을 만나지 못했더라면 큰 고생을 할 뻔했으나 하나님께서 미리 아시고 천사처럼 보내주셨으니 나에게 있어서 처음 경험하는 표적이었습니다.

신문 배달로 최소한의 생활비를 충당하며 신앙생활을 시작했는데 친구의 친구 집을 알게 되었고 그 친구의 어머니께서 서대문 순복음중앙교회 구역장이라 조용기 목사님을 소개받게 되었습니다. 당시 서대문 사거리에 있는 순복음중앙교회 예배에 참석하여 처음으로 설교하시는 조용기 목사님을 뵈었을 때 왠지 모를 친근감과 함께 총알처럼 빠르게 다가오는 경상도 억양의 말씀이 내 귀에는 정확하게 들렸습니다. 그때가 조용기 목사님 성역 10년째 된 해였고 힘있게 다가오는 말씀에 매료되기 시작하여 금방 영적 만남이 이루어지게 되었습니다.

그 후 친구 어머니께서 주신 「신앙계」에 게재된 순복음신학교 학생 모집을 보게 되었고, 매일 아침 '나의 5분간'이라는 조용기 목사님의 짧은 방송 설교는 내게 솟아나는 샘물이 되어 결국 그 여파로 순복음신학교에 입학하게 되었습니다. 그리고 입학 때부터 조용기 목사님의 영산장학금으로 공부할 수 있었던 것은 무일푼으로 상경한 나에 대한 하나님의 크신 은혜였습니다. 얼굴은 직접 마주한 적 없었으나 말씀 안에서 영적 만남이 이루어진 것입니다.

금식기도와 내가 전할 복음의 확정

신학교를 졸업할 당시 학우회에서 '다니엘금식기도회'를 열었는데 그때 나도 21일간 물만 마시면서 금식기도를 하게 되었습니다. 당시 나의 기도 제목은 무엇보다 졸업 후 평생 전해야 할 '복음의 핵심'을 알려 주십사 하는 것이었습니다. 환상이나 음성 듣기를 기대했으나 그러한 신비체험은 없었고 다만 내 마음에 뚜렷하게 생각난 것은 마치 한 사람이 출생하고 죽기까지의 일생에서 반드시 경험하고 달성해야 할 가장 중요한 요소와 비교되는 복음의 주제들이었습니다.

'출생은 중생이며, 성장하고 성숙해짐은 성령충만이며, 자기 사업이나 직업에서 성공하고 건강하여 가족을 행복하게 함은 축복이며, 주의 일에 충성하다가 천국에 가는 것은 최후의 소망이고 승리다'라는 확신을 얻고 나는 평생에 이러한 주제로 복음을 전해야겠다고 다짐하였습니다.

금식기도를 마침과 동시에 졸업하게 되었고 개척 교회를 시작하면서 이 복음의 주제로 설교하기 시작했습니다. 그런데 얼마 안 되어 1978년 5월 조용기 목사님께서 성역 20주년을 맞이하면서 '나의 전한 복음'을 선포하셨고 '오중복음'이 그때부터 공식화되기 시작하였습니다. 그 오중복음은 내가 금식하면서 정리한 복음의 주제를 더 정확하게 정립해 준 것으로 그때부터 스스로 '조용기 목사님의 제자 의식'을 갖게 되었으니 이 일로 더 깊은 영적 만남으로 스승과 제자의 관계가 된 것입니다.

얼굴과 얼굴을 마주하며

나는 순복음신학교에 입학하기 1년 전 순복음중앙교회 담임목사 접견실에서 먼저 입학하기로 한 신앙의 선배 한 분과 조용기 목사님을 뵙고 안수받았는데 그것이 개인적인 첫 대면이었습니다. 그리고 신학교 졸업 후 개척 목회를 하다가 평소 세계선교의 꿈을 이루어 보고자 선교사로 자원했더니 목사님께서 받아 주시고 안수하여 서독 본 쾰른 선교사로 파송해 주셨습니다.

그곳에서 교민 목회를 할 때 조용기 목사님을 가까이에서 모실 수 있는 기회가 있었습니다. 1988년 서울올림픽 경기가 열렸던 그해 5월에 내가 사역하던 쾰른에서 'JESUS IST HERR ÜBER KÖLN'이라는 주제로 독일 오순절 교단 초청 집회가 성대하게 열렸습니다. 그 성회에서 목사님은 힘찬 목소리로 냉철한 독일인들에게 복음을 증거하셨고, 신유의 시간을 가지실 때는 많은 사람의 병이 치유되었습니다. 그리고 결신자 초청 시간에는 수많은 결신자가 앞으로 몰려나오는 광경을 보고 놀라지 않을 수 없었습니다. 맛없는 독일 음식들이 식성에 맞지 않으실 것 같아 점심 혹은 저녁 식사를 본 쾰른순복음교회 성도들 가정에서 대접하면서 가까이 뵐 수 있는 기회를 갖게 되었습니다.

모든 성회를 마친 다음 날 본 쾰른순복음교회 집사님 댁에서 점심 식사를 대접해 드린 자리에서 목사님은 아직 널리 알려지지 않은 복음성가 '솟아올라라 생명의 샘물'을 친히 율동하면서 가르쳐 주시기도 했습니다. 정말 천진난

만한 모습으로 즐거운 시간을 성도들과 제자들에게 베풀어 주셨습니다. 그때 그 장면들이 생생하고 아름답게 추억의 한 그림으로 남아 있습니다.

그 후에도 독일 베를린 성회와 독일 교민 교회들을 위한 '성령대망회'가

프랑크푸르트 인근에서 열렸을 때에도 개인적으로 조용기 목사님을 가까이에서 뵐 기회가 있었습니다.

한번은 나를 따로 불러내어 용돈을 챙겨 주시면서 "가족과 함께 맛있는 외식이라도 해라"고 말씀하시며 자상하게 사랑을 베풀어 주셨습니다. 그렇게 조용기 목사님을 가까이에서 모시면서 칭찬과 격려를 받은 적이 여러 차례 있었기에 항상 조 목사님의 따뜻한 사랑에 감사하면서 그때의 일들을 향기롭게 추억하고 있습니다.

목사님을 섬긴 영광스러운 사역

독일 선교사 사역을 마치고 한국으로 귀국했을 때도 조용기 목사님의 배려로 여의도순복음교회 대교구장, 지성전 담임목사, 여의도순복음교회 교육국장과 부목사 등 여러 직분을 수행할 수 있었습니다.

그리고 조용기 목사님을 보좌하면서 보람 있게 사역한 기억으로는 조 목사님의 애국 충정의 신앙을 표출하신 나라와 민족을 위한 기도 대성회를 여의도 광장에서 열었을 때와 올림픽 메인스타디움에서 여러 차례 모여 나라를 위해 기도한 일, 상암동 월드컵 경기장에서의 성회, 서울시청 앞 구국성회, 여의도 한강 둔치 구국기도성회 등입니다. 나라를 위한 기도성회에 함께할 수 있었던 것은 나에게는 커다란 축복이었고, 그래서인지 그 일이 지금에 와서 더욱 간절하게 생각납니다.

그뿐만 아니라 조용기 목사님의 해외 성회에 동참하면서 조 목사님 덕분에 융숭한 대접을 함께 받을 수 있었던 추억도 영광스러운 추억으로 남아 있습니다.

2010년 20개 지성전을 독립시키실 때 순복음강북교회 담임목사로 사역지를 정해 주셔서 감사한 마음으로 지금까지 사역하고 있습니다. 독립 당시 순복음강북교회 건물이 KT 통신업체와 반반씩 공유한 상태였으나 조용기 목사님의 격려와 성도들의 적극적인 헌신으로 건물의 나머지 절반까지 매입하여 전체 건물을 성전으로 봉헌하기에 이르렀으니 이 모두가 하나님의 크신 은혜였습니다.

조용기 목사님이 함께 계실 때 해마다 한 번씩 오셔서 전 성도들에게 축복과 격려의 말씀으로 긍지와 용기를 일깨워 주셨고, 문제가 발생했을 때도 목사님의 권위 있는 충고로 풍랑이 일었던 갈릴리 바다가 잠잠해지듯 모든 문제가 고요하게 해결되었던 일이 그리워집니다.

끊임없는 제자의 길

조용기 목사님의 제자라면 누구나 조 목사님께서 평생 설교하고 가르쳐 주신 오중복음, 삼중축복, 4차원의 영적 세계, 그리고 십자가 중심, 절대 긍정, 절대 감사를 기억하고 있을 것입니다. 나도 그와 같은 바탕 위에서 사역하는 제자로서 조 목사님께 배운 것을 언제나 자신감과 확신에 찬 모습으로 강단에서 증언해야 한다고 여기고 있습니다.

언제나 어려운 신학적 용어나 철학적 단어를 사용하기보다 쉽고 단순하면서도 친근감 있는 생활 현장 용어로 청중을 사로잡는 조용기 목사님의 모습에 감탄했었습니다. 그렇게 설교하시면서 예배 현장에 표적과 기사가 이루어지는 권능이 나타나게 하셨고, 세계 최대의 교회를 이루시는 승리를 목격했습니다.

이것은 도저히 따를 수 없는 영역에 속한 스승의 특별한 능력이었습니다. 왜냐하면, 인간의 지혜와 말의 기교에 속한 능력이 아니라 더 많은 기도와 말씀 연구에 따른 하나님의 능력에 속한 일이기 때문입니다. 어떻게 하면 스승 목사님의 영적 능력을 공유하고 성령 사역을 이어 갈 수 있는가 하는 문제는 모든 제자의 과제로 남아 있습니다. 끊임없이 따라가야 할 제자들의 길로 남아 있는 것입니다!

꼭 전하고 싶은 속 마음

목사님, 이제 편히 쉬십시오. 그간 얼마나 힘드셨습니까!
이제는 스트레스도, 긴장도, 갈등도 없는 그곳에서
주님과 함께 영원히 안식하십시오.
목사님, 떠나시니 이 세상에 남은 저희 마음은

텅 빈 방에 홀로 남은 느낌입니다.

남기고 가신 제자들을 위해 주님께 부탁해 주시기 바랍니다.

2020년 7월 13일 목사님과 제자들의 마지막 오찬이 있었던 그날,

한 사람 한 사람 손잡아 주시며 눈물로 남겨 주신 말씀을

모두 잊지 않고 있습니다.

가슴에 새겨두고 있습니다.

부족해도 목사님의 제자로 달려갈 길 다 가기까지

온 힘을 다하겠습니다.

부활의 그날 다시 뵙겠습니다.

그날에 목사님의 면류관이 되도록 힘쓰겠습니다.

박종선 목사 - 순복음의정부교회

한세대학교(순복음신학)졸업·미국 크로스웨이 신학대학 명예신학박사·기독교대한하나님의성회 증경총회장(83, 96년)·순복음 총동문회 증경회장·대한성서공회 이사·순복음신학대학원 원장·순복음의정부교회 담임목사·현) 순복음의정부교회 원로목사

07

변함없는 순종으로

07

변함없는 순종으로

불광동에서 만난 조용기 목사님

나는 일본 미야꼬에서 태어나 어린 시절 일본에서 학교에 다녔습니다. 그러다 초등학교 3학년 때 8·15 광복이 되어 부모님과 할머니, 형제들과 함께 아버지의 고향인 전라남도 여수에서 살게 되었습니다. 그 당시 집도 없고 논밭도 친척도 없다 보니 제대로 도움받을 사람들도 없었습니다. 그저 아버지의 고향이기 때문에 부모님이 아시는 분들뿐이었습니다. 그나마 다행히 아버지 친구분 집에 방 한 칸을 얻어서 열 식구가 살게 되었습니다.

어린 나는 초등학교 3학년에 편입해서 열심히 학교에 다니게 되었으나 주일날에는 갈 곳이 없었습니다. 놀이터도 없고 정말로 재미가 없었습니다. 그런데 어디에선가 종소리가 울려 왔습니다. 그 종소리가 어디서 나는 것이냐고 물었더니 교회에서 종을 치는 거라고 했습니다. 교회가 무엇 하는 곳이냐고 물으니 하나님께 예배드리는 곳이라고 했습니다. 교회가 궁금해서 찾아가 보았더니 많은 어린이가 모여 있었습니다.

그때부터 나는 교회학교에 다니면서 성경도 배우고 찬송도 배웠습니다. 교회에 다니는 것이 무척이나 좋아서 비가 오나 눈이 오나, 추우나 더우나 열심히 교회에 다녔습니다. 얼마나 열심히 잘 다녔던지 크리스마스 때 교회에서 주는 상이라는 상은 모두 다 내가 받았습니다. 출석 상, 요절 상, 성경 암송 상 등등.

이렇게 어린 시절을 여수에서 지내고 서울로 올라왔습니다. 젊은 패기에 야망을 품고 서울에 올라와 명동시장에서 앞으로의 꿈을 가지고 살았는데 불광동으로 이사를 하게 되었습니다. 마땅한 집이 없어 마을 언덕 위에 있는 집을 얻어 살았습니다. 젊은 시절이라 아침까지 잘 자고 일어나야 출근해서 일하는 데 지장이 없는데, 매일 새벽 4시가 되면 근처 교회에서 가스통을 두드리는데 당시 종이 없어서 종 대신 가스통을 두드렸음 그 소리에 잠을 잘 수가 없었습니다. 하루는 '저 가스통만 없으면 나도 아침까지 잠을 푹 잘 수 있겠다'라는 생각이 들었습니다. 그래서 교회에서 종으로 사용하고 있는 가스통을 떼어다가 지나가던 엿장수에게 팔아 버렸습니다. 그

랬더니 교회 식구들이 나에게 몰려와서 큰소리를 지르면서 교회 종을 팔아먹었다고 난리를 쳤습니다. 어느 날은 교회 식구들이 다시 찾아와서는 나에게 구원을 받아야지, 그렇지 않으면 교회 종을 팔았기 때문에 지옥 간다고 말했습니다. 그런데 그 지옥 간다는 말이 계속 나의 귓가를 떠나지 않았습니다.

그래서 어릴 적에 교회 다녀 본 적이 있기도 해서 주일날 교회에 가보았습니다. 다 낡은 천막에 가마니를 깔아놓고 키가 커다란 젊은 전도사님이 앞에 서서 설교를 하였습니다. 나는 제일 뒷자리에 앉아 예배에 참석했는데 전도사님이 교회를 괴롭히는 나를 위해 기도하자고 말하는 것이었습니다. 그 말을 듣고 많이 놀랐습니다. 성도들이 큰소리로 나를 위해 기도하는 소리를 들으며 마음이 괴로웠습니다. 그 전도사님이 바로 조용기 목사님이었습니다.

얼마 지나지 않아 나는 당시 전도사님이었던 조용기 목사님을 만나 "저같이 죄 많은 사람도 구원받을 수 있나요?"라고 물었습니다. 그때 조용기 목사님은 "그럼요. 누구든지 죄를 회개하면 성령을 받고 예수님의 이름으로 하나님의 자녀가 될 수 있습니다"라고 거침없이 대답해 주셨습니다. 그때 나는 더는 지체 할 수 없다는 다급한 마음이 생겼고, 그 후로 교회에서 숙식을 해결하며 밤낮으로 나의 죄를 회개하고 영혼의 구원을 위해 간구하였습니다.

그렇게 교회에서 숙식을 하며 지낸지 2주가 되지 않아 구원의 확신과 더불어 성령충만을 받아 방언을 하게 되었습니다. 그때부터 참회하는 마음으로 교회를 위해 봉사하기 시작하였습니다. 내가 팔아먹은 가스통 종을 대신하여 새로운 종을 만들어 치고, 예배 전 찬송을 인도했습니다. 그뿐만 아니라 청소, 성전 불 켜기, 천막 내부 환기, 노방전도, 어린이 성경 가르치기와 교회학교를 시작하였습니다. 청년 회장직을 비롯하여 교회의 크고 작은 일들을 맡아 조용기 목사님과 생사고락을 같이하며 고생도 많이 했습니다. 결국 목사님의 권유와 추천으로 순복음신학교에 들어가게 되었습니다.

본 대로 배운 대로 시작한 교회 개척

 조용기 목사님의 개척 목회 활동을 그 누구보다 생생하게 보고 배웠기 때문에 수중에 돈이 없어도 무작정 금호동에 방 한 칸을 얻어 개척 교회를 시작하려고 준비했습니다. 당시 신학교를 막 졸업했을 때였는데, 조용기 목사님께서 어떻게 아셨는지 장로님 한 분을 보내어 나의 사정을 알아보고 오라고 하신 후 12평 되는 집 한 채를 사주셨습니다. 그 집을 중심으로 본격적으로 개척 교회를 시작하여 조용기 목사님이 가르쳐 주신 대로 '하면 된다! 할 수 있다! 해 보자!'라는 믿음으로 나아갔습니다.

 얼마 못 되어 작은 집에 사람들로 가득하여 새로운 성전을 건축해야만 했습니다. 직접 바위를 깨뜨려 가루로 만들고, 채로 걸러 모래처럼 만들어 건축을 시작했습니다. 그러나 돈도 부족하고 겨울도 닥쳐오고 막막했습니다. 그래서 당시 부자라고 소문난 삼성 이병철 회장 집을 찾아갔는데 경비원들 때문에 들어갈 수 없었습니다. 그래도 포기하지 않고 지켜보다가 이병철 회장 자동차가 나오는 시간을 알게 되어 다음날 그 시간에 찾아가 다짜고짜 자동차를 붙잡고 "불쌍한 사람들을 위해 교회를 짓다가 말았으니 도움을 주셨으면 좋겠습니다"라고 말을 했습니다. 이병철 회장이 나를 가만히 바라보더니 지금은 바쁘니까 몇 시까지 롯데호텔 건너편 삼성물산 본사로 찾아오라고 했습니다. 그렇게 해서 그때 돈으로 37만 원을 후원받아 지붕과 천장, 그리고 바닥을 깔고 방 두 개에 부엌과 화장실까지 마련할 수 있었습니다.
 이렇게 세운 교회는 이후 고향 선배 목사님께 맡기고 그 선배 목사님이 고생하시던 봉천동으로 옮겨 3천 명 수용 가능한 대형 천막을 세우고 부흥회를 열었습니다. 직접 발로 뛰면서 현수막을 걸고, 포스터를 제작하여 붙이고 집회 홍보까지 하며 부흥회를 인도하였는데 많은 결신자가 나왔습니다. 하루에 20가정을 심방하며 전도하고, 조용기 목사님 설교를 녹음기로 반복하여 들으면서 내가 하는 말로 쉽게 풀어 가면서 설교하였습니다.

본 대로 배운 대로 들은 대로 교회를 개척하였더니 믿음 대로 교회가 부흥하였습니다. 조용기 목사님은 불광동 천막 교회 시절 덥고 후덥지근한 천막 속에서도 3~4시간씩 무릎 꿇고 기도하셨으며, 때로는 밤을 새우며 불같은 기도를 하시는 모습을 두 눈으로 보아왔습니다. 그런 기도의 결과 놀라운 기적들이 일어났고, 성령께서 감동하시는 대로 절대 순종하여 예언하듯 '선포' 하는 말씀대로 병 고침과 기적들이 일어났습니다.

오직 순종으로 여기까지

봉천순복음교회가 부흥하게 된 후 1990년에 나는 후배 목사에게 교회를 맡기고 북미 선교사로 파송 받았습니다. 미국 켄터키 지역에서 18년간 사역하면서 북미총회장직을 10년간 역임했고, 조용기 목사님의 권유에 '순종'하여 다시 한국에 들어오게 되었습니다. 귀국한 후 조 목사님으로부터 의정부 지역에서 목회할 것을 지시받았고, 순종하여 다시 한국에서 목회를 시작했습니다. 의정부를 비롯하여 동두천, 포천, 양주 등지에서 조용기 목사님의 설교를 듣고자 하는 성도들이 여의도까지 가는 길이 너무 멀어 의정부 지역을 중심

으로 지성전이 필요해서 세운 교회가 지금의 '의정부순복음교회'입니다.

조 목사님께 배운 대로 이곳에서도 순종하여 구역을 조직하고 심방을 하며 지역부흥의 사역을 감당하였습니다. 그 결과 하나님의 은혜로 경기도 북부 지역의 큰 교회로 성장하게 되었습니다. 조용기 목사님께 확실하게 배운 것이 첫째도 순종, 둘째도 순종이었는데 그렇게 순종하였더니 그대로 되었습니다.

조용기 목사님이 나를 처음 만나셨을 때는 나 때문에 애를 많이 먹었습니다. 그러나 한 번 순종하기로 결단한 이후에 나는 단 한 번도 '아니오'라고 말 한 적이 없었습니다. 조 목사님의 개척 목회 시절 어려움이 있었을 때나 조 목사님 사역 도중 여러 사람이 떠났을 때도 나는 끝까지 목사님 곁을 지켜왔습니다. 어느덧 50년이 지나고 조용기 목사님은 천국에 먼저 가 계십니다. 그래도 나는 여전히 조 목사님 곁에 있습니다. 죽어 천국에 가서도 조 목사님 곁에 있을 것입니다.

'사랑하고 존경하는 목사님, 목사님을 먼저 천국으로 환송하는 심정을 무슨 말로 표현할 수 있겠습니까? 이 세상에서 둘도 없는 동역자의 길을 걸었고, 어떤 경우에도 목사님을 배반하지 않고 신뢰와 사랑을 가지고 지금까지 살아왔는데 먼저 천국에 가시는 모습을 보니 먼 옛날의 생각과 많은 추억이 떠오르며 슬픔을 감출 수가 없습니다. 훗날 천국에 가서 목사님을 만나면 끌어안고 싶은 마음이 앞서고 그때 나를 이끌어 주셔서 감사하다고 다시 한번 인사드리고 싶습니다. 목사님, 사랑합니다! 감사합니다!'

백승억 목사 · 서산이룸교회

기독교대한하나님의성회 증경총회장·교회와 경찰중앙협의회 제27대 회장·2011서산국제성시화대회 상임대회장·연세대학교 연합신학대학원 총동문회장·안휘성, 안휘중의약대학교 명예교수·사)한국기독교지도자협의회 고문·사)동북아한민족협의회 법인이사·한국기독교원로목사회 공동회장·부패방지방송미디어 상임고문·세계성시화운동본부 상임본부장·한국기독교총연합회 언론, 출판 상임위원장·현) 서산이룸교회 원로목사

08

나의 영적 스승,
나의 아버지 목사님을 기억하며

08
나의 영적 스승, 나의 아버지 목사님을 기억하며

청년 시절에 들은 은혜의 메시지

세계적인 복음 전도자로 한 세대 가까이 하나님의 손에 붙들려 위대한 사역들을 감당하셨던 큰 별과 같은 나의 스승이신 조용기 목사님께서 천국에 입성하셨다는 소식을 접했을 때 스승님과 함께했던 많은 추억이 주마등처럼 스쳐 지나갔습니다.

세 살부터 어머니 등에 업혀 감리교 교회를 출석했지만, 청년 시절 서대문에 있었던 순복음중앙교회를 다니면서 침례를 받았습니다. 그 후 하나님을 인격적으로 만나는 성령 체험을 하면서 인생의 큰 전환점을 맞게 되었습니다. 스승이신 조용기 목사님의 말씀을 들으며 믿음이 자랐고, 절대 긍정과 절대 희망의 메시지를 통해 뜨거운 열정으로 청년회 전도부에서 봉사하기도 했습니다.

1969년, 성령님께서 주의 종으로 부르셨을 때 스승 목사님께서 순복음신학교 입학 추천서를 써주셨고, 신학교에서는 조직신학을 가르쳐 주셨습니다.

그 이후 당시 순복음중앙교회 3층 소예배실에서 지금의 아내와 결혼했는데, 스승 목사님께서 주례해 주셨습니다. 지금도 환하게 웃고 계신 스승 목사님과 찍은 결혼사진을 보며 마음으로 감사 인사를 드리고는 합니다. 이처럼 나의 청년 시절에 큰 은혜를 주신 스승 목사님 때문에 그 당시 기하성^{기독교대한하나님의성회} 교단이 빈약하고 교계에서 바라보는 시선이 곱지 않다는 이유로 주변의 선후배들이 재정적인 지원이 있는 다른 교단으로 가기도 했지만 나는 떠날 수가 없었습니다.

1972년 순복음서산교회를 개척한 후, 어느 날 동산감리교회 한은우 목사님께서 부산에 있는 지인 권사님이 어려운 교회에 전달해 달라고 100만 원을 맡겼는데 기도 중에 내가 생각났다면서 개척 당시 천막 교회 사진을 보내라고 하셨습니다. 그런데 부산에 계신다는 그 권사님이 천막 교회 사진을 보고 순복음교회는 지원해 줄 수 없다고 했답니다. 그날 한 목사님은 나를 부르셔서 당신이 섬기는 동산감리교회에서 50만 원을 더 보태어 150만 원을 지원할 테니 교단을 바꾸는 게 어떻겠냐고 제안하셨습니다. 지금도 그렇지만 그 당시 조용기 목사님께 받은 은혜와 순복음 교단에 대한 애착이 남달랐기에 1억을 주신다고 해도 순복음 교단을 떠나지는 않겠다는 나의 결심을 말씀드리고 그곳에서 나왔습니다.

개척 당시 걸레 교회, 이단 교회, 거지 전도사라며 조롱을 받고, 40여 일간 수제비로 연명하는 나에게 150만 원은 결코 작은 액수가 아니었습니다. 당시에 조그마한 예배당을 지을 수 있는 금액이었지만, 나는 고민도 하지 않고 그렇게 대답했던 것입니다. 이 일이 있고 난 뒤, 동산감리교회에 옆에 사셨던 김기호 집사님을 통해 이런 사연을 들으신 나의 스승 목사님께서 불초한 어린 종을 더욱 사랑해 주셨습니다.

기하성, 예하성예수교대한하나님의성회 통합을 위한 임시총회가 여의도순복음교회 바울성전에서 있을 때 스승 목사님을 비롯하여 총회 임원과 지방회장들이 강단에 계셨는데, 스승 목사님께서 나에게 설교하라고 말씀하셨고 처음에는 사양했지만 순종하는 마음으로 진땀을 흘리며 15분 설교를 마쳤습니다. 자리로 돌아온 나의 어깨를 만져주시며 "잘했다"라고 말씀해 주셨던 스승 목사님의 손길이 지금도 느껴지는 듯합니다.

스승 목사님을 모시고 오찬을 한 어느 날이었습니다. 스승 목사님께서 "백 목사 영목회 회원인가?"라고 물으시기에 아니라고 말씀드렸습니다. 당시 영목회 규정으로는 가입할 수 없었지만, 스승 목사님께서는 부족한 종을 제자로 인정하신다며 가입시켜 주셨습니다. 그뿐만 아니라 여의도순복음교회가 주최한 '남북통일과 민족복음화를 위한 기도대성회'가 잠실주경기장에서 열렸을 때 대표 기도의 순서를 맡겨 주신 것도 스승 목사님이셨습니다.

서해안 지역에서 처음 열린 서산시복음화대성회

스승 목사님은 나의 목회 39년 동안 직접 목회지에 오셔서 말씀을 전해 주시고 축복 기도도 해 주시며 수없이 많은 도전과 용기와 희망을 주셨습니다. 1992년 서산이룸교회구 서산순복음교회 설립 20주년 기념 예배에 오셔서 설교를 해 주셨으며, 서해안 지역에서 처음 갖는 서산시복음화 대성회에서도 서산 실내체육관을 가득 메운 서산 시민에게 말씀을 전해 주셨습니다. 서산시 기독교 역사 이래 그렇게 많은 사람이 모인 예배는 없었습니다. 얼마나 자랑스럽고 행복했는지 모릅니다. 나는 감리교 출신이지만, 스승 목사님의 설교 말씀과 가르침이 뼛속까지 스며있었기에 나에게는 자랑스러운 기하성 교단의 목사가 된 것이 큰 복이었으며 자랑이었습니다.

또한, 지금의 새 예배당 건축 부지에 오셔서 축복 기도를 해 주셨고, 새 예배당을 건축하고 헌당 예배를 드릴 때도 장로님들과 중직자들이 버스 20대로 나누어 타고 오셔서 성전을 가득 메워 감격스러운 예배를 드렸던 기억도 생생합니다. 그때, 지금 서산이룸교회 담임목사가 된 백종석 목사의 머리에

손을 얹으시고 간절히 축복해 주셨던 스승 목사님의 기도에 힘입어 지금까지 승리의 목회를 하고 있습니다.

'나의 자랑이 되시는 스승 목사님! 주님께서 주시는 많은 의의 면류관과 상급을 받으시고 양가 부모님과 김성혜 총장님의 환영을 받으셨으리라 믿습니다. 스승 목사님은 세계에서 제일 바쁘신 목회 일정을 보내셨습니다. 이제는 무거운 짐 다 내려놓으시고 주님 품에서 영원한 안식을 누리시옵소서. 그리고 그곳에서 여의도순복음교회 당회장 이영훈 목사님을 비롯하여 모든 성도, 세 분의 아드님과 영목회 제자들을 위해서 기도해 주실 것을 믿습니다. 불초한 저는 스승님의 제자로서 성령님의 인도를 받으면서 생명이 다하는 날까지 승리하겠습니다. 스승님 감사합니다. 그리고 사랑합니다. 샬롬!'

이호선 목사 - 새서울순복음교회

성균관대학교 법학과 졸업·순복음신학교 졸업·미국 훼이스신학대학원 교역학 석사, 박사학위 취득·뉴욕베데스다신학대학 교수·여의도순복음교회 소교구장, 대교구장·순복음남미총회 총회장·순복음북미총회 총회장·북미부흥사회(미국 순복음, 합동장로교 연합회) 회장·세계성령협의회 미주회장·여의도순복음교회 선교국장·여의도직할성전, 강북성전, 성북성전 담임목사·여의도순복음교회 목회담당 부목사·기독교대한하나님의성회 부흥사회 회장·현) 새서울순복음교회 담임목사

09

조용기 목사님의 지도로 목회자가 되기까지

09
조용기 목사님의 지도로 목회자가 되기까지

공무원에서 신학생으로

성균관대학교 법과대학을 졸업하고 법무부 국가공무원으로 근무하면서 서대문 순복음중앙교회에 열심히 출석하며 신앙생활을 했습니다. 1967년도 초기 순복음중앙교회는 출석 성도가 2천 명 정도 된 듯합니다. 교회가 성령의 뜨거운 역사로 소문나면서 날마다 부흥되어 갔습니다. 그런데 조용기 목사님께 신앙상담을 하던 중 공무원 생활은 그만두고 신학교에 가서 신학 공부를 하고 주의 종이 되어야 한다고 말씀하셨습니다. 그 당시만 해도 목사가 되어서 목회를 하는 것이 일반적인 개념에서는 별로 흠모할 만한 직업이 못 된다는 인식이 있었습니다. 나 역시도 국가공무원이 되었으니 계속 승진해서 성공하고 출세하는 것이 삶의 목표였습니다.

그런데 조용기 목사님께서 만날 때마다 계속 목사가 되라고 독려하셨습니다. 1968년 2월 15일에 성령세례를 받고 기도할 때마다 방언기도를 많이 했습니다. 어느 날 밤에 숙직 당번이 되어서 조용한 가운데 밤늦게까지 방언기도를 하는데 "너는 내가 사랑하는 종이다. 내가 너를 주의 종으로 불렀다. 내가 너와 함께하겠다. 나를 위해서 복음을 전파하라. 담대하라. 내가 너와 함께하리라. 내가 너를 사랑한다"라는 성령님의 방언통역이 나왔습니다. 하나님의 음성을 듣고 나니 내 가슴에 전율이 일어나고 마음에 복음을 증거하는 주의 종이 되겠다는 사명감이 불같이 일어났습니다.

그 당시 나는 하나님께서 그렇게까지 나에게 관심이 많으시고 사랑과 은혜를 베풀어 주신다는 것을 미처 깨닫지 못하고 살았었습니다. 그랬던 나의 지나간 일들이 불현듯 생각났습니다.

위궤양, 위 천공을 치유 받고

하나님께 크게 잘못한 것이 있습니다. 공부하느라고 교회는 한 달에 한 번 정도 이 교회 저 교회를 옮겨 다녔습니다. 하숙집이나 자취하는 집을 옮길 때마다 교회를 옮겨 다녔기에 신앙심은 아주 쇠약해졌습니다. 그런 상태에서 대학을 졸업하고 고시 공부를 준비하는 중에 위장병이 생겨서 밥을 먹으면 토하고 배가 아프기를 반복해 병원에 가서 진찰했더니 위궤양, 위 천공이며 치료할 수 없다고 했습니다. 한의사에게도 치료를 받고 한약을 수없이 먹어도 전혀 치료되지 않았습니다. 불치병으로 1년간 음식을 못 먹으니 영양실조가 되어 합병증으로 간과 함께 폐도 나빠졌습니다. 머릿카락마저 다 빠져 뼈만 앙상하게 남은 데다 불면증까지 겹쳐서 잠도 못 자고 밤이 되면 눈에 헛것이 보이며 무섭기까지 했습니다. 정말 절망 중의 절망이었습니다. 그 당시 갓 결혼한 상태라 아내가 온갖 민간요법으로 약을 만들어 주어서 먹었지만, 아무런 효험이 없었습니다. 희망도, 살 소망도 없어지고 '이러다 죽는구나!' 하는 두려움에 눌려있었습니다.

그러던 어느 날 늘 이용하던 이발소 아저씨가 전도해 왔습니다. 자신이 다니는 교회 조용기 목사님의 기도를 받으면 병이 낫는다는 것입니다. 교회는 예배를 드리는 곳이지 병을 고친다는 말은 한 번도 들어 본 적이 없었습니다. 그러나 남성 구역장이었던 이발소 아저씨가 끈질기게 전도를 해 온 결과 서대문에 있는 순복음중앙교회에 처음 출석하게 되었습니다.
그런데 조용기 목사님의 설교 말씀이 너무나 빨라서 도무지 알아들을 수가 없었고 기도 시간에는 고함을 치고 의자를 흔들며 울기도 하니까 정신이 하나도 없었습니다. 그래서 다시는 교회 안 가겠다고 했지만, 이발소 구역장님은 끈질기게 계속 권면을 했습니다.

그래서 다시 교회에 가서 예배를 드리게 되었는데, '얼마나 답답하고 괴로우면 저렇게 울면서 부르짖고 기도할까!' 싶은 마음에 공감이 되었습니다. 그러다 보니 조용기 목사님 말씀이 내 가슴에 꽂히기 시작했습니다. "예수님은 살아계십니다. 이 자리에 와계십니다. 예수님은 어제나 오늘이나 영원토록 동일하십니다. 믿으면 아멘 합시다. 아멘! 아멘!" 설교 말씀이 내 가슴을 뜨겁게 움직였습니다.

몇 개월 지속해서 출석하는 중에 조 목사님의 치유 기도 선포에 나 역시도 "아멘! 아멘!" 했습니다. 그러나 위장병은 낫지 않았고 구역장님은 오히려 병이 완전히 낫고 마음에 기쁨과 평안이 충만하기 위해서는 성령세례를 받아야 한다고 강조했습니다. 성령이 무엇인지도 모르면서 성령세례를 받기 위해서 1968년 2월 13일 순복음중앙교회 2층 예배당에서 금식기도를 하면서 성령세례 받기를 소원했습니다. 금식 3일째 되던 날 조용기 목사님, 최자실 목사님, 허드슨 선교사님 세 분이 성령세례 받기 위한 안수기도를 해 주셨습니다.

2월 15일 10시 30분 성령대망회 기도 시간에 예배 도중 '울어도 못 하네. 눈물 많이 흘려도 겁을 없게 못 하고. 죄를 씻지 못하니 울어도 못 하네. 십자가에 달려서 예수 고난 보셨네' 이 찬송을 하는 중에 눈물이 쏟아지면서 가슴이 미어졌습니다. 통성기도 시간에 갑자기 환상이 보였습니다. 10m 전방에 있는 십자가가 점점 눈앞에 가까이 다가오는데 바로 예수님이 십자가에 매달려서 얼굴과 온몸에 피가 흐르고 양팔 손목에도 피가 흘렀습니다. 예수님이 눈물에 젖은 애절한 눈빛으로 나를 바라보시는데, 순간 의자에서 떨어져 바닥에 엎드려 통곡하고 회개하며 울었습니다. "예수님이 내 죄 때문에 이렇게 고통을 당하셨습니다. 예수님의 그 고통은 나의 죄 때문입니다." 땅을 치고 통회 자복하며 울었습니다. 나의 제일 큰 죄는 예수님의 십자가 은혜를 믿지 않고 살아온 것이었습니다.

한참 회개하며 통곡하고 있을 때 최자실 목사님이 안수기도하시는 데 머리에서 성령의 불이 뜨겁게 임하시더니 온몸으로 지나갔습니다. 방언이 쏟아져 나오고 마음속에 강물 같은 평화가 넘치고 기쁨이 충만해졌습니다. 세상이 달라 보였습니다. 모든 의심, 불안, 어둠이 사라지자 그 즉시 위장병의 고통이 떠나가고 깨끗이 나았습니다. 그 후 50년이 지나도록 감기 한번 걸리지 않고 건강하게 살고 있습니다.

성령세례 받은 이후 매일 가정예배를 드리며 기도 생활을 열심히 했습니다. 건강이 회복된 후 공무원 시험을 쳐서 법무부 공무원으로 근무하던 중 조용기 목사님이 주의 종이 되라고 몇 번이나 권면하셨고 직장 숙직실에서 방언기도 하는 중에 성령님이 방언 통역해 주셔서 죽을 죄인 용서해 주시고 죽을 병도 고쳐 주시고 건강을 주셨는데 이 은혜를 미처 깨닫지 못하고 살아온 것을 회개하고 주의 종이 될 것을 결심하게 된 것입니다.

그 이후 대조동 순복음신학교에 학사 편입을 해서 야간에 신학 공부를 했습니다. 오전에는 직장에 출근하고 야간에는 저녁 6시부터 밤 11시까지 공부를 하여 드디어 1974년 겨울에 신학교를 졸업했습니다. 졸업 후 전도사 임명을 받고 목회를 하기 위해 법무부 공무원직 사표를 제출했습니다. 그리고는 오산리최자실기념금식기도원에서 능력 받기 위해 21일간 금식기도를 마치고 교회 개척을 준비했습니다.

기도원 청소부로 사역하세요

그 당시에는 순복음교회가 많지 않았고, 여의도순복음교회 외에는 부교역자를 채용하는 교회가 없었으므로 하는 수 없이 교회를 개척해야 목회 사역을 할 수 있다고 생각했습니다. 그래서 대구로, 평택으로, 천안으로, 강남의 시골 동네그 당시 강남은 도시개발이 되지 않았음까지 개척 교회를 인수하려고 노력했으나 다 실패하고 결국 교회를 세우지 못했습니다. 오갈 데 없는 형편이 되어 하는 수 없이 매주 한 번씩 오산리최자실기념금식기도원에 올라가서 금식기도를 하며 1년여 동안 오르락내리락 하는데 그 당시 김만식 총무 장로님께서 "이 전도사, 인제 그만 왔다 갔다 하고 기도원에서 청소나 하면서 지내는 게 어떻겠나?"라고 요청하셨습니다.

  그 말을 듣는 당시에는 '그래도 내가 전도사인데 나를 무시하나?' 하는 생각이 들어 마음이 상했습니다. 그래서 기도원에도 안 가고 집에서 몇 주간 지내니까 아내가 "당신을 오라고 하는 곳은 기도원 청소부 밖에 없으니까 가서 기도원 청소부로 일을 하는 게 좋겠어요"라고 조언을 했습니다. 하는 수 없이 기도원에 올라가서 기도원 성전, 기도굴 등 곳곳을 청소하면서 잠은 교회 십자가탑 밑 작은 골방에서 잤습니다. 때로는 찬송 인도도 하다가 몇 개월 후에는 강대상에서 설교도 하고 금식기도 하는 성도들에게 안수기도도 할 수 있는 사역을 맡으면서 기도원 전임 시무 전도사로 열심히 사역했습니다.

  그러던 어느 날, 조용기 목사님이 기도원 기도굴에서 기도를 마치시고 하산하려고 승차하시면서 나를 부르시기에 목사님께 인사를 드렸더니 "이 전도사, 안양에 기도보육원고아원이 있는데 원장님이 담임 전도사를 보내 달라고 요청해 왔네. 이 전도사가 고아원 전도사로 가는 게 어떻겠나?"라고 말씀하셨습니다. 며칠간 기도하면서 결정하겠다고 말씀을 드린 후, 간절한 마음으로 기도하는 중에 하나님의 뜻임을 알고 조 목사님께 보고드린 후, 안양 기도

보육원 전도사로 부임했습니다.

　1년간 고아원 목회를 한 후 조용기 목사님의 지시로 여의도순복음교회 7대 교구 심방 전도사로 발령받아서 신월동, 신정동 담임 전도사로 사역했습니다. 그 후 7대 대교구장, 1대 대교구장을 역임하다가 1979년 12월 23일 당회장 조용기 목사님의 명을 받아 브라질 상파울루 선교사로 파송되었습니다.

　상파울루순복음교회가 부흥되어서 800여 명의 출석 성도를 섬기며 사역하는 중에 알젠티나교회, 파라과이, 칠레, 볼리비아, 아마존 인디언교회를 세우고 순복음 남미총회를 세워서 총회장을 역임했습니다.

　이후 조용기 목사님의 명으로 미국 샌프란시스코순복음교회에 부임하여 그곳에서 2년간 교회를 세우고 사역했습니다.

　그 후 또다시 조용기 목사님의 명을 받아 뉴욕으로 선교지를 옮겨서 교회를 세우고 순복음 북미총회를 새로 조직하였습니다.

　1984년도 20여 교회로 시작해서

2000년대에는 450여 교회로 북미총회가 발전되었으며 내가 시무하는 뉴욕 순복음교회는 출석 성도만 500여 명이 모이는 교회로 성장했습니다.

나는 순복음 북미총회 총회장과 순복음 부흥사회 회장을 역임하면서 총회 산하 개 교회 부흥과 총회 발전을 위해서 헌신했습니다. 또한, 조용기 목사님이 미국 선교부흥성회에 오시면 휴식하는 날 함께 수영도 하고, 사우나도 모시고 가고, 골프도 치며 수없이 많은 즐거운 시간을 보냈습니다. 뉴욕에서나 아프리카, 몽골, 브라질 등 해외에서 조용기 목사님이 강사로 초빙되는 큰 부흥성회 준비도 많이 했습니다.

뒤늦은 목회 열정

2000년 6월 조용기 목사님의 명을 받아서 여의도순복음교회 지성전 담임목사로 부임하여 여의도순복음직할성전, 강북성전, 성북성전, 여의도순복음교회 선교국장과 목회담당 부목사로 사역했습니다.

2006년도에 다시 조용기 목사님의 명을 받아서 독립교회인 삼양동 새서울 순복음교회 담임목사로 부임하였습니다. 2016년 11월까지 10년 6개월간 시무하고 교회 건물과 성도 1천여 명을 여의도순복음교회로 인계하고 지금은 운정 신도시에 빌딩 한 층을 분양받아 교회를 세워 현재까지 사역하고 있습니다. 건물 구입 재정은 이영훈 목사님의 지원으로 구매했습니다.

나의 목회 사역 45년과 평신도 7년 신앙생활을 합쳐서 52년 동안 오직 조용기 목사님의 인도하심과 지도로 목회 사역을 했으며 목회의 영적인 사역과 행정적 사역, 설교 말씀과 기도 생활, 성도 관리 등 교회를 섬기는 모든 목양은 조용기 목사님의 가르침을 받아서 평생 목회해 왔습니다. 하나님의 사랑하심과 예수님의 십자가 은혜, 성령님의 인도하심으로 온 힘을 다해 목회해 왔습니다. 또한 우리 조용기 목사님의 베풀어 주신 사랑과 은덕은 무척이나 크기에 어떤 것으로도 갚을 수가 없습니다.

조용기 목사님은 나의 신앙의 아버지가 되시고 스승이 되십니다. 일평생 사역하는 동안 목사님의 다정다감하고 깊고 깊은 스승의 정은 잊을 수가 없습

니다. 진심으로 감사합니다. 우리 스승 목사님이 천국 가신 후의 빈자리는 너무나 크고 공허한 마음은 가눌 길이 없습니다.

우리 영목회 모든 형제도 같은 마음이며, 수십만 순복음 성도님도 같은 마음입니다. 우리 제자들과 성도님들은 목사님이 일평생을 이루어 놓으신 오중복음, 삼중축복, 4차원의 영성과 목회를 계속 이어받아서 전수하도록 온 힘을 다하길 바라며 기도합니다.

이 모든 은혜 하나님께 감사와 영광을 올려드립니다.

권경환 목사

국민대학교 졸업·한세대학교 졸업·미국 Master of Professional Stidies, New York Theological Seminary·오산리최자실기념금식기도원 전임강사·여의도순복음교회 교구장·여의도순복음교회 대교구장(4, 8대)·워싱턴순복음제일교회 담임목사·순복음볼티모어교회 담임목사·한세대학교 교목실장 및 한세교회 담임목사·여의도순복음교회 교회학교장 겸 교육국장·여의도순복음교회 강북성전, 영산성전, 엘림성전, 도봉성전, 강동성전 담임목사·여의도순복음교회 선교국장·여의도순복음교회 부목사·여의도순복음시흥교회 담임목사·기독교대한하나님의성총회 여의도 측 부총회장·세계선교위원장·예산위원장·고시위원장·오산리최자실기념금식기도원 원장(세 번)

10

나의 사랑하는 목사님,
벌써 그립습니다

10

나의 사랑하는 목사님, 벌써 그립습니다

영적 버팀목이셨던 목사님

초가을 청명한 하늘 아래 오곡백과가 한창 무르익어 가는 2021년 9월 14일 오전 7시경에 조용기 목사님께서 지금까지 영적 은혜를 받아 제자 된 수많은 주의 종과 구원받은 성도들의 애도 속에 하늘나라 주님의 품에 안기셨습니다. 얼마나 가슴이 아프고 애석하고 허망한지……, 마치 '부모 잃은 듯한 이 큰 슬픔을 어찌할 수 있을까?' 하는 마음을 달래며 이렇게 고백해 봅니다.

'사랑하는 스승 조용기 목사님! 부족한 제자들의 진정한 멘토이었으며 튼튼한 영적 버팀목이 되어 주셨던 목사님! 벌써 그립습니다. 그래도 마음을 가다듬어 생각해 보니 멀지 않아 보고 싶은 목사님을 만날 저 천국 소망이 있어 한결 위로가 됩니다.'

사실 내가 사랑하고 존경하는 조용기 목사님과 처음 만남이 귀하고 귀한 것은 이 종의 인생을 바꾸어 놓은 만남이었기 때문입니다. 1970년 군 복무를 마치고 전역한 후 인생의 방황 길에 있을 때 일입니다. 대학 친구와 남산에 올라가 야경을 보고 내려오는데 야외 음악당에서 흘러나오는 찬송 소리와 유창한 설교에 나도 모르게 발걸음을 옮기게 되었습니다.

그런데 그 발걸음이 나의 인생을 완전히 바꿔 놓을 걸음일 줄이야! 그곳 넓은 광장에는 그야말로 알 수 없는 열정이 가득한 사람들로 빈틈없이 인산인해를 이루고 있었습니다. 후에 알고 보니 세계오순절대회 총무인 영국 브러더즈 목사님이 설교하셨고, 통역은 조용기 목사님이 하신 것이었습니다. 설교하는 목사님은 영어로 말씀을 했기에 무슨 내용인지 이해가 되지 않았지만, 그 옆에서 통역하시는 조용기 목사님의 말씀은 얼마나 크고 놀라운 영적 능력이 품어져 나오던지 나도 모르게 그동안 주님을 잊고 내 마음대로 고집하며 살았던 지난날의 어리석었던 죄를 눈물로 회개하고 새 출발 하겠다고 고백했습니다. 그 순간 세상에서 얽매여 있던 내 영혼이 참 자유함을 얻고 평안과 기쁨이 충만했습니다.

초등학교 1학년 때부터 어머니를 따라 새벽예배를 열심히 다녔던 나의 신앙은 군 복무를 하면서, 더욱이 월남 전쟁터에서 무참히 무너졌고, 제대 후 공허함 속에 방황하고 있었는데 그날 남산에서 선포되는 말씀을 통해 나의 인생이 다시 회복되었고, 나의 신앙이 새로워졌습니다.

어릴 적부터 나는 장로교 교회를 다녔기에 한 번도 체험해 보지 못했던 놀라운 광경을 그때 보았습니다. 그래서 당장 그 주일부터 서대문 사거리에 위치한 순복음중앙교회에 나갔습니다. 시간이 지나면 지날수록 조용기 목사님의 설교는 나에게 말할 수 없는 감동과 감격, 은혜의 연속이었습니다. 그때

비로소 하나님께서 나를 순복음중앙교회로 인도하신 섭리를 깨닫게 되었고 하나님께 영광과 감사와 찬양을 드렸습니다.

전국청년금식성회의 출발

나는 예수님을 새롭게 만난 후 성령충만을 갈망하던 중 매주 화요일 최자실 목사님이 인도하시는 잃은 양 찾기 기도회가 있음을 알고 참석했습니다. 그날 안수받고 나도 모르게 눈물로 통회 자복하고 회개할 때 뜨겁게 성령충만을 받고 방언기도가 터져 나왔습니다. 그때 바울처럼 죽어도 예수님을 위해 죽고, 살아도 예수님을 위해 살겠다고 다짐했습니다. 그리고 청년회에 가입해 봉사하며 노방전도, 병원 전도, 구치소 전도팀들과 복음을 전하니 얼마나 기쁜지 매일 구름 위를 떠다니는 풍선처럼 마냥 기쁘고 즐겁기만 했습니다.

때는 어느덧 여름방학이 되어 우리 청년들은 기도원에 들어가서 금식기도를 하게 되었습니다. 당시는 기도원 초창기라 시설이라야 내 기억에는 초가집 세 채 정도였습니다. 그러나 그곳이 나의 인생이 새 출발 하는 축복의 땅이었을 줄이야! 돌아보니 나의 나 된 것은 모두 다 하나님의 은혜였음을 고백합니다.

그때 지금의 오산리최자실기념금식기도원 묘지 앞 주차장은 조그만 밭이었습니다. 그곳에 24인용 군용 텐트를 치고 약 50명이 모여 3박 4일 동안 금식성회를 열었습니다. 이것이 전국 청년금식성회의 출발이 되었습니다. 그해 여름 무더웠던 날 선풍기도 없이 말씀을 사모하는 청년들의 열기로 가득한 텐트 안에서 내가 사회를 보고 조용기 목사님이 설교하시는 가운데 처음으로 목사님을 가까이서 만나 뵙게 되었습니다.

나의 청년 시절은 그야말로 성령으로 충만하여 교회에서 살다시피 했습니다. 아마도 그때가 내가 가장 주님을 순수하게 믿고 열정을 품고 사랑했던 복되고 아름다운 시기였던 것 같습니다.

조용기 목사님은 이 나라가 한참 어려울 때에 "주 예수를 믿으라 그리하면 너와 네 집이 구원을 받으리라"행 16:31, "할 수 있거든이 무슨 말이냐 믿는 자에게는 능히 하지 못할 일이 없느니라"막 9:23 이 신비하고 놀라운 희망의 복음의 메시지로 예수님 앞에 나아오는 모든 인생을 절망에서 소망으로, 암울한 현실에서 꿈과 용기를 심어 주고, 영과 육체가 병든 자가 낫는 은혜와 기적의 인생으로 바꾸어 주셨습니다.

무엇보다 나에게는 이러한 조용기 목사님의 설교 말씀을 듣는 그 시간이 가장 귀하고 귀한 시간이었습니다. 그리고 은혜가 임하자 '주님을 위해 내가 할 일이 무엇이 있을까?' 하는 마음으로 기도하자 성령님께서 예배 후 강대상을 정리하라는 마음을 주셨습니다. 그때 조 목사님의 입에서 나오는 설교는 따발총과 같이 불을 뿜는 듯한 권세가 있었고, 그러한 말씀을 쏟아 내신 후라 강대상은 땀과 물로 얼룩져 있었습니다. 나는 찬송을 부르며 강대상을 닦고, 새로운 물컵과 수건을 가져다 놓으며 예배를 준비하는 일이 그렇게 즐거울 수가 없었습니다. 그렇게 하고 나서 조 목사님의 설교를 들으니 더 큰 은혜가 임했습니다. 이것은 내 생애 속에 세상이 줄 수 없는 기쁨이며, 축복이었습니다.

오산리최자실기념금식기도원에서 사역

나에게 하나님의 더 큰 역사의 시작은 '살면 전도, 죽어도 천국'을 외치시던 최자실 목사님께서 금식기도원을 개원하면서부터입니다. 그 당시 우리나라는 춥고 배고프고 경제적으로 참으로 어렵고 힘든 시기였습니다. 누가 시키지도 않았는데도 자발적으로 많은 주의 종과 성도가 기도원에 와서 성령의 능력으로 교회 부흥을 이루겠다는 열망으로 밤을 새워가며 죽기 아니면 살기로 금식하며 애통하고 부르짖는 기도 소리가 온 산에 울려 퍼졌습니다.

그러한 기도의 응답으로 성령충만과 권능을 받은 수많은 주의 종과 한국 교회는 거듭난 초대교회 성도들이 되어 성령의 새 술에 취해 물불 가리지 않고 전도하고 헌신하며 기도하여 교회가 폭발적으로 성장했습니다. 그 영향으로 세계에서 제일 교세가 큰 50개 가운데 20개 교회가 한국에 있게 되었고, 여의도순복음교회가 세계 최대의 교회가 되었다고 감히 말하고 싶습니다. 이처럼 교회가 예수님의 복음으로 부흥되자 하나님께서 복을 주시고 우리나라의 경제도 따라 성장하고 발전하게 되었고 세계가 부러워하는 경제 대국이 된 것이 하나님의 축복이 아니라고 감히 말할 자가 누가 있겠습니까?

그 무렵 나는 시청 앞 태평빌딩 703호에서 Toy 사업을 했으므로 조용기 목사님을 모시고 사업 축복 예배를 드린 적이 있습니다. 그 후에 다른 사업을 구상하고자 10일 금식기도를 작정하고 기도하던 중 최자실 목사님께서 청년회 총무인 나를 보시고 부르셔서 상담을 했는데, 하나님이 원하시는 것은 영혼 사업 즉 주의 종으로 부르셨다는 것을 확실하게 일깨워 주셨습니다.

10일 금식기도를 마치고 최자실 목사님의 배려로 기도원에서 사역하면서 야간에는 신학교에서 공부를 할 수 있게 되었습니다. 이 얼마나 하나님의 큰 은혜요, 섭리요, 축복인가? 그리고 드디어 1974년에 신학교를 졸업하고 그 해 4월 1일부로 여의도순복음교회 전도사로 사역을 시작하여 1978년 목사 안수를 받고 대교구장, 미국 워싱턴순복음제일교회 창립 담임목사, 한세대학교 교목실장, 교육국장, 여의도순복음교회 지성전 담임목사, 오산리최자실기념금식기도원 원장을 세 번째로 46년의 목회 사역을 마무리하기까지 조용기 목사님과 최자실 목사님을 통해 받은 하나님의 은혜를 어찌 다 말로 할 수 있겠습니까?

내 나이 30대 후반에 미국 선교사로 부름을 받아 워싱턴에서 목회할 때 조용기 목사님은 미국 대통령 취임식이나 기독방송인 대회 목회자 세미나 등의 초청 강사로 자주 오셨습니다. 그때마다 놀라운 은혜와 감동을 주신 것이 한두 번이 아니었습니다. 조 목사님은 그 피곤한 몸에도 불구하고 잠시 잠깐의 식사 때나 비행기를 기다리는 자투리 시간에도 목사님이 체험한 영감의 교훈을 아낌없이 전해 주신 그 사랑과 은혜는 결코 잊을 수가 없습니다.

내가 기억하는 조용기 목사님은 매주 토요일 주일 예배를 위해서 비가 오나 눈이 오나, 추우나 더우나 만사를 제쳐 놓고 제1순위로 기도원에 오셔서 기도하셨던 그 모범을 제자 된 우리는 결단코 죽는 날까지 기억하고 본받아야 마땅할 것입니다.

나는 스승 목사님의 수많은 가르침 중에서도 내가 목회하면서 지금까지 실천하려고 애썼던 것들이 있습니다. 그것은 바로 다음과 같습니다.

첫째, 남을 비평하고 판단하고 정죄하지 말라.

둘째, 남과 원수 맺지 말고 하나님께 맡겨라.

셋째, 울어 보고 웃어 보니 웃는 게 좋더라.

넷째, 성도를 이기려고 하지 말고 져라. 만약 주의 종이 이기면 성도는 교회를 떠나고 원수가 되어 계속 험담을 한다.

다섯째, 범사에 성령님의 인도하심을 받아 꿈과 목표를 설정하고 뜨겁게 기도하라.

나는 스승 목사님의 이러한 가르침을 몸소 실천하려고 지금도 어느 누구도 판단하기를 두려워하고 원수를 맺지 않으려고 애쓰고 있습니다. 이런 나의 영원한 스승 조용기 목사님을 생각할수록 그 가르치심이 나에게는 잊을 수 없는 은혜이며, 감사할 뿐입니다.

내가 미국 워싱턴순복음교회에서 시무할 때의 일화입니다. 그 당시 미국 교회를 빌려서 목회를 하고 있었습니다. 미국에서의 목회는 친교 시간이 대단히 중요한 비중을 차지합니다. 주일 예배는 원근 각지에서 오기 때문에 반드시 교회에서 점심을 나누며 친교를 합니다. 그러다 보니 어쩔 수 없이 미국 사람들이 제일 싫어하는 김치 냄새를 풍기게 됩니다. 또 한국 어린아이들이 좀 극성스러워 때로는 교회에 기물이 파손되기도 했습니다. 그러면 경고를 하는데 우리 교회는 두 번째 경고에 무조건 나가라는 통보를 받았습니다. 그들은 평상시에는 좋다가도 자기들에게 해가 되고 불편해서 'NO' 하면 그걸로

끝입니다. 그 당시 미국에서 교회 빌리기가 하늘의 별 따기인데 참으로 난감했습니다.

다른 교회를 빌려 보려고 했으나 가는 교회마다 거절을 당했습니다. '교회를 빌리지 못하면 어디에 가서 예배를 드린단 말인가?' 참으로 걱정이 되었습니다. 그러나 합력하여 선을 이루시는 하나님의 사랑은 여전히 나와 함께하셨습니다. 기도 중에 조용기 목사님께 말씀을 드리라는 마음이 들어 한국에 들어가 딱한 사정을 말씀드렸더니 추천서를 정성껏 써 주시고 기도해 주셨습니다. 나는 조용기 목사님께서 써 주신 추천서를 가지고 미국 교회 담임목사님을 만나서 전달했습니다. 그랬더니 그토록 냉담하던 미국 교회 담임목사님이 "당신이 닥터 조의 제자입니까?"라고 말하며 반가워하더니 흔쾌히 교회 사용을 승낙해 주어서 위기를 모면하게 되었습니다.

그 후 미국 교회 담임목사님은 나를 본인 교회 성도들에게 닥터 조의 제자라고 소개도 하고 'My brother'라고 부르면서 각종 행사 때마다 초대해 기도도 하게 했습니다. 나는 조용기 목사님의 제자라는 것이 그렇게 감사하고, 조용기 목사님이 나의 스승인 것이 그렇게 자랑스러울 수가 없었습니다.

한번은 두 번째 오산리최자실기념금식기도원 원장으로 재임 중 조용기 목사님께서 평소대로 기도하러 오셨다가 가시기 전 갑자기 기도원 대성전에 가자고 하셔서 영문도 모른 채 당황하여 그저 따라만 갔습니다. 성전을 두루 살피시고 가시는 줄 알았는데 또다시 입구로 가시는 것이었습니다. 불안했습니다. 아무 말씀도 안 하셨기에 무슨 잘못된 보고가 들어가서 직접 확인을 하시려는 건가 하는 무거운 마음으로 그저 뒤를 따랐습니다. 그런데 다 둘러보시고 난 후 뜻밖에 "수고 많이 했다"라고 말씀하시고 등을 부드럽게 두드려 주시고는 가셨습니다.

사실 기도원이 나에게는 남다른 애착과 애정이 묻어있는 곳입니다. 왜냐하면 처음 사역의 시작이 기도원이었고, 최자실 목사님께 사랑받으면서도 엄한 영성 훈련을 받으며 땀과 눈물과 헌신과 기도가 숨 쉬는 나의 손때가 묻어있는 곳이기 때문입니다.

또한 조용기 목사님을 뵐 수 있는 기회가 많았기에 더욱더 기뻤습니다. 큰 성회가 있을 때마다 조용기 목사님은 기쁜 마음으로 오셔서 말씀을 선포하셨고, 나는 조 목사님의 손을 잡고 의전을 하는 것이 큰 즐거움이었습니다.

내가 다시 이영훈 당회장님의 요청과 배려로 세 번째 원장으로 부임했을 때 일입니다. 조 목사님께 "목사님, 저의 마지막 사역으로 알고 다시 기도원에 왔습니다"라고 인사를 드렸더니 조 목사님은 나에게 "권 목사가 온 것은 기도원으로서는 큰 축복이다. 자네는 기도원에 노하우가 있지 않은가?"라고 격려하시며 축복 기도를 해 주셨습니다. 생각하면 지금도 행복한 미소가 절로 나옵니다.

이 종이 평생 잊지 못할 가슴 뜨거웠던 사건이 있었습니다. 한번은 제자 교회 성회 때, 마지막 축도하시려다가 갑자기 나를 불러 세워놓고 수많은 성도 앞에서 칭찬해 주시며 축복 기도를 해 주셨습니다. '세상에 이런 일이 또 있을까? 나에게 이보다 더 큰 축복이 어디에 있겠는가?' 생각하며 감격했습니다. 참으로 하나님의 크신 은혜이며, 사랑이고 축복이고 영광이었습니다.

그뿐만이 아니었습니다. 함께 엘리베이터를 타고 내려가는데 안주머니에서 돈을 꺼내며 "이거 용돈이다"라고 하시면서 주셨습니다. 순간 받아야 하나 싶기도 하고 받기가 송구스러웠지만, 스승이 제자에게 주시는 사랑에 선물이라는 생각이 들어 감사하고 감격하며 받을 수밖에 없었습니다. 이 또한 큰 사랑과 은혜를 입는 영광의 기억입니다.

그렇습니다. 예수님의 복음과 사랑으로 이 종의 인생을 바꾸어 주신 하나님의 큰 종이신 조용기 목사님! 조 목사님은 신실한 하나님의 종이셨습니다. 바울처럼, 베드로처럼 복음으로 이 대한민국의 수많은 사람에게 구원과 천국의 소망을 심어주시고, 이 시대를 예수님의 복음으로 이끄신 한국 기독교계에 영적 지도자이셨습니다.

이제 인생의 막바지 때를 달려가면서 모든 일에 한없이 부족했던 이 제자가 이 지면을 통해 사랑하고 존경하는 스승님을 이렇게 추모하며 그리워해 봅니다.

나의 목사님! 제자들의 영적인 영원한 스승이신 목사님!
이 제자는 목사님과 귀한 만남이 있었기에 영육 간에 복을 넘치도록 받았습니다. 목사님께서 이렇게 속히 가실 줄 알았더라면 좀 더 잘 모실 걸하는 아쉬움에 가슴 아픕니다.

사단 마귀가 장악한 이 마지막 환난의 때!

목사님의 보배로운 가르치심을 마음 판에 새기며 이제는 예수님만 자랑으로 삼겠습니다. 저의 남은 인생길! 주와 함께 걸어가면서 예수님 복음을 위해 굳세게 살겠습니다.

목사님! 저 높은 하늘만큼 사랑합니다. 저 깊은 바다만큼 감사합니다. 헤아릴 수 없이 날마다 매우 그립습니다. 우리 제자 모두 저 천국에서 곧 다시 기쁨으로 뵙겠습니다. 하나님의 진실한 종이신 목사님의 제자 된 기쁨과 행복을 마음속 깊이 감사하며 또 감사드립니다.

윤종남 목사 · 순복음금정교회

한세대학교 졸업·베데스다신학대학원·성남시 순복음만민교회(개척)·여의도순복음교회 파라과이 선교사·남미선교사 총회장·여의도순복음교회 부목사·부산기독교총연합회장·기독교대한하나님의성회 부총회장·부산복음화운동본부 총본부장·순복음금정교회 담임목사·현) 순복음금정교회 원로목사

11

만남의 축복

11

만남의 축복

「순복음뉴스」에서 만난 복음화 메시지

사랑하는 조용기 목사님을 처음 대한 곳은 「순복음뉴스」였습니다. 당시 모 신문사 출판부에 근무할 때였는데, 과장급 되는 분이 젊은 조용기 목사님의 사진과 설교문이 있는 갓 나온 초창기 신문을 펼쳐 보이면서 "서대문 사거리에 순복음중앙교회라는 굉장한 교회가 있는데 그곳에 천지가 진동하게 설교를 하는 엄청난 목사가 있다. 한번 읽어 보고 가 봐!"라고 권했습니다. 마음에 그 말을 간직하고 있었는데, 단성사 옆 동방속기학원에서 동반 수석 졸업한 자매님의 전도로 서대문 순복음중앙교회 청년부흥성회에 참석하게 되었습니다. 수천여 명의 청년과 성도들이 성전을 가득 메운 채 며칠 밤 뜨거운 성령님의 역사를 체험하는 현장을 직접 보게 되었습니다.

나는 곧바로 다음 주일부터 본격적으로 순복음중앙교회에 출석하여 조용기 목사님의 설교와 신유 현장을 체험하였는데, 매주 가슴이 뜨거워졌고, 질병을 치료받는 사람들이 수없이 간증하는 장면을 보았습니다.

매주 목사님 설교를 속기로 받아썼습니다. 원래 속기사 2급이 분당 280자,

1급이 320자였는데 목사님의 설교는 분당 440자여서 나는 물론, 예배에 가끔 참석했던 유명 속기 강사도 다 따라 적지 못할 정도였습니다.

교회 다닌 지 한 달 정도 되었을 때부터 전도해야 한다는 열정에 불타있는 청년들을 따라 교회 뒤편에 있던 적십자병원으로 가서 조용기 목사님이 그날 하신 말씀을 그대로 전하면서 기도를 해 주었습니다. 그런데 너무 쉽게 환자들이 눈물로 기도 받고 결신까지 했습니다.

그때가 1969년 여름이었는데, 그 후 밤새 회개하며 눈물로 기도하다가 완전 참회의 거듭남을 체험하고 변화된 세상에서 살게 되었습니다. 또 성령세례를 통해 다시 한번 뜨거워지고 방언기도의 능력까지 받았습니다.

1973년 조용기 목사님의 주례로 순복음중앙교회에서 매일 밤 철야하며 기도 제단을 쌓던 교사 출신 자매와 결혼하고 아예 교회가 있는 냉천동으로 이사를 했습니다. 그 이후 신학교에 들어가서 목회의 길을 걷게 되었습니다.

담대한 믿음과 성령의 역사

가장 먼저 조용기 목사님께 매료되고 목사님의 인격을 더욱 신뢰하게 된 것은 모든 설교 중 나타나는 '솔직 담대함'과 '절대 긍정' 때문이었습니다.

어릴 때, 고향 교회 목사님은 설교 중 한 번도 본인의 속사정을 솔직하게 드러내신 적이 없었는데, 조 목사님은 설교 도중 개인적인 모든 과거의 아픔과 가정사까지 솔직 담백하게 펼쳐 보이시는 것이 매우 신기했습니다.

또한 목사님은 담대하셨습니다. 오직 예수, 오직 말씀과 성령님만 의지하며 극한 난관에 부딪쳤을 때도 '용기!'라는 이름처럼 담대하셨습니다. 그뿐만 아니라, 무엇보다 젊은이들에게 가장 필요한 절대 긍정과 적극적인 신앙에 대한 설교는 당시 방황하던 수많은 젊은이를 주님 앞에 무릎 꿇게 하고 헌신하게 했으며 새로운 세상을 향해 나가게 했습니다.

조용기 목사님은 설교하실 때 노만 빈센트 필Norman Vincent Peale 박사나, 로버트 슐러Robert Harold Schuller 같은 당대 미국 최고의 긍정적이며 적극적인 사람들의 메시지를 많이 증거하셨습니다. 그리고 요한3서 1장 2절의 삼박자 신앙인 "사랑하는 자여 네 영혼이 잘됨 같이 네가 범사에 잘되고 강건하기를 내가 간구하노라"는 축복의 메시지가 강단에서 쉴 새 없이 증거되면서 젊은이들이 변화되게 하셨습니다.

또한, 가장 강력한 영성은 '성령님을 최고 자리에 모시는 겸손의 영성'이었습니다. 당시 순복음중앙교회 강단에는 일곱 개의 의자가 놓여 있었는데, 가장 중앙 자리는 항상 비워 놓으셨습니다. 조용기 목사님은 여의도로 이사 올 때까지 항상 그 옆자리에 겸손히 앉으셨습니다. 그리고 늘 성령님께 이렇게 간구하셨다고 합니다.

"성령님! 가운데 자리는 거룩하신 성령님의 자리입니다. 성령님이 당회장이 되셔서 한없이 부족하고 연약한 종을 붙들어 주시옵소서. 이 시간도 성령님을 인정하고 환영하고 모셔 들이오니 오셔서 주장하여 주시고 사용하여 주시옵소서. 예수님의 이름으로 기도합니다. 아멘."

그럴 때, 살아계신 성령님이 말씀과 권능으로 역사하심을 보았다고 하셨습니다. 스승 조용기 목사님은 큰 분이셨습니다. 하나님께서 크게 지으셨으며, 모진 고난을 통해 훈련시키셨으며, 끝까지 크게 사용하셨습니다.

잊지 못할 남미 선교사 시절

1982년 9월 24일, 조용기 목사님의 임명장을 받고 남미 파라과이 선교사로 가게 되었습니다. 미국을 경유하여 볼리비아를 거쳐 장장 16일 만에 겨우 파라과이 공항에 도착했습니다. 나는 여의도순복음교회 청년 회장을 거치고, 순복음 신학생 3학년 때 성남시 상대원에 교회를 개척한 후 6년 동안 섬겼습니다. 그리고 본 교회로 돌아와서 5~10년은 조용기 목사님 밑에서 더 보고 듣고 배우며 사역하리라 소망했었습니다. 하지만 그 계획과 달리 2개월 만에 갑자기 차출되어 난생처음 들어 본 땅 남미 파라과이 선교사로 혼자 가게 된 것입니다.

선교사로 출발하기 전 성령님께서 조용기 목사님과 최자실 목사님을 위해 21일간 금식하며 기도하라는 마음을 주셔서 순종했는데, 그 일이 나중에 나에게는 큰 복이 되었습니다.

아순시온 공항에 내리니 숨이 턱 막힐 정도의 섭씨 44도 불볕더위에 금세 온몸은 땀에 흠뻑 젖었습니다. 폭염에 찌는 듯한 더위를 뚫고 교회에 도착해 보니 판잣집 가건물로 사방에 벽은 판자요, 지붕은 허름한 슬레이트로 되어 있는 너무 열악한 환경이었습니다.

당시 순복음 파라과이 교회는 3년 전에 최자실 목사님이 오셔서 여섯 명의 성도를 데리고 개척한 교회입니다. 그 후 여의도 장로 출신인 허균 목사님이 70~80명 성도로 부흥시키셨으나 사모님의 병환으로 어쩔 수 없이 미국으로 돌아가신 후에는 신학생이었던 최인규 집사가 임시로 설교를 하는 상황이었습니다.

파라과이에 도착한 후에 한 달 정도 지난 어느 날 자정쯤, 교회 옆에 붙어있는 사택 2층에서 혼자 잠을 자고 있는데 누가 쾅쾅 문을 두드렸습니다. 늘 교회에서 철야 기도를 하시는 김리준 권사님이었습니다.
"목사님, 지붕 날아가요! 빨리 나와 봐요!"
밖에는 남미 특유의 세찬 바람과 억센 소나기가 양동이로 물을 퍼붓듯 쏟아지고 있었고 슬레이트 지붕은 금방 날아갈 듯, 펄럭이고 있었습니다.
"권사님, 어떻게 해야 할까요?"
"목사님, 지붕으로 올라 가시라요! 지붕 날아가지 않게 타고 앉으시라요!"
억센 이북 사투리로 호통치는 바람에 나는 비닐우산을 쓰고 지붕으로 올라갔는데, 비닐우산은 금세 바람에 날아가 버리고 억수같이 쏟아지는 장대비와 강풍 속에서 온몸이 다 젖은 채 1시간을 버티고 앉아 있었습니다.
그때, 하늘을 향하여 부르짖으며 기도했습니다. "하나님, 지붕 안 날아가는 교회 주세요!" 그다음 날부터 전 성도를 소집하여 매일 밤 철야 기도회를 했습니다. 지붕 안 날아가는 교회 달라고……. 그리고 모든 성도가 건축헌금을 작정했습니다. 3개월 후, 하나님께서 그 기도에 응답해 주셨습니다. 독일 교회인 메노나이트 교회를 매입하게 되었고, 그 교회는 지붕이 날아가지 않는 튼튼한 건물이었습니다.

그 후, 교회는 급성장하기 시작했고, 한 주간 1천여 명까지 출석하기에 이르게 되었습니다. 수많은 젊은 청년과 신학생들이 일어났으며, 3만 5천 평의 금식 기도원까지 매입하고, 일곱 개의 선교지 지교회를 설립하게 되는 등 생각하지 못한 주님의 은혜와 축복을 많이 받게 되었습니다.

'할렐루야, 이 모든 영광을 살아계신 하나님께 돌립니다.'

왕대밭에 왕대난다

조용기 목사님께서는 현역시절 항상 제자들에게 하신 말씀이 있습니다. "왕대밭에 왕대 난다. 어디 가서 목회하든지 왕대가 날 수밖에 없다고 믿고 시역해라!" 그래서 나는 가는 곳마다 온 힘을 다해 아름다운 목회를 했습니다. 그렇게 성령님의 인도를 따라 목회를 하면 주님이 반드시 축복하셨습니다.

1976년 3월 가장 먼저 목회했던 곳은 성남시 상대원 산 아래였습니다. 신학교 3학년 때, 교육전도사로 있던 미아리교회에서 사과 궤짝 하나 들고 성남시 상대원 5.5평짜리 지하 방에서 아내와 함께 개척을 했습니다. 그 후 6년 만에 성도는 300명이 되었고, 200명이 동시에 예배드릴 수 있는 성전을 건축하고는 후임자에게 물려주고 1982년 9월부터는 여의도순복음교회와 오산리최자실기념금식기도원 주강사로 사역을 했습니다.

그 후 앞에서 이야기한 거 처럼 남미 파라과이 선교사로 파송 받고 4개월 만에 독일 메노나이트 대리석교회를 매입하고 6년 동안 주간 출석 1천 명이 모이는 교회로 성장시켰고, 파라과이 금식기도원과 지교회 및 원주민교회 일곱 개 교회를 세운 것입니다.

그리고 미국 휴스턴에서 목회를 한 후 텍사스와 LA에 교회를 개척하여 자립시켰고, 1996년 2월에는 여의도교회로 돌아와 시화안산교회 개척 후, 도봉, 성북, 강동, 광명, 중동 지성전에 담임목사로 시무하다가 2008년 이영훈 담임목사님을 보좌하는 여의도순복음교회 부목사로 부임했습니다.

2009년 2월 부산 순복음금정교회 강노아 목사님이 소천하여 그곳에 후임 목사로 부임하여 2020년 12월 원로목사로 추대될 때까지 시무하였습니다. 이 모든 것이 왕대밭에 있으면 왕대가 날 수밖에 없다는 조용기 목사님의 말씀을 믿고 순종했기에 가능했던 일들입니다.

조용기 목사님은 하나님의 선물이셨다

20여 년 전 5월 13일 어버이날, 영목회 스승의 날 잔치에 참석하였습니다. 그날 여의도순복음교회 새벽 설교를 듣고 막 기도하려고 고개 숙이는데, 갑자기 귀에 들어 왔던 음성이 생각납니다.

'조용기 목사는 하나님의 선물이다. 네 개인적으로도 선물이요, 한국 교회와 한국 사회의 선물이요, 세계 교회의 선물이다!'

그렇습니다. 조용기 목사님은 이 모든 것을 다 이루셨고, 끝까지 달리셨습니다. 예수 그리스도께서 십자가에 달리셔서 마지막 하신 말씀이 "다 이루었다"요 19:30입니다. 예수님께서 아버지 하나님이 당신을 이 땅에 보내신 뜻을 다 이루셨던 것처럼, 조용기 목사님도 하나님의 뜻, 성령님의 뜻을 다 이루셨다고 이 자리를 통해 감히 말씀드리고 싶습니다.

그리고 디모데후서 4장 6절에서 8절에 기록된 사도 바울의 고백이 생각납니다.

"전제와 같이 내가 벌써 부어지고 나의 떠날 시각이 가까웠도다 나는 선한 싸움을 싸우고 나의 달려갈 길을 마치고 믿음을 지켰으니 이제 후로는 나를 위하여 의의 면류관이 예비되었으므로 주 곧 의로우신 재판장이 그 날에 내게 주실 것이며 내게만 아니라 주의 나타나심을 사모하는 모든 자에게도니라"

조용기 목사님은 달려갈 길을 다 마치셨기에 부족함이 없으시며, 뒤돌아볼 필요도 없는 줄로 믿습니다. 주님이 예비하신 의로운 자리에 아름다운 모습으로 계실 사랑하는 조용기 목사님을 다시 만날 날을 소망하며 목사님과 함께 했던 추억을 되새겨 봅니다. 할렐루야!

고석환 목사

― 기하성군선교위원회

순복음대구교회 담임목사·순복음강남교회 담임목사·시카고순복음교회 담임목사·여의도순복음교회 부목사·FGTV방송국 사장·군선교연합회 대경지회 이사장·군선교연합회 법인이사·현) 기하성군선교위원회 위원장

# 12

아! 나의 아버지 같은 스승 조용기 목사님

12
아! 나의 아버지 같으신 스승 조용기 목사님

우리 만남은

예측 못한 하나님의 이끌림에 의해 1974년 순복음신학교에 입학하여 신학생이 되었습니다. 초등학생 때부터 주의 종이 되겠다는 소박한 서원이 이루어진 것입니다.

순복음 신학생이 되었다는 것부터가 스승 조용기 목사님의 영적 문하생이 되었다는 것이요. 조용기 목사님의 저서를 읽어 가는 것만으로도 스승님의 제자가 되었다는 혼자만의 자부심을 키워갔었습니다. 나의 스승 조용기 목사님의 영적 제자가 되었다고 기뻐할 때는 생후 2개월 된 딸을 안고서 아내와 함께 스승 목사님의 장충체육관 집회에 참석하는 열정이 솟아났습니다.

신학교 2학년을 수료하면서부터 나는 산동네에서 개척 교회를 시작하였고, 1977년 졸업하면서 누전으로 초라했던 성전마저 완전히 잿더미가 되고 말았습니다. 불타버린 터전에 천막 성전을 세우고 40일을 금식하며 기도했고, 교회를 다시 일으켜 보겠다고 구두 여러 켤레가 닳을 정도로 동분서주하였으나 역부족이었습니다.

지푸라기라도 잡는 심정으로 최후에 조용기 목사님께 도움을 간청하려고 찾아가서 기적같이 조 목사님 앞에 직접 서게 되었고, 불타는 듯한 눈으로 바라보시며 안수기도해 주시고 격려해 주셨습니다. 즉석에서 총무국장 장로님께 지시하셔서 성전재건의 자금을 받게 되었으니 이 얼마나 큰 감동과 감격이었는지 모릅니다.

이렇게 나는 조용기 목사님을 만났고, 그 후 얼마 있지 않아 아예 조 목사님 목회 사역 속으로 들어가서 직접 가르침을 받는 자리에 서게 되었습니다.

내가 만난 스승 조용기 목사님

조용기 목사님은 작은 모임에서나 100만 군중 앞에서나 언제나 '좋으신 하나님'을 선포하셨습니다. 조 목사님 스스로가 가난과 질고의 수렁에서 좋으신 하나님의 구원을 경험하셨고 성경에 기록된 예수님의 구원 사역이 신학이나 철학이나 지식이 아니라 체험적 사실임을 강력하게 선포하셨습니다.

조용기 목사님의 말씀을 듣고 무수한 사람이 병 고침을 받고 귀신에게서 해방되었습니다. 성령충만을 경험하고 변화된 삶을 살게 되는 현장을 생생하게 목격했습니다. 멀리서만 듣고 배우고 따르다가 직접 듣고 목격하면서 배우고 따르게 되니 더욱더 존경스럽고, 우러러볼 수밖에 없는 크신 스승이심을 알게 되었습니다.

배운 대로의 사역

   1986년 교무국장의 임기를 마치고 조용기 목사님의 명을 따라 순복음대구교회에 부임하였습니다. 순복음과 조용기 목사님을 은근히 낮추어 보는 대구·경북 지역에서 조용기 목사님의 분신으로서 오중복음과 삼중축복을 외치며 여의도순복음교회를 그대로 옮겨 놓은 듯 본받아가며 교회성장에 전력을 다했습니다.

   교회를 섬기며 봉사하는 제직들과 기관의 임원들을 서울로 보내어 여의도순복음교회 봉사자들의 자세와 조직 운영을 그대로 배워오게 하였더니 모든 제직의 섬김의 자세가 달라지고 교회는 흥왕하기 시작하였습니다.

   그 결과 세계 제1대 교회인 여의도순복음교회를 따라 세계 50대 교회 중 제47대 교회로 선정되었고, 성전을 건축하여 헌당 예배를 드릴 때 성전 열쇠를 조용기 목사님께 전해 드렸더니 큰 기쁨과 미소로 안아 주신 것을 잊지 못합니다.

   그때부터 대구 지역에서 순복음과 조용기 목사님을 새롭게 받아들이면서 대구 지역 기독교 전파 100주년 기념성회 준비위원장직을 내게 부탁하며 주강사로 조용기 목사님을 초청하게 되었으니 이 또한 기적이라 할 수 있었습니다. 그 이전까지는 순복음을 이단시하는가 하면 조용기 목사님을 깎아내려 대구·경북 지역에서는 조용기 목사님을 강사로 초빙하는 일은 있을 수도 없는 분위기였습니다. 그러한 지역에서 순복음대구교회의 부흥은 조용기 목사님을 새롭게 평가해 드리는 계기가 되었으며 대구 지역 기독교계에 순복음교단의 위상도 높아지게 되었습니다. '흉내만 잘 내어도 되는구나!' 하는 긍지를 가지게 되었습니다.

이렇게 되고 난 후에 대구 지역에서 수고했다고 치하하면서 상급으로 우리 부부를 모스크바 선교여행에 초청해 주셔서 꿈결같이 해외 성회도 수행할 수 있었으니 나는 참 행복한 제자였습니다.

다시 스승님의 목회지로!

대구에서 성공을 이룬 후 어느 날 조용기 목사님께서 "서울로 다시 오는 것이 어떻겠냐?"라고 물으시더니 광주순복음교회 기공 예배를 드리던 날 조용기 목사님은 아예 "명령이다!" 하시면서 여의도순복음교회로 오라 하셨고, 나는 무조건 순종하여 1995년 12월 대구를 떠나 다시 여의도순복음교회로 오게 되었습니다. 조 목사님은 나를 부목사 자격의 강남성전 담임으로 임명해 주셨습니다. 당시 강남성전 건물에는 한국전력이 임대되어 있어서 성도들의 신앙생활에 불편한 점이 너무 많았습니다. "특별한 일 외에는 나에게 보고 없이 진행해라! 네가 하는 일은 곧 내가 하는 일이니 기도하고 하나님의 음성 들으며 마음껏 해 봐라!" 격려해 주시는 조용기 목사님의 신뢰를 바탕으로 온 힘을 다한 결과 2년 만에 한국전력은 나가게 되었고 리모델링 공사까지 마치게 되었습니다. '성전 확장 축복 예배'와 함께 본 교회 부목사직을 맡겨 주시면서 성도들에게는 "내 친아들과 다를 바 없다"라고 인정해 주셔서 '아버지 같으신 스승 목사님'으로 우러러보게 되었습니다.

부목사직을 맡으면서부터 스승 목사님의 성역 40주년 기념, FGTV설립, 교역자 임금의 연봉제 전환, 교역자 직원들을 대상으로 하는 구조 조정, 중교 구제시험 등 굵직한 교회 체제의 변혁을 위해 욕도 많이 먹어 가면서 목사님의 재가를 얻어 온 힘을 다했던 경험은 잊을 수 없는 추억이 되었습니다.

해외 성회 수행 중에서

동유럽 선교여행 중 헝가리 성회를 마치고 독일로 가는 비행기에서 조용기 목사님은 다음과 같은 귀한 교훈을 남겨 주셨습니다.
- 목사는 설교하는 일에 한치의 소홀함도 있어서는 안 된다.
- 목사는 사람을 끌어들이는 흡인력이 반드시 필요하다.
- 교회가 성장할수록 행정력에 달인이 되어야 한다.
- 인간관계를 예수님의 인격으로 맺어야 한다.

나는 이 교훈을 교역자, 직원 조회 시간에 거듭 전달했었습니다.

무너져 내리는 공산주의 종주국 소련의 심장부인 모스크바 크렘린궁전에서의 성회는 잊을 수 없습니다. 성회 첫날부터 엄청난 인파가 몰려들었고 병든 자들이 치유되는 기적을 목도한 소련 당국자들은 전격적으로 집회 장소를 취소했고, 궁전 앞 야외로 몰려온 군중을 향해 순복음을 외치시던 조용기 목

사님의 담대한 모습은 사도행전을 옮겨온 자리 같았습니다. 그냥 넘어갈 수 없었던 기적적인 성회로 인해 호텔 로비로 모여든 각 언론사와 TV 방송국 기자들과 인터뷰에서 목사님은 '희망의 복음'을 증언하셨습니다. 희망을 잃은 소련 사람들에게 과거 대한민국의 역사를 이야기하시면서 예수 그리스도의 복음을 수용하고 일어서게 된 우리나라의 성공사례와 대한민국 각계각층의 요인 중에 기독교인이 많고, 심지어 대통령까지 장로님이시라고 소개하여 그들을 감동하게 하신 사례는 오래오래 기억에 남습니다.

인도네시아 성회 때는 구름떼처럼 모여 환호하는 군중의 소리를 들으시며 강단으로 가시는 중 끊임없이 조 목사님 입에서는 "주여! 나는 주님의 종입니다. 주님의 노예입니다. 머슴이요, 심부름꾼입니다. 성령님 환영합니다. 모셔 들입니다. 오시옵소서!"라고 기도하는 소리가 계속 흘러나오는 것을 들었습니다. 함께 걸어가며 나는 속으로 '과연 위대한 하나님의 종이시다!'하며 감탄했었습니다.

세계 어느 나라 어느 도시에 가셔서 성회를 인도하시더라도 조용기 목사님은 그 지역을 관광하거나 쇼핑을 하지 않으시고 종일 숙소에서 기도에 집중하셨습니다. 수행하는 사람 가운데 중간에 돌아가거나 눈에 띄지 않으면 서운해하시면서 바울 선교팀처럼 언제나 끝까지 함께하는 기도 후원팀이 되기를 원하셨습니다.

인도네시아 성회 때에는 외딴곳 오지에 나를 대신 보내시면서 특별히 안수 기도를 해 주시고 간식까지 챙겨 주셨습니다. 작은 비행기로 2시간 동안 날아간 '와메나' 섬에서 속옷도 없이 사는 원주민들에게 복음을 전하고 그들과

인터뷰한 경험은 두고두고 잊을 수 없는 선교 사역이었습니다. 그 지역 원주민들과 만난 것은 우리나라 공영 방송국에까지 알려져서 내가 방송 출연을 하게 된 진기한 경험이 되었습니다.

외로운, 너무나 외로우셨던 목사님

조용기 목사님은 사역에 있어서는 세계 최대 교회를 이끄시는 목회자였지만, 한 가정의 가장으로서의 목사님은 늘 가족에게 미안한 마음을 가지셨고 때로는 외로워하셨습니다. 그 모습을 지켜보며 내 가슴도 시린 적이 많았습니다. 부목사 시절 토요일이면 비서실을 사이에 두고 늘 가까운 곳에서 자면서 조 목사님을 섬겼는데 가끔 부목사실까지 찾아오셔서 "자니?"하고 물으셨습니다. 그런 날이면 이런저런 이야기도 하셨고, 업무차 토요일에 부목사실을 비웠을 때는 "야! 나 혼자 자는데 무섭더라!"고까지 하셨습니다. 너무나 솔직하신 조용기 목사님의 모습을 보며 눈물을 흘릴 때도 있었습니다.

1985년 조용기 목사님의 50회 생신 때는 케이크 하나와 오렌지 주스를 놓고 대교구장, 기관장들만 모여 조 목사님과 김성혜 사모님이 나오실 때 '내 평생 살아온 길 뒤를 돌아보오니 걸음마다 자욱마다 모두 죄뿐입니다 우리 죄를 사하신 주의 은혜 크시니 골고다의 언덕길 주님 바라봅니다' 찬송을 부르며 생신을 축하해 드린 적이 있었습니다. 그때 많이 우셨습니다. 조 목사님은 눈물이 많은 분이셨습니다. 눈물로 축복 기도도 많이 해 주셨습니다. 그리고 남모르는 외로움이 눈물로 흘러내리는 모습을 여러 번 보아왔습니다. 그러한 모습을 어찌 잊을 수 있을까요!

목사님과 제자들과의 마지막 인사

2020년 7월 13일 조용기 목사님은 제자들과 운동을 마치시고 점심 식사를 하신 후에 헤어지는 자리에서 제자 한 사람 한 사람의 손을 잡으시고 덕담과 격려의 말씀을 해 주셨습니다. 또한 어려움을 당하고 있는 제자에게는 눈물을 흘리시며 어깨를 토닥거려 주셨습니다. 그리고 나에게도 이렇게 말씀하셨습니다.

"석환아, 나는 너와 참 많은 추억을 가지고 있다. 내가 너하고 하고 싶은 많은 일이 있었는데 다 못하고 말았구나. 미안하다. 석환아! 그리고 네가 지금 많이 힘든 것을 아는데도 내가 너를 도와주지 못해 정말 미안하다!"

조 목사님도 눈물로 말씀하셨고 나도 솟아나는 눈물을 어쩔 수 없었습니다. 그 자리에 있던 제자들 모두 숙연함을 느꼈습니다.

그런데 그다음 주부터 병원에 입원하시더니 2021년 9월 14일 주님 품에 안기셨습니다. 그날 그 자리에서 나누었던 인사가 스승님과 제자들의 작별 인사가 되고 말았습니다.

'사랑하고 존경하는 아버지 같으신 스승 목사님! 지금 계시는 그곳은 아주 편하시지요? 이젠 하나님 품 안에서 마음껏 평안을 누리세요.'

신성남 목사 - 순복음예수가족교회

순복음아시아총회 총회장·여의도순복음교회 부목사·여의도순복음교회 제2성전(강남성전) 담임목사·여의도순복음교회 제3성전(분당성전) 담임목사·CAM대학선교회 담임목사·일본 동경순복음교회 담임목사·영산신학대학원 교수·일본 총회신학원 학감·일본 ACGI신학원 학감·영산신학원 교수·기독교대한하나님의성회 고시위원장 및 출판국장, 농어촌 국장, 일산지방 회장·CTS 기독교 TV '예수 사랑 여기에' 진행자(본방송 대통령상 수상 및 성금 100억원 돌파), '4인 4색' 강사, '회복' 진행자·극동방송 '소망의 기도' 등 진행자·현) 순복음예수가족교회 담임목사

13

그리운 목사님, 너무나도 보고 싶습니다

13
그리운 목사님, 너무나도 보고 싶습니다

두 번째 참석에서 바뀐 내 인생

나는 중학교 2학년 때까지는 감리교회를 다녔습니다. 그 감리교회 목사님은 매우 조용하고, 느릿느릿하게 설교를 하셨습니다. 예배 때 통성기도도 없었고 손뼉을 치며 찬양한 적도 없었습니다. 예배 시작부터 축도까지 너무나도 차분하고 엄숙했습니다.

그러던 중에 중학교 2학년 때 친구가 "꼭 만나야 할 목사님이 계시는데 그 목사님의 설교는 무조건 들어야 한다"라고 말하며 내 손을 잡고 서대문에 있는 순복음중앙교회로 데리고 갔습니다. 아주 젊은 목사님이 설교하시는데 너무 빠르게 설교하시고 무척이나 열정적으로 설교하셔서 설교 내용이 안 들어오고 예배 분위기가 적응이 안 되었습니다. 손뼉을 치며 찬송하는 분위기나 일어나서 "주여! 주여! 주여!" 하며 통성으로 소리소리 지르며 기도하는 것이 무섭기까지 했습니다. 속으로 '아니 이런 교회도 있나? 이렇게 소리를 지르며 기도하고 손바닥이 찢어지도록 손뼉을 치며 찬송을 해도 되나?'라고 생각하며 예배가 끝나자마자 속히 교회를 나왔습니다. 친구가 놀란 나의 모습을 보고 "우리 교회는 처음에 오면 다들 너처럼 놀래. 두 번 세 번 나오면 큰 은혜를 받으니까 두세 번만 나와 봐"라는 것입니다. 나는 알았다고 답했습니다.

두 번째 순복음중앙교회에 간 날 나의 삶이 바뀌었습니다. 조용기 목사님의 그 빠른 설교가 귀에 들어오고 나도 모르게 옆의 성도님들처럼 "아멘! 아멘! 도 하고 생전 처음으로 "주여! 주여! 주여!" 이렇게 주여 삼창도 하며 큰소리로 통성기도를 하는 중에 방언이 터져 나왔습니다. 이때부터 감리교 교인이 순복음 교인이 되었습니다. 사실 감리교 목사가 될 사람이 순복음 목사가 된 것입니다.

아시아 총회장 때 받은 감동

순복음 아시아 총회장으로 있을 때 조용기 목사님과 아시아뿐만 아니라 세계를 다닐 수 있는 영광을 하나님께서 주셨습니다. 많은 나라를 조용기 목사님과 함께 다니다 보니 예전에는 근엄하시고 어느 때는 냉정하시고 무섭게 보이셨는데 이제는 따뜻한 아버지 같으시고 좋은 형님같이 느껴졌습니다. 조용기 목사님과 집회도 함께 하고 골프도 배우고, 시간이 나면 많은 대화도 하고 목욕도 하다 보니 의외로 조 목사님의 따뜻함과 자상함을 발견하게 되었습니다. 나는 네 명의 누님과 세 명의 여동생 속에서 자라다 보니 수줍음이 많고 발표력이 없으며 담대함도 많이 부족했습니다. 우리 조용기 목사님을 만나서 함께 하는 사역 속에 담대해지고 '절대 긍정', '절대 믿음', '절대 희망'으로 나의 성격과 삶이 확 바뀌게 된 것입니다. 성령님의 인도하심으로 나의 삶과 목회의 방향이 바뀌게 된 것입니다.

　나는 조용기 목사님의 열정에 감탄했습니다. 영혼구원에 대한 열정뿐만 아니라 언어에 대한 열정도 대단하셨습니다. 한번은 목사님께서 일본에 오셔서 집회 인도하시러 가실 때 자동차 뒷자리에 함께 앉았는데 갑자기 나에게 불어로 계속 뭐라고 말씀하셨습니다.

　"목사님, 저는 불어를 한 마디도 못 해요. 제가 아는 언어로 해 주세요."

　"신 목사, 신 목사가 불어를 못 하는 것을 내가 알지. 신 목사가 불어를 잘 하면 내가 이렇게 자신 있게 불어를 하겠어? 지금 나는 신 목사 앞에서 불어 연습을 하는 거야."

　조용기 목사님은 웃으시며 말씀하셨습니다. 그리고 몇 달 뒤에 해외 식당에서 식사하시면서 나에게 독일어로 대화를 시작하셨습니다. 우리 조용기 목사님의 열정은 그 누구도 따라가지 못할 것입니다. 조용기 목사님의 가르침은 많으나 가장 기억하고 싶은 가르침이 있다면 "신 목사, 교회는 말이야, 신 목사를 사랑하고 신뢰하며 따르는 성도들만 있으면 아무것도 두렵지 않아." 이 말씀에 나는 지금 42년 차 목회를 하면서 위로와 힘을 얻고 있습니다.

　부족한 내가 영산신학대학원에서 설교학을 가르친 적이 있습니다. 설교학 이론은 많지만, 설교는 입으로 하는 것이 아니고 설교자의 삶의 모습으로 해야 성도님들이 신뢰하고 따른다는 것을 알고 있습니다. 조용기 목사님의 말씀대로 성도님들이 나를 사랑하고 신뢰할 수 있도록 최선의 노력을 하고 있고 그 덕분에 우리 교회는 예수님의 가족이 되어 예수가족교회를 섬김에 있어서 무척 행복하고 건강한 교회로 성장하고 있습니다.

전국 대학교에서 일으킨 대학 선교

'안 되는 것은 되게 하라. 할 수 있다. 하면 된다. 해 보자.' 오중복음과 삼중축복의 메시지를 듣고 희망의 메시지를 전하신 조용기 목사님의 영향을 받다 보니 나의 사역지마다 평탄함과 화목과 부흥의 열매가 맺게 되었습니다. 정말 말주변이 없고 소신이 없던 내가 수많은 사람 앞에서 자신 있게 설교를 할 수 있는 것은 성령님의 도우심이요, 좋은 스승이 되시는 조용기 목사님을 만난 결과입니다.

1980년대 중반에 CAM대학선교회를 맡아 서울대학교부터 제주대학교까지 전국 모든 대학에 CAM을 조직하고 전국 대학을 복음화하기 위해 땀 흘릴 때 우리 조용기 목사님께서 여의도순복음교회 역사상 처음이자 마지막으로 큰 대형버스를 사주셨습니다. 예산도 열 배로 책정해 주시고 밀어주셔서 전국 CAM을 조직하였고 CCC 다음으로 큰 조직이 되어 대학마다 말씀과 성령의 역사가 일어나 주일 대학생 출석이 매월 폭발적으로 부흥했습니다.

그리고 1989년에 일본 오사카 선교사로 가게 되었습니다. 일본어 '아이우에오'도 모르고 오사카에 갔습니다. 개척 교회라 성도도 부족하고 예산도 부족하고 봉사자도 부족했습니다. 교회 부흥회를 하려고 해도 부흥사를 초청할 예산도 없어 내가 우리 교회 부흥회 주강사가 되어 강사비, 숙박비, 식사비 없이 부흥회를 했습니다. 새벽예배를 하는데 두세 명 나오다가 어느 순간부터 할머니 한 분만 나왔습니다. 그 할머니에게 "왜 새벽예배를 나오십니까?"라고 물었더니 "나까지 안 나오면 목사님은 누굴 보고 설교하시겠습니까? 나라도 나와야 목사님이 힘이 나지요"라고 대답했습니다. 나는 조용기 목사님께서 다섯 명으로 시작하신 천막 교회를 생각하며 노숙자 전도와 새벽예배, 수요예배, 금요예배, 주일예배에 목숨을 걸고 설교 준비하고 외쳤습니다. 그 결과 오사카 최대의 교회가 되었고 순복음교회 중에 일본에서 최초로 성전 건축을 했습니다.

조용기 목사님께서는 매우 만족해하시면서 "이제는 동경교회를 부탁한다"라고 하시며 동경순복음교회로 발령을 냈습니다. 동경순복음교회는 둘로 나뉘어 있었고 많은 상처와 아픔과 빚으로 어려움을 겪고 있었습니다. 동경에서도 조용기 목사님의 절대 믿음, 절대 긍정, 절대 소망의 가르침대로 부족한 종을 써달라고 기도하고 하나님께 매달렸습니다. 많은 빚

을 기적적으로 갚게 되고 아름다운 강가에 기도원을 매입했으며 성전 건축이 순조롭게 준비되었습니다. 동경순복음교회가 부흥에 부흥을 더하던 중에 조용기 목사님께서 한국으로 와 목사님 곁에서 여의도순복음교회를 섬기라고 말씀하셨습니다.

한국에 와서 강남 제2성전 담임목사 겸 여의도순복음교회 부목사, 여의도순복음교회 교무담당 부목사, 분당 제3성전 담임목사, 다시 강남 제2성전 담임목사를 맡았습니다. 그러던 중에 조용기 목사님을 찾아가서 어려운 교회나 문제 있는 작은 교회를 맡고 싶다고 말씀드렸더니 "왜 큰 교회를 사양하고 어려운 교회로 가려느냐"라고 하셨습니다. 나는 "작은 교회나 어려운 교회를 예수님의 사랑으로 따뜻하고 건강하며 말씀과 성령 안에서 행복한 공동체로 만들고 싶습니다"라고 말씀드렸습니다. 그래서 지금의 순복음예수가족교회를 섬기게 된 것입니다.

그 당시 우리 교회는 이단 논쟁으로 전임자가 쫓겨났고 그 후유증으로 많은 성도가 떠나고 많은 빚과 예산 부족으로 수도나 전기가 끊길 위험도 있었습니다. 건물 7층에 월세로 있던 대성전이 경매에 넘어갈 위기도 있었으며, 악한 자들의 모함으로 재판까지 갔지만, 결국 승리하게 되었습니다. 부족한 내가 '오직 사랑으로'라는 목회 표어를 가지고 지금까지 달려온 것은 오직 하나님의 은혜요, 조용기 목사님을 만난 복이라고 생각합니다.

나는 지금 무척이나 행복한 목회를 하고 있습니다. 교회는 안정되었고 나는 성도들을 엄청나게 사랑하고, 성도님들은 나를 엄청나게 사랑하고 있습니다.

2019년 10월 2일에 조용기 목사님을 모시고 성역 40주년 기념 예배를 드렸습니다. 목사님은 그 당시 몸이 너무 안 좋으셔서 어쩌면 못 오실지도 모르는 상황이었는데 나는 하나님께 간절히 기도했습니다. "하나님! 나의 목회 40년을 기념하는 예배에 우리 목사님을 꼭 강사로 모시고 싶습니다. 조용기 목사님께 건강을 허락하여 주옵소서"라고 시간마다 엎드려 기도했습니다. 기도의 응답으로 조 목사님께서 오셔서 무척 기뻐하셨고 긴 시간 말씀을 전해 주셨습니다. 그저 감사할 뿐입니다.

　'존경하고 사랑하는 목사님, 제가 목사님을 만난 것은 복 중의 복입니다. 부족한 종을 늘 예뻐해 주시고 목회를 가르쳐 주시고 삶을 가르쳐 주신 우리 조용기 목사님을 사랑합니다. 존경합니다. 목사님과 함께했던 시간이 무척이나

귀하고 행복했습니다. 목사님! 보고 싶습니다. 너무나도 그립습니다. 많은 분이 목사님 곁에 가까이 못 가는데 부족한 사람을 아버지의 마음으로 품어 주시고 가정과 가족 이야기까지 하시며 저에게 힘을 주시고 늘 사랑으로 이끌어 주신 은혜를 평생 간직하고 감사하며 살겠습니다. 주님께서 목사님의 눈물을 닦아 주시고 사망이 없고, 애통해 하는 것이나 곡하는 것이나 아픈 것이 없는 영원한 천국에서 행복한 영생의 삶으로 인도하고 계신 줄 믿습니다. 목사님! 목사님은 우리보다 며칠 빨리 가셨고, 우리는 며칠 늦게 가는 것뿐이라고 생각합니다. 목사님의 가르침대로 목회 사역도 가정 사역도 잘하겠습니다. 사랑하는 목사님! 천국에서 만나 뵙겠습니다. 감사합니다.'

장희열 목사 · 순복음부평교회

성균관대학교 경영학과 졸업·한세대학교 신학과 졸업·성균관대학교 사회복지대학원 졸업·미국 리버티신학대학 명예 신학박사·여의도순복음교회 제2성전 담임목사·순복음부평교회 위임목사·기독교대한하나님의성회 증경총회장·한국기독교부흥사협의회 대표회장·2017 종교개혁 500주년 성령대회 명예총재·한세대학교 재단이사장·2010한국기독교선교 지도자부문 수상·현) 순복음부평교회 원로목사·저서) 『믿음의 지경을 넓혀라』

14

1978년 찬바람 부는 여의도 벌판

14

1978년 찬바람 부는 여의도 벌판

천국에 계시는 스승 목사님과 총장님

1978년 2월 어느 주일, 찬 바람이 부는 여의도 모래벌판을 가로질러 교회를 찾았습니다. 그때 나이가 서른여덟 살이었습니다. 급성 간경화로 의사의 진단으로는 삶이 얼마 남지 않았다는 절망적인 선고를 받고 착잡한 심정이었습니다. 이런 나에게 하나님께서는 일주일 전 밤, 꿈에 성전 꼭대기 십자가를 보여 주셨습니다. 아무 설명도 없이 말입니다. 그때는 장로교 교회에 적을 두고 있었을 때였습니다. 그런데 꿈에 본 그 교회에 자꾸 가보고 싶은 생각이 나고 강력한 이끌림이 있어서 수소문하던 중 여의도순복음교회임을 알아내고 2월 어느 주일에 가보았습니다.

당시 여의도는 건물도 없고 모래벌판이었습니다. 매우 추운 날씨였습니다. 성전 앞에는 많은 사람이 운집하여 있었고 줄을 서서 성전 정문 계단을 올라 성전 입구에 들어서는데 감동의 눈물이 글썽이기 시작했고 성전 3층 뒷자리에 앉는 순간 눈물이 나기 시작했습니다. 묵도, 성가대 찬양, 설교 제목은 '자화상'이었으며, 본문은 고린도후서 5장 17절 "그런즉 누구든지 그리스도 안에 있으면 새로운 피조물이라 이전 것은 지나갔으니 보라 새 것이 되었도다"였습니다.

조용기 목사님께서 예수 그리스도 십자가를 통한 죄 사함, 성령 임재, 질병 치료, 저주에서 벗어나 아브라함의 축복, 영원한 천국, 다시 말해서 십자가의 진리를 말씀하셨습니다. 그리고 요한3서 1장 2절 "사랑하는 자여 네 영혼이 잘됨 같이 네가 범사에 잘되고 강건하기를 내가 간구하노라"는 말씀을 전해 주셨습니다. 조 목사님이 전하시는 오중복음과 삼중축복의 말씀을 들으면서 얼마나 울었는지 모릅니다.

하나님의 사랑이, 십자가의 은혜가 가슴에 절절히 저며오고, 마음속 깊은 곳까지 전류가 흐르듯이 꽂혀오는데 그 순간 절대 절망은 온데간데없고 절대 희망이 삶에 가득 채워져 거듭났습니다. 중생했다는 것이 느껴졌습니다. 성령의 강력한 역사가 일어났습니다.

그로부터 6개월 동안 울음이 그치지 않았습니다. 어느덧 성전 앞자리까지 내려가게 되었습니다. 그리고 신학교에 가는 문제로 조용기 목사님 면담을 하였는데 앞자리에서 그렇게 울던 분이 왔다고 말씀하실 정도였습니다. 6개월이 지나자 울음이 딱 그치고 간경화는 다 나았습니다. 그때 눈물이 죄는 씻겨나가고 질병은 치유되고 독이 빠져나간 것임을 알았습니다. 울음이 그치고 나니 이런 생각이 마음속에 가득 채워졌습니다.

상처 입은 가정과 사람, 병든 사람, 정신이 온전치 못한 사람, 다시 말해 희망이 없는 사람을 복음십자가 사랑으로 치유하고 회복시키는 사명을 감당하는 것이 세상에 어떤 일보다 귀하고 중요하고 보람 있는 일임을 깨달았습니다. 그 이듬해 대조동 신학교에 편입하여 여의도순복음교회 전도사로 시작하여 목사 안수를 받고 10년간 훈련을 받아 1992년 12월에 순복음부평교회에 부임하였습니다. 오중복음과 삼중축복, 4차원의 영성과 기도로 오늘의 교회를 이룩하였습니다. 25년간 사역을 마치고 2018년 3월에 퇴임하여 지금은 원로목사가 되었습니다.

1885년에 인천 제물포항을 통하여 아펜젤러Appenzeller, Henry Gerhard 선교사와 언더우드Horace Grant Underwood 선교사가 복음을 들고 복음의 불모지인 한국을 찾아와 이 땅에 복음화가 이루어진 것을 기념하여 인천 교계 지도자들의 노력으로 한국선교역사문화원을 설립하였습니다. 문화관광부와 협조 지원하여 본 교회 뒷마당에 기념관을 건립하여 2008년 12월 22일, 조용기 목사님과 김성혜 총장님, 문체부 유인촌 장관 외 많은 관계 인사들이 참여하여 개관식을 하였습니다. 한국선교역사기념관은 앞으로 성지순례 코스가 될 것입니다.

또한 조용기 목사님, 김성혜 총장님의 명을 받아 한세대학교 이사장이 되어 2005년 2월 28일부터 12년간 헌신했습니다. 나의 임기 동안 학교가 많이 성장 발전하였고 모든 것이 스승 목사님과 총장님의 기도 덕분인 것으로 사료됩니다.

스승 조용기 목사님과 김성혜 총장님을 만나 사랑과 은혜 무척이나 많이 받앉습니다. 마음속 깊이 감사하게 생각합니다. 스승 목사님, 총장님, 저도 머지않아 천국에 가면 뵐 수 있으리라 믿습니다.

최명우 목사 · 순복음강남교회

미국 산호세 벧엘순복음교회·미국 시카고순복음교회·여의도순복음교회 송파성전, 성동성전, 영산성전 담임목사·여의도순복음교회 교무국장, 목회담당 부목사·한국기독교총연합회 공동부회장·기독교대한하나님의성회 부총회장·세계성시화운동본부 서울 상임회장·제9대 한국기독교총연합회 총무·홀리비전 회장·현) 순복음강남교회 담임목사

15

성령의 사람, 나의 목사님

15

성령의 사람, 나의 목사님

이상하다. 목소리는 같은데 은혜가 안 된다

내 인생 최고의 만남은 바로 하나님과 만남일 것입니다. 길 잃고 방황하던 양이 목자를 다시 만나게 되고 하나님을 떠나서 방황하던 인생이 예수 그리스도를 통하여 하나님 아버지를 만나게 되었으니 이보다 더 큰 복이 어디에 있겠습니까? 그런데 그 하나님을 만날 수 있도록 십자가에 달리신 예수님을 나에게 알려 주시고 삶으로 보여 주신 분이 바로 조용기 목사님이셨습니다. 진실로 목사님은 나에게 영적인 아버지이시며 스승이셨습니다. 그래서 나는 사람들을 만나면 내 삶의 모든 축복과 은총은 모두 영적 아버지이시며 스승이신 조용기 목사님을 만남으로 이루어졌다고 고백하곤 합니다.

조용기 목사님을 처음 뵌 것은 1967년 어머니를 따라 서대문에 있는 순복음중앙교회에 다니면서부터입니다. 강력하고 힘찬 설교, 듣고 있다 보면 마음에 벅찬 감동이 밀려오고 꿈이 생기는 설교, '할 수 있다. 하면 된다. 해 보자'라는 도전하도록 하는 설교는 어린 내 마음을 사로잡았습니다. 목사님의 설교가 무척이나 좋아서 말씀 듣는 기회를 놓치지 않기 위해 중·고등부 예배가 끝나면 늘 주일예배에 참석하여 목사님의 설교를 듣곤 했습니다. 얼마나 목사님의 설교가 좋았고 자주 들었는지 나중에는 목사님 설교를 목소리와 표정까지 똑같이 따라 할 정도가 되었습니다.

이와 관련하여 재미있는 일화가 있습니다. 하루는 나의 아버지께서 편찮으셔서 교회에 못 가실 상황이셨습니다. 주일을 거룩히 지키며 매주 조용기 목사님 설교 듣는 시간을 소중히 여기시던 아버지의 마음을 알기에 조 목사님 설교를 듣고 똑같이 녹음하여 아버지께 들려드렸습니다. 그 설교를 듣고 아버지는 이런 말씀을 하셨습니다.

"이상하다. 목소리는 조 목사님 같은데, 어째 오늘은 은혜가 안 되냐?"

나는 설교를 듣고 그대로 따라 할 수는 있었지만 아직은 조용기 목사님의 영적 깊이를 따라갈 수 없기 때문이었습니다. 하지만 꿈 많고 배움에 대한 열정도 가득하던 나는 조 목사님을 더욱 흠모하고 닮아가고자 노력하는 계기가 되었습니다.

목회 40년은 목사님의 배려

올해로 내가 목회자의 길에 들어선 지 40년이 되었습니다. 조용기 목사님의 설교를 들으며 성령 체험을 했고, 주님의 종으로 부르심을 받아서 성령님의 이끄심을 따라 오늘에 이르렀습니다. 가까이에서 조 목사님을 모실 수 있는 것만으로도 무척이나 감격스럽던 젊은 전도사였던 때가 엊그제 같은데 이제는 조용기 목사님의 목회 철학을 발전시켜서 다음 세대에 물려줄 계승자 자리에 이르렀으니 시간이 참 빨리도 갔습니다. 모든 것이 그동안 인도하시고 보호하시고 지켜주신 하나님의 은혜입니다. 아울러 그 모든 시간 동안 성령님과 동행하는 본을 보여 주시고 나에게 복음의 등불을 밝혀 주셨던 스승 목사님이 계셨기에 참 복된 시간이었노라 고백하게 됩니다.

잠언 13장 20절에 "지혜로운 자와 동행하면 지혜를 얻고 미련한 자와 사귀면 해를 받느니라" 말씀하고 있는데, 20세기를 빛낸 위대한 복음 전도자이시며 한국 교회와 세계 교회사에 길이 남을 위대한 목회자이신 조용기 목사님을 가까이에서 뵙고 배우고 섬겼던 시간은 나에게 무척이나 영광스러운 시간이었습니다. 조용기 목사님의 설교와 가르침은 나를 가다듬고 단련하여 강하게 하는 계기가 되었고 나의 목회 사역을 빛나게 했습니다. 그러니 그동안 내가 조용기 목사님께 배운 것을 어찌 몇 장의 글에 다 담을 수 있겠습니까? 그러나 가장 소중한 몇 가지만 간추려 보고자 합니다.

첫 번째로 십자가 대속의 은혜를 조용기 목사님께 배웠습니다. 조용기 목사님에 대해서 제대로 알지 못하는 사람들은 순복음 신앙을 십자가 없는 신앙이라고 오해하기도 했지만, 조 목사님은 언제나 예수님의 십자가를 전하셨습니다. 참으로 십자가 중심의 신앙이었습니다. 오중복음과 삼중축복도 모두 십자가 대속의 은혜로부터 시작되었습니다. 그러니 폭발적인 교회성장을 시기하여 오해하던 사람들도 차츰 조 목사님께 마음을 열고 설교에 귀를 기울이고 그 사역에 동참하게 되었습니다. 조 목사님의 모든 설교와 사역이 예수님 중심이었기에 한국 교회를 아우르고 세계 교회를 품을 수 있었음을 명심하겠습니다.

두 번째로 오중복음과 삼중축복, 순복음의 7대 신앙을 배웠습니다. 순복음 교회 성도라면 누구나 익숙한 용어이고, 그 내용도 다들 잘 알기 때문에 어떤 분들은 이것이 얼마나 대단한지 잘 모를 것입니다. 그러나 조용기 목사님께서 처음 설교를 시작하셨을 때 한국 상황을 생각해 보면 조 목사님의 가르침은 패러다임의 전환paradigm shift이라고 부를 만한 일이었습니다.

당시 교육을 제대로 받지 못한 성도가 많은 상황에서 이해가 될 만한 설교, 들으면 쉽게 기억되는 신학적 메시지를 전하는 일은 너무나 어려운 일이었습니다. 그런데도 조용기 목사님은 누구나 쉽게 기억할 수 있도록 진리의 말씀을 정제하고 정제하여 외우기 쉽고 이해하기 쉽게 전달하셨습니다.

그뿐만이 아닙니다. 많은 설교자가 성도들을 꾸짖고 비난하고 마음에 죄책감을 심어 주는 설교를 했습니다. 성도들이 그리스도 안에서 경건하게 살게 하려는 목적이었겠지만, 이미 형편없는 상황에 부닥쳐서 고통을 겪고 있는 이들을 더욱 좌절하게 하는 설교였습니다. 그러나 조용기 목사님은 성경을 통해 예수님이 사마리아 여인을 만나셨을 때 어떻게 하셨는지를 깨닫고 희망을 전하는 설교를 시작하셨습니다.

조용기 목사님은 하나님이 무섭기만 하신 분이 아니라 우리를 사랑하시는 좋은 아버지라는 것을 알려 주셨습니다. 영·혼·육이 병든 사람들에게 회개를 가르치시되 예수 그리스도의 십자가를 통해 희망을 전파하시며 사랑 많으신 아버지를 전하셨기에 사람들은 희망을 발견했고 조용기 목사님의 설교를 듣기 위해 몰려들 수밖에 없었던 것입니다.

세 번째로 조용기 목사님께 4차원의 영성을 배웠습니다. 다들 눈에 보이는 것에만 집중하고 있을 때 조 목사님은 눈에 보이지 않는 4차원의 세계가 변화되어야 눈에 보이는 3차원의 세계가 달라진다는 영적 원리를 전해 주셨습니다. 그래서 조 목사님의 설교를 듣고 얼마나 많은 성도가 인생이 달라졌는지 모릅니다. 저 멀리에 계시지 않고 우리와 함께 계시는 하나님, 지금 이곳에서 역사하시는 하나님 나라를 체험한 성도들의 변화는 간증이 되어 입에서 입으로 퍼져나갔습니다.

네 번째로 성령세례와 성령충만을 배웠고 성령의 은사를 체험했습니다. 조용기 목사님만큼 성령님과 친밀한 교제를 나눈 분이 과연 몇이나 되겠습니까? 스승 목사님은 늘 기도하셨고 성령충만하셨으며 성령님을 의지하셨고 성령님과 동행하셨습니다. 곁에서 그 모습을 뵙고 스승 목사님을 따라서 기도하고 성령님과 동행했기에 지금의 나의 사역도 가능했습니다.

인생은 한 번 사는 것이다

누구보다 조용기 목사님을 가까이에서 모셨기에 함께한 추억 또한 정말 많습니다. 그 가운데 두 가지만 나누고자 합니다.

첫 번째는 오래전 63빌딩에서 우리 가족이 조용기 목사님을 모시고 식사한 일이 떠오릅니다. 스승 목사님께서는 아직 미혼인 두 아이에게 인생에서 아주 중요한 것이 배우자를 선택하는 것이라고 하시면서 "인생은 두 번 사는 게 아니라 한 번 사는 것인데 정말 내 마음에 원하는 사람과 가정을 이루고 살아가라"고 말씀해 주셨습니다. 그리고 두 아이를 축복해 주셨는데, 마치 아버지가 자녀에게 축복하듯, 아브라함이 이삭을 축복하듯이, 이삭이 야곱을 축복하듯이, 야곱이 요셉을 축복하듯이 두 아이의 장래를 세세하게 축복하시며 기도해 주셨습니다.

두 번째 경험은 2014년에 조용기 목사님을 모시고 아르메니아 성회에 갔을 때의 일입니다. 아르메니아에 가려면 모스크바 공항에서 비행기를 환승해야 하는데 대기 시간이 길었습니다. 그곳에는 VIP실이 없어서 조 목사님은 공항 라운지 의자에서 주무실 수밖에 없었습니다. 젊은 사람들도 다 피곤해서 지쳐있었으니 조 목사님은 얼마나 힘드셨겠습니까? 그러나 조금도 지친 내색하지 않으시고 불편한 의자에 기대고 곤히 주무셨습니다. 나와 몇몇 제자교회 목사들이 스승 목사님께서 조금이라도 편히 주무실 수 있도록 가방을 쌓아서 자리를 놓아드리고 안마도 해 드렸지만 얼마나 고된 여정이겠습니까? 사도 바울이 전도 여행을 다닐 때 고생하셨던 모습이 바로 이런 모습이 아니셨을까 생각하며, 평생을 이렇게 복음을 증거하며 지구를 120바퀴 돌며 71개국에서 말씀을 전하셨던 스승 목사님의 열정은 나에게 큰 감동과 도전이 되었습니다.

조용기 목사님의 해외 선교 사역에 함께 따라다닐 수 있어서 영광이었고 곁에서 모실 수 있어서 영광이었습니다. 또한 우리 교회의 문화예술단이 한국 전통무용으로 하나님을 찬양하고 영광 돌리는 공연을 통해 선교지에 한국의 얼을 심어 주고 아름다움을 보여 주며 양국 간의 우호를 다질 수 있어서 참으로 영광스러웠습니다. 지금도 스승 목사님께서 문화예술단의 공연을 보시고 함박웃음을 지으며 기뻐하시던 모습이 떠오르곤 합니다.

이러한 조용기 목사님의 열정과 탁월한 가르침은 고스란히 내 안에 갈무리되어 다음 세대에 전달할 막중한 사명감으로 다가옵니다. 모세의 사후에는 여호수아와 갈렙이 있었기에 이스라엘 자손이 가나안 땅을 차지할 수 있었지만, 그 후의 세대에는 전달자가 없었기에 다음 세대가 다른 세대가 되고 말았

던 것을 교훈으로 삼겠습니다.

지금까지 걸어온 나의 목회 40년의 세월이 조용기 목사님의 발자국을 따라 걸으려 노력해 온 시간이었다면 앞으로 걸어갈 시간은 조용기 목사님의 가르침을 잘 계승하고 발전시키는 데 온전히 사용할 것입니다.

말에 있지 아니하고 능력에 있는 것을 보여 주신 것처럼

무엇보다 조용기 목사님께서 하나님의 나라는 말에 있지 아니하고 능력에 있음을 보여 주셨던 것처럼 나도 그렇게 목회하고 싶습니다. 조용기 목사님의 제자로서 성령의 사람이 되기를 소원합니다. 성령님을 인정하고 환영하고 모셔드리고 의지하셨던 조용기 목사님, 오랜 시간 방언으로 기도하셨던 스승

목사님을 본받아 나도 성령님의 도우심을 구하며 간절히 기도하고 성령충만한 목회를 하겠습니다.

　오늘날 현대 사회는 물질이 전부인 것처럼 변해가고 있습니다. 사람들의 생각이 그렇게 변하고 있고 문화가 변하고 있습니다. 물질을 얻기 위해 사람들은 동분서주하느라 다들 지쳐있고 피로로 가득한 사회가 되어버렸습니다. 그리고 지금은 코로나19 사태로 삶의 의욕마저 잃고 그저 하루를 버티는 사람이 너무나 많습니다. 이러한 때에 조용기 목사님의 목회를 본받아 그들에게 빛을 비추겠습니다. 영혼이 잘되어야 범사가 잘되고 강건하게 되는 원리, 4차원의 세계가 달라져야 3차원의 세계가 변화되는 원리, 모든 문제의 해답이신 예수 그리스도를 전하는 순복음 신앙을 전하겠습니다. 6·25 전쟁 이후 모든 것이 절망스러운 상황이었던 대한민국이 조용기 목사님의 설교를 통해 희망을 보았습니다. 천국 복음이 이 땅의 영적 분위기를 바꾸었고 대한민국은 오늘날과 같이 발전했습니다. 그동안 스승 목사님을 통하여 체득한 신앙을 잘 갈고 닦아서 오늘 이 시대에 전하고 다음 세대에 물려주겠습니다. 복음을 들은 사람들이 예수 그리스도를 통해 희망을 보게 될 줄 믿습니다.

　나는 조용기 목사님을 통해 예수님을 만났습니다. 구원받고 성령충만을 받았고 주님의 종으로 부르심을 받았습니다. 조용기 목사님 가까이에서 제자로 사역했고 지금은 스승 목사님께서 믿고 맡겨 주신 순복음강남교회를 담임하고 있습니다. 이 놀라운 은혜와 복을 어떻게 다 감사할 수 있겠습니까? 그러나 한 글자 한 글자에 진심을 담아 스승 조용기 목사님께 고백해 봅니다.

'사랑하고 존경하는 목사님, 목사님의 제자로 부끄러움이 없도록 목회 사역에 온 힘을 다하겠습니다. 목사님의 뒤를 이어 목사님께서 가르쳐 주신 말씀들을 잘 계승하고 발전시키겠습니다. 그동안 정말 감사했습니다. 마음 깊이 사랑하고 존경합니다.'

김용준 목사
순복음도봉교회

홍콩선교사(1997년)·동경선교사(1980년)·여의도순복음교회 선교국장(2001년)·여의도순복음교회 부목사(2007년)·현) 순복음도봉교회 담임목사

16

나의 꿈은 베풀고 나누며 사는 삶입니다

16

나의 꿈은 베풀고 나누며 사는 삶입니다

큰 돌 작은 돌

나는 유교와 불교의 영향이 뒤섞여 있는 가정에서 자랐습니다. 집안 분위기가 엄격하고 율법적이었는데, 특히 아버지가 아주 완고하셨습니다. 그러다 보니 4남 1녀 형제 모두가 상처를 많이 받으며 자랐습니다. 대학에 들어가서도 통금시간이 있었고 외박은 절대 불가였습니다. 친구들에게 따돌림을 당할 정도로 그 규칙들을 지키며 살다 보니 나도 모르게 비판적이고 율법적인 성향의 사람이 되어 갔습니다. 이러한 내가 인생의 전환점을 맞이하게 되었습니다.

1977년의 마지막 날인 12월 31일 토요일, 서울 이화여자고등학교 대강당에서 조용기 목사님을 모시고 송년성회가 열렸는데 당시 여자 친구가 나를 그곳에 데려갔습니다. 연말이니 식사나 하자고 해서 다방에서 만났는데 자리에 앉자마자 첫마디가 "나 예수 믿기로 했어"라는 말이었습니다. 그래서 내가 웃으면서 이렇게 말했습니다. "너 그럼, 술도 끊겠구나?" 그 친구는 가끔 술도 마셨는데 나는 율법적인 집안에서 자라서 그런지, 나와 다르게 자유분방

하게 살아가는 여성들에 대한 호기심이 있었습니다. 어떻게 저렇게 아무렇지 않게 술을 마실까 궁금해서 그 친구를 호기심으로 만나고 있었지만, 여성의 음주와 흡연에 대해서는 내심 늘 불편하게 생각하고 있었기에 무심결에 나온 말이었던 것 같습니다.

늘 엄격한 아버지에게 심하게 위축당하고 눌려 있다 보니 나도 다른 사람을 율법적으로 판단하고 비판하는 사람인 줄도 모르고 있었습니다. 술 먹고 외박하는 친구들을 속으로 비판하고 비웃곤 했었는데, 그 집회에서 조용기 목사님의 설교 중 "너희 중에 죄 없는 자가 먼저 돌로 쳐라"는 말씀에 큰 충격을 받았습니다. "물에다 큰 돌을 던지면 '풍덩' 큰 소리를 내면서 가라앉고, 작은 돌을 던지면 '뽕' 작은 소리를 내면서 가라앉지요? 소리와 파문의 크기는 다르지만, 물속에 가라앉는 것은 큰 돌이나 작은 돌이나 똑같습니다. 우리 인간의 죄도 마찬가지입니다. 사회를 시끄럽게 하는 대형 범죄만 죄이고, 뉴스에도 나오지 않는 사소한 나쁜 짓들은 죄가 아닌가요? 그렇지 않습니다. 큰 죄든 작은 죄든 모든 죄는 심판 받고 지옥에 떨어지게 되어 있습니다."

이 말씀을 듣는 순간, '겉으로 죄짓는 놈이나 속으로 죄짓는 놈이나 다 똑같다'라는 말을 생각하면서 나에게는 비판하는 죄가 하나 더 있다는 것을 깨닫게 되었습니다. 그동안 자기 의를 고층 빌딩처럼 쌓아 올리며 속으로 이렇게 외치고 있었습니다. '나는 저렇게 되는 대로 살지 않아! 나는 세상적인 죄에 빠지지 않았어! 나만큼 윤리적인 사람 있으면 나오라고 해!' 나는 마치 그런 말할 수 있는 자격이 있다는 듯이 친구들에게 돌을 던지고 있었던 것이었습니다. 하지만 조용기 목사님 설교를 들으면서 그동안 내가 욕하고 비판했던 사람들보다 더 큰 죄인이 나라는 사실을 알게 되었습니다. 눈물이 핑 돌았지만, "남자는 평생 세 번만 울어야 한다"라는 아버지 말씀이 떠올라서 이를 악물고 참았습니다.

난생처음 간 부흥회

설교가 끝나고 다 함께 하는 기도가 시작되었습니다. 그날 1천 명 정도의 사람들이 모여있었는데, 나도 엉겁결에 두 손을 모으고 눈을 감았습니다. 그런데 환상이 보였습니다. 천장도 안 보이고 온통 캄캄한 공중으로, 그곳의 각 사람의 머리에서 노란 색깔의 빛줄기들이 하늘하늘 올라가고 있었습니다. 가만히 보니 그 많은 사람의 머리에서 나오는 빛줄기의 굵기가 사람마다 조금씩 다르기에 나에게도 그런 빛이 나오는가 하고 보았더니, 다른 사람들의 빛줄기에 비해서 아주 희미한 빛이 올라가는 것이 보였습니다.

난생처음 간 부흥회에서 회중의 그 큰 기도 소리는 전혀 들리지 않았습니다. 그게 통성기도라는 것도 나중에야 알았습니다. 어쨌든 그렇게 사람들의 머리에서 빛줄기가 나와서 하늘로 올라가는 환상이 보이는데, 눈을 뜨면 안 보이고 눈을 감으면 보였습니다. 몸이 뜨거워지며 눈물이 흐르는데 이를 악물고 참느라고 정말 혼났습니다.

부흥회가 끝난 후 나를 데리고 갔던 그 친구에게 얼굴을 보이기 싫어서 다른 곳을 바라보며 딴청 피우며 이야기했습니다. "기독교도 뭐가 있기는 있나

보네." 그리고는 함께 통닭집에 가서 통닭과 맥주 두 병을 주문했습니다. 보통 만나면 그렇게 먹곤 했는데 그날은 그 친구가 술 안 마시겠다고 딱 잘라 말했습니다. 아무리 권해도 "나 이제는 술 안 마실 거야" 하는 것입니다. "별일이네……." 투덜대면서 나 혼자 다 마셨습니다.

그녀를 집까지 바래다주려고 택시를 기다리는데, 반짝반짝 빛나는 밤하늘의 별 몇 개가 눈에 들어왔습니다. 환상에서 봤던 그 빛과 똑같은 색깔이었습니다. 문득 이런 생각이 들었습니다. '아…… 아까 내가 뭘 보기는 봤구나' 갑자기 기분이 좋아지기에 뱃속에 맥주 두 병이 들어가서 그런가 보다 생각하며 어쨌든 그 순간은 기분이 매우 좋았습니다.

그녀를 잠실에 있는 집까지 바래다주고 돌아오는 택시 안에서 합승한 승객이 뒷좌석에서 내게 시비를 걸어도 웃음만 나왔습니다. 나는 당시 유행하던 장발이었는데 만취한 승객이 우산으로 툭툭 치면서 시비를 걸었습니다. 평소 같았으면 분명 고함치며 맞붙어 싸웠을 텐데, 그날은 화도 전혀 나지 않았습니다. "에이 아저씨, 좋은 날 왜 그러세요." 이렇게 웃음으로 그냥 받아넘겼습니다. 집에 다 와서는 "조심해서 들어가세요"라고 인사까지 했습니다. 내 방에 들어와 잠들 때까지 계속 기분이 좋았습니다. 술기운인 줄 알았습니다.

남을 돕는 삶으로

그 이후로 예수님을 인격적으로 만나고, 김상길 목사의 "조금이라도 더 알기만 하자"라는 꼬임(?)에 넘어가서 신학교에 들어갔습니다. 워낙에 성경 지식이 부족했기에 조금 더 배우려고 갔지만, 곧바로 전도사가 되고 목사가 되어 홍콩 선교사로 나가게 되었는데 예수 믿고 8년 만에 선교사로 파송된 셈이었습니다.

홍콩에서 교회를 개척하다가 병에 걸려 많이 힘들었던 적이 있었습니다. 당시 체중이 68kg 정도였는데 55kg까지 살이 빠졌으니 그냥 봐도 딱 환자 같았습니다. 그때 조용기 목사님께서 성회 강사로 홍콩에 오셨는데, 나를 보시더니 "자네, 안 되겠다"라고 하셨습니다. 성회를 마치고 귀국하시는 날 배웅 나온 나에게 봉투 하나를 건네주시면서 "이 편지 사모에게 갖다주세요"라고 하셨습니다.

봉투를 받아드는 순간 그건 편지가 아니라는 것을 알았습니다. 돈이었습니다. 죄송하기도 하고, 감사하기도 하면서 마음이 매우 복잡해졌습니다. 그때 그 공항에서 그 봉투를 붙잡고 하나님께 간절히 기도했습니다. "하나님, 조용기 목사님을 통해 귀한 것 주셔서 감사합니다. 하지만 이 봉투는 제가 받는 도움으로는 마지막 봉투가 되게 해 주세요. 이 시간 이후로는 남을 도와주는 사람이 되고 싶습니다."

그러고는 남에게 베풀고 나누며 사는 것을 꿈꾸기 시작했습니다. 그렇다고 달라진 것은 전혀 없었습니다. 현실은 여전히 가난했고 힘들었습니다. 아이들에게 새 옷 한 번 사주지 못하고 늘 다른 집 아이들이 입던 옷을 물려받거나 얻어다 입히곤 했습니다. 지금 돌아보면 아이들한테는 정말 미안하고 가슴 아픈 기억이지만, 그래도 형편 되는 대로 조금이라도 남을 도우며 살려고 했습니다. 실제적인 큰 도움은 되지 못했지만, 그로 인해 격려받고 용기 얻는 사람들을 볼 때마다 참 기쁘고 감사했습니다.

언젠가 기도원에서 설교할 때 이 이야기를 간증 삼아 한 적이 있었습니다. 그런데 그날 밤늦게 웬 남자 성도에게서 전화가 왔습니다.
"목사님, 제가 도저히 잠을 잘 수가 없어서 전화드렸습니다."
"무슨 일이신가요?"
"웬만하면 이런 늦은 시간에 전화드리지 않으려고 했는데, 너무 궁금해서 잠을 잘 수 있어야 말이죠."
"무슨 말씀인지요?"
"오늘 설교 시간에 말씀하셨던 그 봉투 말인데요. 그 안에 얼마나 들어 있었나요?"

시련 후에

2018년도였던 것으로 기억이 됩니다. 그해 축복 성회를 위해 순복음도봉교회를 찾으신 조용기 목사님께서 성회가 끝난 후 오찬 때 이런 말씀을 하셨습니다.
"나는 자네가 전도사 때부터 자네를 유심히 살펴보고 있었다."
나는 깜짝 놀라서 엉겁결에 말씀드렸습니다.

"저는 당시만 해도 어른들을 너무 무서워해서 누구를 찾아뵙지도 못하고 어디에 잘 나타나지도 않았었는데 저를 어떻게 아셨어요?"

"아니야, 내가 잘 보고 있었어."

"네? 그럴 리가요……."

"그렇다니까."

내가 도저히 믿지 못하겠다는 표정을 지으니까 손가락으로 누구누구를 짚으시며 말씀하셨습니다.

"이들 중에 자네도 들어가 있었어."

눈물이 핑~ 돌았습니다. 그리고 속으로 생각했습니다.

'아니, 나를 그렇게 살피셨다면서 그렇게 뺑뺑 돌리셨다니…….'

나는 홍콩에서 일본으로, 일본에서 한국으로, 한국에서 또 일본으로 갔다가 일본에서 한국으로, 그리고는 한국에서 미국 시카고를 거쳐 다시 한국으로 돌아와서야 더는 다른 나라로 움직이지 않게 되었습니다. 휴~ 세상 물정을 모르는 철딱서니 없는 사람으로 보여서 그토록 엄청난 시련을 겪게 하시면서 사람을 만드셨다는 생각에 울컥했던 기억이 새삼스럽습니다.

함동근 목사 - 순복음한성교회

한세대학교 신학과 졸업·연세대학교 교육대학원 종교학과(석사과정) 졸업·웨스트민스터 신학대학원 졸업·Pacific International University 명예교육학 박사·기독교대한하나님의성회(광화문) 국제총회장·기독교하나님의성회 서울북부지방회 증경회장·순복음부흥사회 증경회장·순복음신학원(광화문) 학장·전국교통문화선교회 대표회장·연세대부흥협의회 고문·현) 순복음한성교회 담임목사

17

꿈은 이루어집니다

17

꿈은 이루어집니다

목사님을 말씀으로 만나다

1976년도 대한민국이 정치적으로나 경제적으로 어려움을 겪던 때 서대문에 있는 순복음중앙교회에 교인 등록도 하지 않고 예배를 드리면서 조용기 목사님의 설교 말씀을 통해 은혜를 받고 영혼의 만족과 위로를 받으며 큰 소망 가운데 살았습니다. 나는 대한항공에서 일하고 있었는데, 밤새 금요 철야 예배를 참석하고 그다음 날 출근을 하면서도 피곤한 줄 모를 정도로 은혜 가운데 살았습니다.

당시 집이 면목동이었기에 집에서 출근 버스를 타고 회사를 가는데 항상 그 시간이면 2시간 동안 머리가 너무 아팠습니다. 눈은 빨갛게 충혈이 되고 눈물이 나는 고통을 늘 겪어야 했습니다. 그것도 짧은 기간이 아니라 5년 여 동안 아팠기에 으레 평생 겪어야 하는 고통이겠거니 하고 체념했었습니다. 그런데 어느 날 아침 조용기 목사님께서 예배 때마다 병자를 위해 기도해 주시던 것이 생각이 나서 출근 버스 안에서 내 머리에 손을 얹고 나지막한 소리로 기도했습니다.

"친히 나무에 달려 그 몸으로 우리 죄를 담당하셨으니 이는 우리로 죄에 대하여 죽고 의에 대하여 살게 하려 하심이라. 그가 채찍에 맞음으로 우리는 나음을 얻었나니 내 머리를 괴롭히는 병마야! 나사렛 예수 이름으로 명하노니 물러가라."

고통이 순식간에 싹 사라져 버렸습니다. 그래서 '이것 참 이상하구나! 아파야 정상인데 순간적으로 너무 쉽게 안 아픈 것을 보니 무슨 최면술인가?' 하고 의심했습니다. 그랬더니 다시 아픈 것입니다. 그래서 '아니다, 내가 믿어야지' 하고는 속으로 "주님, 치료해 주셔서 감사합니다"라고 고백했더니 그때부터 지금까지 두통이 싹 사라졌습니다. 그래서 교회에 등록하고 신앙생활을 하다가 신학교에 들어갔고, CA고등부부장: 이규화 장로에서 교사로 봉사했습니다.

나는 조용기 목사님의 설교를 듣는 중에 성령님의 감동하심을 따라 신학교에 들어갔는데 신학을 공부하면서 선배님들이 조용기 목사님께 직접 강의를 들었을 때 얼마나 행복했을까를 생각하면서 아쉬워했습니다. 그런데 어느 날 꿈속에서 조용기 목사님의 강의를 듣게 된 것입니다. 그때 조 목사님께서 양손을 허리에 대신 채로 말씀하셨습니다.
'자네들 성경을 읽을 때는 언제나 긍정적 관점에서 성경을 읽고, 낭패와 책망이 아니라 항상 위로와 소망을 주시는 하나님의 관점으로 해석하고 말씀을 전해야 한다.'

그 후 나는 그렇게 좋으신 하나님의 관점에서 말씀을 붙잡고 신학교를 졸업했습니다. 그리고 졸업한 후 당시 여의도순복음교회에서는 교역자를 모집하지 않았으므로 고민하다가 금식기도를 하면서 서울에서 개척을 했습니다. 사실 나에게는 개척 자금이 전혀 없는 상태였습니다. 그래서 열흘을 금식하며 기도하는 중에 믿음도 없는 어머니가 아들이 금식기도하며 살이 쭉 빠진 모습을 보시고 그대로 두면 죽을까 봐 돈을 마련해 주셔서 교회를 개척할 수 있었던 것입니다.

좋은 직장을 포기하고 신학 공부하는 것부터 반대하시던 믿음이 없는 부모님에게는 늘 아무런 경제적 부담을 드리지 않을 테니 걱정하시지 말라고 큰소리쳐 온 상태에서 어머니의 도움을 받은 것입니다. 이것은 전혀 예기치 못했던 하나님의 응답이었습니다.

이렇게 놀라운 하나님의 은혜로 서울 북부 끝자락에 있는 도봉구 방학동에 조그만 건물 지하에서 목회를 시작할 수가 있었습니다. 아무것도 준비되지 않은 개척 목회에 한 가지 위로가 되었던 것은 조용기 목사님께서 "교회를 세우고 목회를 하는 것은 반드시 자신의 마음에 달려 있다. 아무리 모래밭 광야 벌판이라도 마음속에 그려진 교회가 실제 이 땅 위에 세워진다"라고 하신 말씀이었습니다. 이 말씀을 가슴에 담고 열심히 기도하면서 개척 목회를 했습니다.

나는 언제나 조용기 목사님 말씀대로 목회하고 싶어서 설교할 때나 성도들을 가르칠 때나 상담할 때도 평소 조 목사님께서 말씀하신 오중복음과 삼중축복의 메시지를 마음 판에 새겨지도록 전했습니다.

목사님을 모시고 입당 예배드리는 꿈을 가지다

그런데 서울에서 목회하다 보니 건물이 없이는 성도들이 교회에 뿌리를 내리기가 어렵다는 것을 알고 어떻게 해서든지 성전을 건축해야겠다는 비전을 갖고 기도했습니다. 그리고 또 한 가지 간절한 바람은 성전이 세워지면 꼭 스승이신 조용기 목사님을 모시고 입당 예배를 드리고 싶었는데 세계적인 목사님께서 나 같은 변두리 무명 목사의 요청을 들어주시겠나 하는 것이 걱정이 있었습니다. 그래서 안 되겠다 싶어서 미리미리 기억하시게끔 해야겠다고 생각하고 서울 북부 지역 연합성회 강사님으로 오셨을 때 다가가서 말씀을 드렸습니다.

"목사님, 부탁 말씀이 있는데, 저희 교회가 성전 건축을 하면 꼭 오셔서 말씀과 기도로 축복해 주시면 감사하겠습니다."

"그래? 건축이 언제 완공되나?"

"아…… 아직 땅을 못 샀습니다."

"이 사람아, 땅이라도 사고 건축하게 되면 그때 얘기하도록 하게."

"네, 알겠습니다."

땅 살 돈도 없으면서 건축에 대한 말씀을 드렸으니 내가 생각해도 우스운 일이지만 그래도 일단 말씀은 드려놨으니까 그것으로 감사했습니다. 그 후로도 기회가 있을 때마다 모두 다섯 번이나 말씀을 드렸습니다.

참으로 감사하게 하나님께서는 부족한 가운데도 성전 건축의 은혜를 주셔서 개척 7년 만에 도봉한신아파트 상가를 매입하여 교회를 이전하고, 드디어 9년 만에 창동 227번지에 대지를 매입하여 1997년 11월 27일 11시에 성전 입당 예배를 드릴 수 있게 해 주셨습니다.

조용기 목사님을 모시고 입당 예배를 드리고 싶은 간절한 마음으로 그동안 기도했었는데, 그대로 응답하신 하나님께 감사드리며 조 목사님께 팩스로 교회 위치와 내용을 보내드렸더니 당일 아침 1시간이나 일찍 오셨습니다. 서울 변두리에 위치한 조그마한 교회였지만 조용기 목사님께서 보시고 무척 기뻐하시면서 젊은 목사가 수고했다고 칭찬해 주셨습니다. 그리고 예배 말씀 시간에는 대조동 개척 교회 시절 이야기부터 거의 2시간 가까이 감동적인 설교를 해 주셨습니다.

입당 기념 축복 예배를 은혜 가운데 드렸고, 이후 또 비전센터 건립 후 완공 감사예배 때에도 조용기 목사님께서 오셔서 말씀과 축복 기도를 해 주셨습니다. 할렐루야!

목회를 위한 위로와 선교 희망이 되신 목사님

조용기 목사님은 나와 같이 작고 무능하며 보잘것없는 사람에게도 스승이 되어 주셨고 목회적 삶의 본을 보여 주셨으며, 마음 따뜻한 응원자가 되어 주셨습니다. 순복음부흥사회 총회 때도 언제나 바쁘신 중에 계셨지만, 초청에

응해 주시고 격려의 말씀을 해 주셨습니다. 또한 언제나 교단이 하나 되는 일과 바르게 발전해 나아가도록 기도해 주시고 위로해 주셨습니다.

조용기 목사님은 몸이 불편하시면서도 언제나 제자들을 위한 운동모임과 각종 행사와 친교 모임에서 우리에게 꼭 필요한 말씀을 주셔서 제자들의 목회와 인생사에 큰 힘이 되어 주셨습니다.

2020년 7월 13일 월요일 조용기 목사님은 영목회 회원들과 점심 식사를 마치신 후 한 사람 한 사람 손을 잡아 주시며 눈을 마주 보시면서 평소 개인적으로 주셨던 말씀을 재차 굳게굳게 당부하시며 힘을 북돋워 주셨습니다. 그리고 어떤 목사님 앞에서는 자상한 아버지와 같이 더는 도와주지 못함을 안타까이 여기시며 눈물을 흘리셨습니다. 그리고 이틀 후 넘어지셔서 병원에 입원하신 뒤 다시는 얼굴을 뵙지 못하고 작별 인사도 못 드린 채 하나님 나라로 가셨습니다.

그동안 베풀어 주신 은혜를 갚아드리지도 못하고 좀 더 좋은 일로 기쁘시게 해 드리지도 못한 채 이대로 다시는 뵙지 못한다고 생각하니 너무나 죄송하고 아쉽기가 그지없습니다. 그러나 사랑하고 존경하는 조용기 목사님을 이 땅에서 다시 뵙지는 못해도 남겨 주신 조용기 목사님의 신앙 철학이 담긴 오중복음과 삼중축복 그리고 희망의 신학에 의한 영성의 원리를 마음에 담아 주 안에서 남은 삶을 뜻 있게 살아야겠다는 다짐을 굳게 합니다.

'목사님, 저는 언제까지나 목사님께서 해 주신 말씀을 두고두고 기억하며 선교 비전의 꿈을 안고 살기 원합니다. 목사님, 존경합니다. 사랑합니다. 끝으로 이렇게 귀한 목사님을 만나게 하신 우리 주 예수 그리스도의 은혜와 축복에 감사드립니다.'

최용우 목사 · 여의도순복음신안산교회

한세대학교·하워드신학대학원(M.Div.)·여의도순복음교회 오산리최자실기념금식기도원 강사·여의도순복음교회 청년국 담임목사·서대문, 광명 대교구장·여의도직할, 광명지교회 담임목사·일본) 순복음 동경교회 담임목사·미국 워싱턴순복음제일교회 담임목사·여의도순복음 안산시흥지방회 회장·현) 여의도순복음신안산교회 담임목사

18

삶으로 보이신 위대한 교훈

18

삶으로 보이신 위대한 교훈

암 덩어리 쏟아낸 어머니

나는 어릴 적부터 신앙생활을 하다가 직장을 따라 서울로 올라오게 되면서 여의도순복음교회에 출석하게 되었습니다. 여의도순복음교회에서의 첫 예배는 감동적이면서도 충격적이었습니다. 빠르고 강력한 어조의 조용기 목사님의 설교는 '좋으신 하나님'에 기초한 '삼중축복과 오중복음'의 신학을 바탕으로 지금까지 죄인처럼 주눅 들어 예배하던 관습을 벗게 했습니다. 특히, "너희가 믿을 때에 성령을 받았느냐?"행 19:2라는 성령충만의 복음은 그야말로 복음의 신세계였습니다. 그전까지 다녔던 시골 교회에서는 '예수님을 구주로 영접했을 때 이미 성령을 받은 것'이라고 배웠기 때문에 갈등이 있었지만, 성령충만을 사모하며 작정하고 기도한 지 6개월 만에 성령세례를 충만히 받았습니다. 성령이 임하자 내가 정말로 추악한 죄인임을 깨닫고 통회하고 자복하였고 성경의 기적들이 굳게 믿어졌습니다.

그 무렵, 고향 집에 두 가지 큰 문제가 있었습니다. 하나는 어머니가 위암에 걸리셨고, 또 하나는 부모님이 살고 계시던 집이 소유권 분쟁에 휘말리게 되었습니다. 토지 소유는 김 서방이었고, 집은 우리 소유로 된 이중 구조였는데 땅 주인이 그 땅을 교회 목사님께 팔아넘긴 것입니다. 땅 주인과 목사님은 서로 책임을 전가하였고 아버지는 "내 눈에 흙 들어가기 전에는 교회를 짓지 못한다"라고 하시면서 버티셨습니다. 문제를 해결할 방법은 오직 기도밖에 없기에 오산리최자실기념금식기도원에 올라가 어머니는 15일, 나는 21일 금식을 작정하고 기도하던 중 최자실 목사님께서 이사야 53장 5절 말씀을 근거로 설교하신 뒤 안수해 주셨는데 그때 불이 임하시고 새 방언의 은사를 받았습니다.

그날 밤에 어머니는 암 덩어리를 쏟아내시고 깨끗이 치료받아 지금도 생존해 계십니다. 어머니의 위암은 완전히 고침을 받았으나 집에 대한 응답은 받지 못한 채, 금식기도를 마치고 하산하게 되었는데 그래도 마음은 평안하였습니다. 이번 주일예배에는 약속의 말씀을 주시리라 기대하며 예배를 드리는 중에 조용기 목사님께서 나를 향해 손짓하시면서 "주라 그리하면 너희에게 줄 것이니 곧 후히 되어 누르고 흔들어 넘치도록 하여 너희에게 안겨 주리라 너희가 헤아리는 그 헤아림으로 너희도 헤아림을 도로 받을 것이니라"눅 6:38고 선포하셨고, "오직 살아 계신 하나님의 영으로 쓴 것이며 또 돌판에 쓴 것이 아니요 오직 육의 마음판에 쓴 것이라"고후 3:3는 말씀처럼 불이 임하시듯 내 심령에 새겨졌습니다.

'바로 이 말씀이구나…….' 뛸 듯이 기쁜 마음으로 아버지를 설득하였고 병을 치료받으신 어머니도 거들어 주셨습니다. 보리떡 다섯 개와 같은 시골집을 교회 부지로 내어드리고 나니 그렇게 기쁠 수가 없었습니다. 문제가 해결되고 성령을 충만히 받고 사명감에 불타올라 열심히 전도하였습니다. 특별히 청년선교회현. 청년국에 가입하여 노방전도를 비롯하여 병원, 경찰서 유치장, 수경사 구치소 등을 다니며 수년 동안 전도하였고 그때 청년회장단이 되어 신년마다 스승 목사님께 축복 기도를 받았습니다. 1979년도에는 10만 성도 달성 기념사진도 함께 찍었습니다.

조용기 목사님과 나와의 첫 만남은 여의도순복음교회 대성전에서 설교자와 회중의 관계로 시작되었으며, 그 관계 속에서 성령께서는 레마의 말씀을 통하여 지속적으로 교통케 하셨습니다. 그리고 나는 순복음신학교에 입학하여 스승님의 제자가 되었고 여의도순복음교회 사역자가 되었습니다.

기도와 성령의 사역자

제자에게는 스승처럼 살아가야 한다는 명제가 주어집니다. '스승의 가르침을 좇으며 스승처럼 살고 싶다'라는 염원과 동경을 품습니다. 그러기에 스승 조용기 목사님은 영원한 멘토로서 나의 삶과 사역에 막대한 영향력을 행사하셨습니다. 나의 지난 사역의 전 일생이 스승님의 영향력 안에 있었고 그 영향력은 앞으로의 사역 가운데도 중단없이 지속할 것입니다.

나의 스승님을 한 문장으로 표현한다면 '오직 기도와 성령의 사역자'라 할 수 있겠습니다. 모든 일에 성령님을 앞세우시며 'Let's go, Holy Spirit!'이라고 하시던 모습은 그 자체만으로도 나의 교과서가 되었습니다. 언제, 어디서, 무엇을 하든지 성령님을 앞세우는 거룩한 습관은 '하나님 앞에서Coram Deo, 하나님과 함께Immanuel!'의 자세를 형성시켜 주었고, 하루 최소 2시간 이상의 기도는 목회의 체질이 되어 지금도 부교역자들도 함께 기도의 생활화를 실천하고 있습니다. "어디서든 성령과 함께하며 오직 기도하고 또 기도해야 한다"라고 말씀하시며 그것을 삶으로 증명해 보이셨고, 목회를 통해 가르쳐 주셨습니다.

조용기 목사님의 '하나님에 의한, 하나님을 위한, 하나님의 목회' 철학은 '오직 하나님의 영광을 위하여'라는 목회의 방향성을 설정해 주셨을 뿐만 아니라 그 방법 또한 철저히 신본주의적이어야 함을 깨우쳐 주셨습니다.

지저스 페스티발

여의도순복음교회 목사로서 15년간의 훈련과정과 사역 후에 1997년 7월에 일본 선교사로 발령을 받고 떠나게 되었습니다. 떠나기 전에 조용기 목사님께서 하신 말씀은 지금도 내 귀에 쟁쟁합니다. "일본은 선교 사역하다가 제자에게 배반을 당하고 속이 까맣게 타들어 가듯 어둠의 그늘이 짓눌렀던 곳이다. 800만 귀신들이 있는 곳에서 선교 사역의 열매를 맺으려면 오직 기도밖에 없다. 기도하고, 기도하고 또 기도해야 한다."

1997년 7월에 부임하여 석 달 후에 '지저스 페스티발Jesus Festival' 전도 성회가 '히비야 공회당'에서 개최되었습니다. 3개월을 기도로 준비하고 성회 당일 목사님을 모시고 가려고 호텔에 대기 중이었는데 목사님께서 로비로 내려오셨습니다. "목사님, 아직 2시간 30분이나 남았는데요?"라고 말씀드리자, "기도해야 한다"라고 하시며 마중을 나온 일본 측 목사님들과 순복음 일본총회 목사님들과 인사를 나누시고는 곧바로 수행비서 시가끼 시게마사 목사당시는 장로였음와 나를 부르시더니 VIP룸의 문을 닫고 "성회를 위해 성령님이 사역하시도록 기도하자"라고 하셨습니다. 스승 목사님은 그렇게 제자 둘을 앉혀 놓고 2시간을 기도하셨습니다. 나는 처음으로 스승님과 한 방에서 2시간 동안 기도하며 큰 능력이 임하심을 확신하게 되었습니다.

'히비야 공회당' 대성회에서 치

유와 구원의 기적들이 수없이 일어났습니다. 그리고 이튿날 동경순복음교회로 돌아오셔서 성회를 인도하실 때 갑자기 "최 목사는 앞으로 나와라" 하시더니 머리에 손을 얹으시고 일본 선교 사역일본 일천만 구령을 위하여 안수기도해 주셨습니다. 그리고 매년 동경순복음교회 성회 오실 때마다 나를 사무실로 오라 하시고 함께 2~3시간씩 기도하게 하셨습니다.

성령님이 하라고 말씀하시니까 해야지

2018년 6월 14일에 드렸던 '독립4주년기념성회'에서의 전 성도 안수 사건은 영적 충격이었고 감동이었습니다. 제자를 독립시켜 내보내고 늘 노심초사 기도로 일관하셨을 스승님을 모신다는 것은 큰 영광이었습니다.

스승 목사님은 도착하여 한참을 기도하시더니 "성령님께서 오늘 너희 교회 온 성도에게 안수하라고 하신다" 말씀하셨습니다. 팔순을 넘기신 연세에, 진액을 다 쏟아낸 몸으로 어찌하시려나 싶어 "어떻게 다 하시려 그러세요?"라고 여쭤보았습니다. 스승 목사님은 조금도 망설임이 없이 말씀하셨습니다.

"그러게…… 나도 모르겠다. 성령님이 하라고 말씀하시니까 해야지……."

성령께서 지시하는 것은 무조건 순종하셨고, 성령의 능력으로 감당하셨고 그 영향력은 실로 어마어마했습니다.

조용기 목사님께서는 '탕자의 비유' 눅 15:11-32라는 제목으로 "탕자가 돌아오면 역사는 일어납니다. 우리가 더럽고 나쁜 것을 벗어버리면 의롭고 거룩한 옷,

즉 하나님의 은총과 사랑을 입혀 주십니다"라고 설교하신 후, 참석한 모든 성도에게 안수기도할 것을 선포하셨습니다.

"성령께서 오늘 '사람들을 축복하고 치료를 베푸는 안수기도를 해라. 안산의 성도들을 축복해 주라'고 말씀하십니다. 오늘 여러분은 달라져야 합니다. 영혼이 잘되고 범사에 잘되며 강건하게 되는 하나님의 축복이 임한다는 것을 알아야 합니다. 안수기도를 받은 후 저주가 떠나고 하나님의 복이 임한다는 것을 시인해야 합니다. 하나님의 새로운 복이 임했습니다."

400명이 넘는 성도가 줄지어 서서 한 사람씩 안수를 받으며 하나님의 임재하심과 목사님의 사랑에 감격하여 눈물바다를 이루었습니다. 그날의 영적 파장은 온 교회를 든든히 서도록 했습니다.

삶으로 보이신 위대한 교훈

때로는 하늘과 땅이셨습니다.
바라보고 꿈꾸게 하셨고 달리고,
멈추고 디딜 발판이셨습니다.

때로는 강과 산이셨습니다.
그 기도의 물줄기가 모여 강을 이루었고
골짝마다 이는 성령의 바람은 생수되어 흘렀습니다.

때로는 빛이셨습니다.
빛바라기가 되어 가신 걸음 좇아 걸었고,
그 빛 받아 자라나 작은 종이 되었습니다.

때로는 그늘이셨습니다.
그 그늘에서 목을 축이고 거친 숨 고르며
더운 땀을 식혀내었습니다.

아~ 그새 그리운 나의 스승님!
이제 더는 뵐 수 없지만,
눈을 감으면 더 잘 보여 자꾸 눈을 감게 됩니다.

유한한 인간 목숨이 한탄스럽지만
영원한 생명 길 가셨으니,
섧은 울음 그치고 가슴팍 새겨진 은혜들을 꿰어 목에 멥니다.

들에 핀 꽃은 시들어도 가슴에 핀 꽃은 지지 않으니
이 사모함이 향기가 되어 스승님 계신 하늘까지 올라가겠지요.

필설筆舌의 가르침, 삶으로 보이신 교훈 영원하리니
이 사무침이 편지가 되어 스승님 계신 하늘까지 배달되겠지요.

스승님이 늘 자랑스러웠고, 스승님의 제자여서 행복했습니다.
스승님을 한없이 존경하고 사랑했습니다.

스승님의 하늘길을 배웅하며…….

김봉준 목사 · 아홉길사랑교회

연세대학교 교육대학원·미국 서든뱁티스트세미나리 목회학 박사·서울기독교총연합회 회장·미래목회포럼 대표·연세대학교 총동문회 상임이사·여의도순복음교회 교무담당 부목사·여의도순복음교회 제2성전 담임목사·현) 기독교대한하나님의성회 부총회장·현) 아홉길사랑교회 담임목사

19

조용기 목사님을 추억하며

19
조용기 목사님을 추억하며

매시간 열린 하늘 문

　고등학교를 서울로 진학한 나는 서대문 사거리에 위치한 순복음중앙교회로 출석하였습니다. 장로교 집안에서 태어나 장로교 교회에서 자란 내가 순복음이라는 생소한 교회에 출석한 이유는 세 가지였습니다. 열정적으로 설교하시는 조용기 목사님의 말씀에 감동했고, 경상도 억양을 쓰시는 목사님에게서 고향의 향수가 배어났으며, 또 하나의 이유는 당시 서대문 사거리는 교통의 중심지였고 집이 있던 흑석동에서 다니기 용이했기 때문입니다.

　고등부에 등록은 했지만, 지방 출신이라 또래들과 쉽게 적응하지 못해 대예배를 드리며 조용기 목사님의 설교에 흠뻑 빠졌습니다. 매시간 하늘 문이 열리고 가슴속에는 뜨거운 은혜가 뭉클했기에 교회 가는 주일이 그렇게 기다려질 수 없었습니다. 그리고 예배 후 집에 오는 차 안에서나 집에 와서도 그 감동의 여운은 한 주 내내 이어졌습니다.

　그 당시 조용기 목사님은 바짝 마른 모습에 헐렁한 양복을 입으시고 백색

고무신을 신고서 여선교회가 사드린 지프차를 타고 심방을 하셨습니다. 성도 대부분은 성령에 취하여 봉사와 전도에 열심을 다 했습니다. 한번은 주일에 교회 가는 버스에서 중년의 아저씨가 전도하고 있었습니다. 그분이 내게 오더니 "애야, 예수 믿어라" 하며 말씀하시기에 "저 지금 교회 가는 길이에요"라고 대답했는데, 알고 보니 그분이 이철익 장로님이셨습니다.

3시간 이상 기도하라

교역자가 된 후 여의도순복음교회의 순복음교육연구소현 국제신학연구원에서 사역을 한 적이 있습니다. 설립 초기에는 순복음교육연구소 기틀을 잡아가며 평신도 교육, 신학생 교육, 조용기 목사님 서적 집필, 방송 설교 원고 작성 등의 일을 했습니다. 특히 방송 설교는 조 목사님께서 하신 30분 분량의 주일 설교를 10분짜리 방송용으로 재구성하기 위해서 전체 내용을 해치지 않는 범위 내에서 요약해야 했기에 설교 전문을 수없이 듣고 읽었습니다. 그때 깨달은 것은 조 목사님의 설교에는 갈보리 십자가에 달리신 하나님 어린양의 보혈이 계속 흘렀고 성령의 역사가 충만했습니다. 예배 때 듣고 느끼는 감정과는 또 다른 차원의 순복음 신앙의 의식화가 정립되는 순간이었습니다. 당시 나온 책이 『오중복음과 삼중축복』이었습니다. 지금 돌이켜 봐도 조용기 목사님의 설교는 성경적이요, 복음적이요, 성령의 역사하심이 강하게 나타나는 설교였습니다. 이러한 신학적이고 목회적인 배경이 나의 사역에 그대로 녹아 적용되었습니다.

설교뿐만 아니라 목회에서도 조용기 목사님의 성실함이 돋보였는데 매일 새벽 누구보다도 일찍 출근하시기에 당시 교무담당 부목사로서는 여간 부지런하지 않으면 그 자리를 감당하기가 쉽지 않았습니다. 가까이에서 본 조용기 목사님은 철저히 '목양 일념'의 사역을 하셨고, 기도를 하루에 3~6시간까지 하시며 우리에게도 주의 종은 최소 하루 3시간 이상은 기도해야 한다고 가르치셨습니다. 조 목사님은 거의 본능적으로 교회성장에 대한 열망이 가득했으며, 제자 중 교회를 건축한 목회자가 있으면 그렇게 기뻐하시며 통장을 탈탈 털어서라도 후원하시고는 했습니다.

한번은 교회 부흥성회 때 조용기 목사님 옆에 앉아 순서를 진행하고 있었는데, 성도들이 들어오는 입구 쪽을 계속 주시하는 것이었습니다. "누굴 찾으십니까?" 하고 물으니 "나는 성도들이 구름 떼 같이 들어오는 모습이 무척 좋아서 보고 있다"라고 하셨습니다. 이러한 목양의 마인드를 지근거리에서 보고 배울 수 있었던 것은 크나큰 축복이었습니다.

저기, 김 목사가 있지 않느냐?

1980년대 중반까지만 해도 매년 봄이 오면 조용기 목사님은 교역자들과 장로들과 함께 야외 예배를 하셨고, 게임과 간단한 운동 경기도 하셨습니다. 골프도 잘 치셨고 환갑 이후에 배우신 스키 실력은 젊은 제자들도 따라갈 수가 없었습니다. 최상위 코스에서 하강하는 모습을 따라 하다 다리 골절상을 입은 사람이 한둘이 아니었습니다.

 하와이에 선교사로 나가 있던 시절 조 목사님과 가족들이 휴가를 겸하여 성회차 내가 시무하던 교회에 오신 적이 있었습니다. 마침 내가 기독교TV 사장을 맡고 있었기에 각 언론사에 연락하여 공항에서 기자회견을 했습니다. 미국의 TV방송 기자 중 한 사람이 "닥터 조Doctor Cho는 하와이 주민을 위한 대규모 성회를 하실 의향이 없으십니까?" 하고 질문하니 조 목사님은 손가락으로 나를 가리키며 "저기 리버런드 김Reverend Kim이 있지 않습니까? 저분의 메시지가 곧 내 메시지입니다"라고 하시는 게 아닙니까? 나는 내 귀를 의심하고 어쩔 줄 몰라 했지만, 조 목사님은 제자를 그런 식으로 키워주셨습니다.
 이후 교회에서의 성회가 성황리에 끝난 후 목사님은 반바지에 알로하 셔츠 차림으로 아이스크림을 먹으며 와이키키에서 일행과 더불어 즐겁게 훌라 댄스를 추기도 하셨습니다.

 또 한번은 전 세계에 파송된 선교사 대회를 호주 시드니에서 개최한 적이 있었습니다. 수백 명의 선교사가 세미나를 통해 사명을 다지며 풍성한 은혜를 누리며 함께 즐겁게 보냈습니다. 모든 선교사가 조용기 목사님을 존경하지만 범접하기에는 어려운 분이 아닙니까? 그저 먼발치에서 흠모의 눈으로 쳐다볼 뿐이었습니다. 그때 갑자기 나와 아내를 부르셨습니다. 그러고는 양팔을 우리의 어깨에 올려 주시고 사진을 찍으시는 것이었습니다. 부두에서도, 배에서도 계속 찍으니 수백 명의 부러운 눈길이 부담스러웠습니다. "목사님, 모두가 제자인데 목사님이 어려워서 감히 앞에 오지 못하니 불러서 같이 사진을 찍어 주시죠"라고 했더니 스승님은 다른 선교사들도 부르셨고 수백 명이 우르르 달려 함께 사진을 찍고 즐거워하기도 했습니다.

이듬해 성탄절을 며칠 앞두고 조용기 목사님은 하와이로 직접 전화하셔서 본 교회로 귀임하여 40세 이하의 청년들로 구성된 청년국을 만들도록 지시하셨습니다. 청년들만의 찬양 예배를 진행하는 대성전에서 1만 명이 모인 가운데 매주 설교하는 영광을 허락하셨습니다.

일본 선교사 시절에 조용기 목사님은 매월 순복음동경교회를 찾으셨는데 지저스 페스티발 Jesus Festival을 열어 일본 일천만 구령을 위한 전도 집회를 하셨습니다. 하루는 성회가 끝나고서 같이 골프를 치러 갔는데 라운드 도중 느

닷없이 조 목사님이 질문하셨습니다. "자네는 군에서 낙하산 몇 번 탔나?" 서른 번 정도 탔다는 내 말에 당신도 다섯 번 탔다고 하셨습니다. 깜짝 놀라 "아니, 목사님께서 어떻게 해서 점프를 하셨어요?"라고 물으니 "입대 후 HID북파공작원에 뽑혀 훈련받을 때 탔지만 탈장으로 일찍 제대했지"라고 하셨습니다. 그제야 스승님께서 조기 전역한 것을 알게 되었습니다.

민족 목회 국가 교회 지향

나는 지금의 교회에 부임하면서 순복음적인 영성을 강화하였습니다. 조용기 목사님 아래서 배운 대로 말씀과 기도 그리고 성령 운동을 강력하게 전개했습니다. 형식적인 구역 조직에 생기를 불어넣었고, 성령대망회를 통하여 성령의 역사하심을 체험하도록 하였습니다. 성경의 내용대로 오중복음을 강력하게 전했고, 생활 속에 삼중축복이 임하도록 힘썼습니다. 그리고 4차원적인 영성을 3차원 세계에 적용하도록 강력하게 선포했고 사역자들을 훈련했습니다.

또한 조용기 목사님의 설교에 있어서는 그림 언어 같은 표현력을 닮아가는 훈련을 했고, 생활에서는 회개 기도의 생활화를 실천했습니다. 조용기 목사님께서 작사하시고 김성혜 사모님이 곡을 붙이신 찬송가 308장의 '내 평생 살아온 길'과 614장의 '얼마나 아프셨나' 가사에는 구구절절이 예수님을 향한 사랑과 회개로 인한 맑은 영성이 나타나 있습니다. 그런 점을 배우며 내 목회 사역에 주안점으로 삼아왔습니다.

조용기 목사님은 2003년 국가보안법 폐지를 반대하는 집회를 서울시청 앞 광장에서 주도하셨고, 이듬해 2004년은 악한 사학법 저지를 위한 집회를 시청 앞 광장에서 열어 10만 명이 모인 기도회를 인도하시기도 했습니다. 그리고 2011년에는 이슬람의 수쿠크 자금의 유입을 반대하는 데에도 분명한 입장을 보여 잘못된 권력 앞에서 순교자적인 믿음의 본을 몸소 실천하셨습니다. 이러한 것들은 스승 조용기 목사님을 옆에서 보필하며 나도 모르게 내 의식과 생활에 배어들어 민족 목회, 국가 교회를 지향하고 있습니다.

김봉준 목사 살아난다

   2000년도에 뇌동맥 파열로 거의 죽음의 길에 들어선 적이 있었습니다. 중환자실에서 일주일째 혼수상태에 빠진 나를 병원은 가망 없다는 진단을 내렸고, 가족은 충격에 빠졌습니다. 교회는 24시간 전 성도 기도가 이어졌고, 한편에서는 장례 준비를 하고 있었습니다.
   제자의 죽음 앞에서 조용기 목사님은 눈물을 흘리셨고 중환자실에 자주 들러 기도해 주셨습니다. 하루는 조 목사님이 병원에 다녀가신 후 예배드리실 때 강단에서 "김봉준 목사는 살아난다"라는 믿음의 선포를 하셨고 그 선포대로 나는 후유증 없이 하나님이 살리셨습니다.
   깨어난 나는 병상에서 오랜만에 스승님의 설교를 테이프로 들었는데, 듣는 순간 카랑카랑한 그 음성이 마치 천국에서 들리는 아버지 음성같아서 감격의 눈물을 한없이 흘리기도 했습니다. 부활절에 퇴원하고서 설교 준비 중이신 조용기 목사님 방에 갔는데 마치 죽은 아들이 살아온 듯 감격적으로 껴안아 주셨습니다.

이 사건은 내 생애에 있어서 일대 전환점이 되었고, 내 가족과 아이들은 조 목사님께서 아빠를 살리셨다고 감사해하고 있습니다. 20여 년이 지난 지금까지 나는 건강하게 사역하고 있습니다. 스승님 생전에 매월 뵐 때마다 아찔했던 그 당시의 얘기를 나누곤 했습니다. "자네가 살아난 게 꿈꾸는 것 같다"라고 스승님이 말씀하실 정도이니 당사자인 나는 어떻겠는가?

내 가족에게 행복을 되찾게 해 주신 분,
교회를 섬길 수 있게 해 주신 분,
하나님의 영광을 나타내어 주신 분,
조용기 목사님, 나의 영원한 스승님입니다.

김상길 목사

'소년'에서 동시 '시문학'에서 시추천으로 문단 데뷔(1993)·여의도순복음교회 홍보국장, 기획조정실장·여의도순복음교회 금옥성전 담임목사·여의도순복음교회 교무담당 부목사·오산리최자실기념금식기도원 원장·순복음신학원 학장(제7대)·여의도순복음광탄교회 담임목사·대전순복음교회 담임목사·수상) 기독교문화대상(문학부문), 목양문학상, 크리스찬문학상·저서)『숨겨둔 빗장』,『깃발나무』,『겨자씨』,『큰 보자기』 등

20

큰 별은 떨어지지 않았습니다

20
큰 별은 떨어지지 않았습니다

문서선교 현장에서 전문 사역

　조용기 목사님, 회상할수록 구약의 사무엘 같고 신약의 사도 바울 같습니다. 사무엘은 시대의 패러다임이 급격하게 전환할 때 최초의 선지자며 최후의 사사로 시대와 문화를 이끌었습니다. 구약시대 단연 위대한 설교가였습니다. 조용기 목사님의 국제적 명성은 '폴Paul, 바울 조'로 통했습니다. 사도 바울은 주의 승천 이후 가장 위대한 전도자였습니다.

　전 세계에 가장 강력한 성령 운동, 교회 부흥, 복음을 전파하신 목사님은 거룩하게 산화하신 순교자 같은 분입니다. 교회론의 석학 민경배 박사님은 "여의도순복음교회는 1907년 한국 교회 성령 운동의 유산을 간직하고 증거하는 교회다"라고 설파한 일이 있습니다. 조용기 목사님은 세계 최대 교회를 이끄시며 복음증거, 성령 운동에 일생을 바치셨습니다. 전 세계가 코리아는 잘 몰라도 '폴 조'는 알았습니다.

　나는 주로 목회 현장보다 문서 선교 현장에 있었습니다. 순복음도봉교회 김용준 목사님 등과 함께 대조동신학교를 졸업한 후 어린이 선교 월간지 「아름다운 별」, 목회 전문 월간지 「현대목회」, 지금의 「순복음가족신문」 전신인 「순복음뉴스」 등을 발행하는 기자, 주간, 편집을 맡다가 1988년 「국민일보」 창간 멤버로 종교부장, 종교국장, 논설위원, 상임이사를 지냈습니다. 그리고 사역 중간에 홍보국장, 순복음신학원 학장, 청년국장을 역임했습니다. 다 조용기 목사님의 배려였고 은혜였습니다.

언론 현장에 있으면서 지금의 영목회 회원들과 함께 매주 조용기 목사님이 인도하시는 교직원 예배, 국장 회의에 참석했는데, 그때 목회에 따른 주옥같은 말씀을 지금도 잊지 못합니다. 주로 '4차원의 영성'에 대한 말씀이었습니다. 그것이 내 영성과 삶의 좌표가 되었습니다. 그리고 후에 금옥성전 담임목사, 오산리최자실기념금식기도원 원장, 광탄교회 담임목사, 신앙계 사장, 대전순복음교회 담임목사를 역임했습니다. 에벤에셀 하나님을 찬양합니다.

신학의 정립과 신앙의 실천을 배웠다

인생에서, 기독교 신앙에서 가장 중요한 두 기둥은 '신학의 정립'과 '신앙의 실천'입니다. 조용기 목사님의 가르침은 이 두 기둥을 세워주셨습니다. 어디 나뿐일까요? 민족이 열방이 다 결정적 영향을 받았습니다. 세계 최대의 여의도순복음교회 역할과 사명은 현재진행형이며 주께서 재림하시는 날까지 영산의 성명聖名은 영원히 남을 것입니다.

내가 조용기 목사님을 만난 것은 국민학교현 초등학교 5학년 때 서대문 순복음중앙교회에서였습니다. 소천하신 부친 장로님을 따라 우리 가족은 마포구 아현동에 살면서 장로교 교회에 다니다가 서대문 냉천동으로 이사를 오다 보니 자연히 서대문 사거리에 있는 순복음중앙교회로 옮기게 되었습니다. 당시 어렸을 때는 물밀 듯이 밀려드는 인파를 보며 왜 그렇게 열정적으로 하나님을 찾는 줄 몰랐습니다. 그러다 중학교 때 성령의 역사를 체험하고 혈관에도 콜라가 흐른다는 기업주의 말대로 내 혈관에도 순복음이 흐르게 된 것입니다.

군 전역 후 바로 순복음뉴스에서 매주 조용기 목사님의 설교를 테이프로 듣고 풀어 쓴 설교문을 정리하고 신문에 게재하는 일을 맡았습니다. 조 목사님 설교문이 내 손을 거쳐 정리된다는 것은 황홀한 사역이었습니다. 주일 밤에 타이핑된 원고를 받아 화요일 마감까지 원고 작성했는데 시간 가는 줄 모르고 한 5년을 봉사하던 그 시간은 정말 은혜로웠고 내게는 축복이었습니다. 조 목사님 설교를 한 줄 한 줄 작성하면서 '영산 설교'의 핵심과 실기를 익힌 것이 목사, 문인, 기자로서 큰 자산이 되었고 지금도 자랑스럽습니다.

그것이 기초가 되어 후에 신학원 학장을 맡았고, 신학교에서 조용기 목사님의 저서 『나는 이렇게 설교한다』를 가지고 설교학 강의를 10년 넘게 서울, 대전에서 한 적이 있습니다. 또한 언론 현장에 있으면서 명설교가와 인터뷰를 하며 설교를 연구했습니다. 그런데 조용기 목사님처럼 영적으로, 신학적으로, 실천적으로 설교하는 분은 못 만났습니다. 설교학에 대한 책을 많이 읽어 봤지만 읽으면 읽을수록 가장 탁월한 설교학 지침서이며 스테디셀러입니다. 사무엘과 사도 바울이 시대의 전도자며 설교가였던 것처럼 조용기 목사님은 종말 시대의 가장 탁월한 설교가이자 전도자이십니다.

언론 현장에서 진실 보도, 두 가지 생생한 기억

1990년대, 장로교단과 순복음 간에 신학 논쟁이 있었을 때 나는 언론의 현장에서 한경직 목사님 인터뷰 등 통해 대대적으로 진실을 전했습니다. 주님의 은혜로 성령 운동에 대한 진실과 중요성이 인정되어 순복음이 '사이비 프레임'에서 벗어났을 때, 미국에 선교차 가셨던 조용기 목사님께서 국제전화를 직접 하시며 격려하셨습니다. 지금도 그 격려 말씀을 잊지 못합니다.

또 하나, 신앙계에서 주간으로 있었을 때 「신앙계」 창간 50주년을 맞아 조용기 목사님 특집 인터뷰를 했었는데 그때 조 목사님께서 "자네는 문인이면서도 설교를 잘하데?"라고 하셔서 "목사님께 배운 게 어디 가겠습니까?"라고 대답했습니다. 그랬더니 목사님께서 "목사로서 세계적인 문학상을 탈 만도 한데……"라고 하셨습니다. 물론 제자 사기를 높여 주시려는 뜻이었지만, 나로서는 과분한 '우주적인 칭찬'이었습니다. 그런데 그 예언이 '상 밑에 떨어지는 부스러기 축복'이 된 일이 1년 뒤 일어났습니다. 베드로가 본 '큰 보자기'를 제목으로 시집을 냈는데 그 시집으로 '올해의 크리스천 문학상'을 받게 된 것입니다. 그저 감사한 일입니다.

'하늘을 두루마리 삼고 바다를 먹물 삼아도 주님의 은혜, 목사님의 은혜를 다 기록할 수 없습니다. 생전에 목사님께 감사의 말씀을 다 표현 못 했는데 너무 황망히 떠나셨습니다. 그 빈자리를 어떻게 채울지 모르겠습니다. 영원한 멘토이신 목사님, 천국에서 다시 만나면 못다 했던 감사의 인사 다 하겠습니다. 그저 감사합니다. 목사님.'

성령의 역사는 그치지 않습니다

김상길

역사의 행보가 위태롭고
시대의 주변에 삭풍이 몰아칠 때
절망에 익숙해진 사람들이 고통을 버릇처럼 말할 때
그러나 하늘 한켠에서 봄기운이 약동할 때

하나님께서는 시편의 말씀처럼 한 사람을 앞서 보내주셨습니다
계절은 봄을 알렸고
시대는 희망을 알렸습니다

만물이 소생하는 봄에 태어난 그는
어둔 역사와 절망하는 군중 앞에서
소생하는 계절처럼 희망과 꿈을 증거했습니다
어제나 오늘이나 영원토록 동일하신 예수 그리스도를 증거했습니다

그 생명력 넘치는 메시지에
꿈꾸는 일에 어색해하던 사람들이 변화되기 시작했습니다
좌절의 북풍이 물러나고 비전의 훈풍이 밀려왔습니다
그것은 성령의 역사였습니다
성령의 역사는 민족의 담을 넘어 세계로 세계로 퍼져 나아갔습니다
사람들은 사명자의 사역을 희망의 목회라고 불렀습니다

조용기 목사 고희연 축시

올해는 마침 아주사 성령 운동 100주년
하나님께서는 사명자를 앞서 보내주신 지 70년이 됩니다

진정 한결같은 행진이었습니다
폭풍우가 몰아친 때도 있었습니다
좌초될 위기도 있었습니다
그러나 절대 희망에 맞춰진 전인 구원의 항법은 한결같았습니다
기도 운동 말씀 운동 성령 운동 사랑 운동은 그치지 않았습니다
오히려 거세게 일어나 상처받은 인생과 삶의 자리가 회복되었습니다

이제 우리는 압니다
지금부터 또 다른 역사가 시작된다는 사실을
푸르고 힘찬 부흥 운동이 다시 전개된다는 사실을
성령의 역사는 결코 단절되지 않는다는 사실을

그러므로 우리는 기도합니다
백향목처럼 건강하시기를
에스겔 골짜기의 행진곡처럼 더욱 생동감이 넘치시기를
벳새다 들녘의 광주리처럼 풍성하시기를
빌라델비아 교회의 열린 문처럼 소망 차기를

최영길 목사 · 김포순복음교회

미국 풀러신학대학원 선교학 석사·연세대학 연합신학대학원·순복음신학교·여의도순복음교회 사역·여의도순복음교회 청년대교구장·오산리 최자실기념금식기도원 주강사·한국 예수전도단 DTS간사·현) 김포순복음교회 담임목사

21

아버지, 진정 사랑합니다

21

아버지, 진정 사랑합니다

지난 1974년 군 복무를 마치고 사회로 나온 나는 빛과 진리의 길에 서지 못한 채 그저 세상 속에서 방황하는 한갓 길 잃은 양과 같은 청년에 지나지 않았습니다. 참된 평화와 기쁨도 없이 오히려 하루하루의 삶이 무의미하고 푯대를 잃은 삶처럼 나날을 흘려보내다가 어느덧 몸과 마음마저도 지쳐갈 즈음이었습니다. 여의도순복음교회의 교회학교에 다니던 어린 조카의 부탁으로 그해 10월 처음으로 여의도순복음교회 3부 예배에 참석하게 되었습니다.

'도대체 여기가 어떤 곳이며 과연 무엇이 있기에 여의도 허허벌판 같은 곳에 세워진 십자가를 찾아 이같이 헤아릴 수 없는 많은 사람이 구름 떼처럼 몰려왔을까?' 그렇게 많은 사람이 함께 모여서 예배드리는 모습은 나에게 커다란 충격과 함께 전혀 예상치 못한 도전을 주었습니다. 그리고는 말씀이 선포되기 이전부터 그곳에 흐르는 영성과 감동의 찬양 가운데 나도 모르게 하염없는 눈물이 흘렀습니다.

그리고 이어지는 "꿈과 희망을 잃어버리고 절망으로부터 사방으로 우겨 싸임을 당한 채 진정 죽고자 하는 용기가 있습니까? 그렇다면 살아야겠다는 용기로 바꾸십시오. 우리 주 예수 그리스도께서 당신을 도와주셔서 앞으로 놀랍고 새로운 인생을 살게 하실 것입니다"라는 말씀은 살아계신 하나님의 말씀이 되어 내 심령에 뜨겁고도 강렬하게 전해진 메시지로 바로 조용기 목사님의 말씀이었습니다. 조 목사님의 말씀은 살아 역사하여 나의 영혼을 깨우며 한순간에 나로 하여금 결단케 하였습니다.

'그래. 한번 살아보자. 부모를 잃은 슬픔, 가난에 허덕이는 생활의 고통, 사랑하는 사람들과 뿔뿔이 흩어져 살면서 갖는 외로움과 참으로 살기 어려운 세상의 모든 고난을 조용기 목사님의 말씀처럼 십자가 앞에 내려놓자. 말씀대로 하나님께 매달려서 살려달라고 부르짖으며 하나님을 믿는 삶을 살자.'

오직 하나님께 내 인생에 모든 것을 걸겠다고 마음으로 굳게 다짐하고 주일을 비롯한 수요일, 금요일 철야예배에 이르기까지 모든 예배를 참석하며 주의 말씀을 온몸으로 실천하기 시작하였습니다.

또한 청년부에 들어가서 한층 뜨거운 주님의 사랑에 빠지게 되어 전도부까지 자원하며 열심히 전도했던 순간들. 여의도광장에서부터 신촌 백화점 앞, 강서 경찰서, 성남 가는 버스 안, 창경원 등에서 무수히 많이 스쳐 지나가는 사람들에게 전도하였습니다. 예수 믿으라고……, 내가 예수 믿어서 평화와 기쁨과 소망을 얻고 길과 진리와 생명을 얻은 것처럼 그들도 구원을 받게 해주고 싶은 간절함과 열망으로 열심히 복음을 전하는 전도자의 삶은 참으로 행복하였습니다.

마침내 조용기 목사님을 옆에서 보좌할 기회가 주어졌습니다. 나의 전공이 사진과였다는 것을 알고 있는 가까운 지인의 소개로 총무국 사진부에 들어가게 되었는데 돌이켜 보면 행운과 더불어 축복의 시간이었습니다. 조용기 목사님께서 큰 행사에 참석하시거나 중요한 사역을 하실 때를 비롯하여 언제 어디를 가시든 늘 따라다니면서 섬기는 직책이었습니다.

이러한 과정과 세월이 나의 인생을 송두리째 바꾸어 놓는 가운데 어느덧 나도 조용기 목사님처럼 목회자가 되겠다고 결심했습니다. 믿음 안에서 창조적인 생각, 홍해를 가르는 실천적인 믿음, 하나님의 능력으로 이루어나가는 위대한 꿈, 살아 움직여 역사하는 생명이 있는 말씀 등이 내 영혼의 뼛속까지 깊이 새겨져서 이를 실천하고자 노력하였으며 지금도 이러한 가르침이 김포순복음교회 목회 사역의 원동력이 되고 있습니다. 게다가 조용기 목사님께서 베풀어 주시는 주님의 사랑, 햇빛처럼 밝고 따뜻한 사랑의 온기는 핏줄을 초월하여 아버지보다도 더한 사랑의 깊이를 느끼기에 충분했습니다.

여의도순복음교회 전도사로 발령을 받자마자 자청하여 오산리최자실기념금식기도원 동산으로 올라갔습니다. 온전히 육적인 것을 버리고 주님의 것으

로 채움 받기 위하여 안간힘을 썼습니다. 특별히 최자실 목사님의 가르침을 깊이 마음에 새겼으며 저녁이면 기도원 인근의 공동묘지가 있는 산 중턱으로 올라갔습니다. 지금껏 배우고 익힌 것들을 토대로 죽은 영혼을 살리는 은혜를 베풀어 주시기를, 주님의 도구로 쓰임 받는 일꾼이 되기를 어두운 밤이 깊어 자정이 지나도록 3~4시간씩 부르짖고 기도하였으며 때로는 기도굴에 들어가 3일씩 금식하며 기도했습니다.

이후 조용기 목사님께서는 나를 성남시 사역을 감당케 하셔서 훈련받게 하셨고, 강서구 발산동에서 사역하며 전도할 수 있는 기회를 주셨습니다. 남대문 시장의 복음화를 위해 하나님의 말씀을 외치게 하셨고, 고양시 원당 지역을 복음으로 초토화하라는 사역을 맡기시기도 했습니다. 마침내 1993년 청년선교회 담임목사직을 조용기 목사님을 통하여 맡게 되었습니다. 그야말로 청년들을 일으키는데 전력하였습니다. 우선 청년들과 함께 매주 팀을 이루어서 여의도광장, 영등포역, 신촌 백화점 앞, 종로 거리 등 젊은이들이 모일 만한 장소는 어디든 가서 전도하는 것이 사명과 동시에 하늘로부터 내려오는 주님께서 주시는 기쁨을 맛보는 것이기도 했습니다. 이렇게 청년들과 함께 전도하고 또 전도하였으며 부르짖어 기도하고 또 밤이 맞도록 기도했습니다.

4년 동안 청년들의 담임목사로 사역하는 중에 청년들은 끝없이 성장했습니다. 3천 명이었던 청년들이 5천 명이 되더니 어느덧 7천 명을 넘어서서 급기야는 1만 3천 명까지 예배에 모여들었습니다. 이것은 결코 인간의 능력이 아닌 하나님의 역사였습니다. 1만 3천 명이 앉을 수 있는 대성전에 청년들이 가

득 채워져서 손뼉 치며 춤추고 찬양하는 성령의 뜨거운 열기는 오순절 마가 다락방을 백배, 천배로 재현해 놓은 듯한 분위기였습니다.

무엇보다도 청년부 사역 중에 기억에 남는 것은 1994년 백만 명이 모인 여의도광장 대성회였습니다. 청년들과 함께 찬양 인도를 맡았는데, 2천 명의 찬양단과 더불어 광장에 놓여있는 강단에서 1백만 명을 향하여 찬양할 때는 마치 광장에 불기둥, 구름 기둥이 세워진 듯하고 더 나아가 구름 저 너머 하나님의 천국에서 예수님께서 재림하시는 듯한 환상을 보는 신비한 은혜를 주셨던 것입니다.

이후 조용기 목사님께서 오후 3시에 드려지는 청년 예배에 직접 오셔서 함께 찬양하고 예배드리셨던 그 모습을 아직도 잊을 수가 없습니다. 성령에 사로잡힌 춤과 더불어 찬양을 부르시며 자신들과 호흡을 같이 하여 주시는 조 목사님을 보는 청년들은 그저 "아멘, 할렐루야"를 연발할 뿐이었습니다. 그다음 주에 조 목사님께서는 대예배 강단에서 말씀하셨습니다. "나는 우리 교회의 무수한 청년이 영적으로 뜨겁게 살아있다는 것에 감탄했습니다."

특별히 조용기 목사님께 인사를 드리러 갈 때마다 조 목사님께서는 내 머리

위에 항상 손을 얹어 기도하여 주시곤 했습니다. 머리 위에 얹은 그 손길은 결코 따스한 것만이 아니었습니다. 그 손길을 통하여서 성령의 불이 내려오는 것을 온몸으로 체험할 정도로 능력이 넘쳤으며, 친히 기도하여 주셨던 기도의 음성은 아직도 내 영혼에 쉼 없이 울려 퍼지고 있습니다. "하나님, 여기 사랑하는 최영길 목사에게 큰 능력의 기름을 부어 주세요." 짧지만 그 기도는 지금껏 나의 목회 사역에 분명 능력으로 함께 함을 믿고 있습니다.

어느 날, 조용기 목사님께서 부르셨습니다. "최영길 목사야, 너에게 내가 가르쳐 줄 것은 모두 가르쳐 주었으니 이제 나가서 교회를 세우고 뭇 영혼들을 구원시켜라. 그것이 바로 종의 사명이다."

조용기 목사님 말씀에 순종하여 1996년 10월 6일. 마침내 김포 땅에 김포순복음교회를 개척하였습니다. 가족 외에는 성도라고는 아무도 없이 시작한 목회는 매우 당황스러웠으며 어디서부터 무엇을 시작해야 할지 매우 난감하기까지 했습니다. 그러나 기도와 함께 그동안 여의도순복음교회에서 쌓아온 사역 경험을 개척 교회의 현장에서 실천하기 시작했습니다. 아침에 아예 도시락을 싸 들고나와서 가가호호를 방문하며 "예수 믿으세요"라고 복음을 전했습니다.

교회 주변에 아파트단지가 세워져 입주가 시작될 때면 온종일 그곳에 자리 잡고 이사 오는 사람들에게 김포순복음교회가 세워졌노라고 전하고 또 전했습니다. 그렇게 열심을 다했더니 차츰 부흥하게 되어 1년 만에 70명, 3년 만에 250명, 5년 만에 400명이 되고 7년 만에는 교회학교까지 700명의 성도가 모였습니다. 당시 80평 월세 예배당은 더는 모여드는 성도들을 감당할 수가 없었습니다. 그리하여 개척한 지 십 년 만에 1천 5백 명이 함께 예배드릴 수 있는 대성전과 400명이 모일 수 있는 중성전, 그리고 250명이 참여할 수 있는 소성전 등 교회학교와 중·고·청년들이 마음껏 찬양하고 예배드릴 수 있는 공간을 얻게 되었습니다.

그렇게 교회를 건축하여 조용기 목사님을 모시고 입당 예배를 드리는 날 참으로 감격스럽고 가슴이 벅차올랐습니다. 그리고 멈출 줄 모르는 뜨거운 눈물이 내 심령 깊은 곳에서부터 가없이 흘러나왔습니다.

여의도순복음교회의 교회학교에서 청년부 담임목사로, 지성전 네 군데 총무 목사와 종로 중구 대교구 총무 목사로서 힘껏 사역하며 목회 사역의 기초를 쌓아 올렸던 나날들. 권능의 손으로 안수하여 주시며 마치 하나님이 부르시는 듯한 "최영길 목사야!" 하고 불러주셨던 조용기 목사님의 음성. 그리고 교회를 개척 하라고 하신 말씀 등……. 모두가 잊을 수 없는 귀한 추억입니다.

또한 조용기 목사님을 모시고 김포순복음교회에서 예배를 드릴 때는 마치 목사님을 통하여 하나님의 모습을 뵌 듯하였습니다. 조용기 목사님이야말로 나에게는 하나님과 같은 분이셨으며 영적인 스승이요, 아버지가 되셨습니다.

'하나님, 감사합니다. 그리고 목사님, 목사님의 은혜를 영원히 잊지 않겠습니다. 나의 영적 아버지가 되신 목사님, 제가 하나님 나라에 가는 그날까지 항상 저와 함께 계실 것입니다. 사랑합니다. 진정 사랑합니다.'

한상인 목사 · 광주순복음교회

서울대학교 고고학과 졸업·서울대학교 성서고고학(Ph.D.)·한세대학교 목회학과장, 신학과장, 신학대학원장, 교목실장·순복음 영산신학원 학장·일본 순복음동경교회 담임목사·여의도순복음교회 국제신학연구원장·여의도순복음교회 목회담당 수석 부목사·광주기독교대한하나님의성회 광주지방회장·호남제주 지역총회장·현)광주순복음교회 담임목사·저서)『신학고고학과 배경사』,『이스라엘 왕국시대의 고고학』,『구약신학의 이해』,『성경66권 맥잡기』,『기도의 길로 오시는 생명의 예수님』,『하나님 말씀으로 마음 건축하기』

22

하늘을 바라보고
위대한 꿈을 꿔라

22
하늘을 바라보고 위대한 꿈을 꿔라

2005년 겨울, 여의도 CCMM국민일보 빌딩 복도에 서 있을 때 뒤에서 다정하게 팔을 꼭 붙잡아 주는 분이 계셨습니다. 뒤를 돌아보니 조용기 목사님이셨습니다. 나는 계속 앞으로 가시는 조 목사님을 향해 "이제는 목사님을 모시고 일하고 싶습니다"라고 외쳤습니다. 그러자 조 목사님은 큰 소리로 "알았다"라고 대답해 주셨습니다. 몇 달이 지났을 때 갑자기 여의도순복음교회 성동성전 담임목사로 발령이 났습니다.

2005년 5월 나는 발령을 받자마자 17년 동안 힘써 사역하던 한세대학교를 떠나 지성전 담임목사가 되었습니다. 그때까지 나는 한세대학교에서 목회학과장과 신학과장, 생활관장, 신학대학원장, 학생처장, 교목실장을 역임했습니다. 여의도순복음교회 교육연구소에서 근무하면서 한세대학교 시간 강사로 시작한 교수 생활은 1989년 전임 강사를 거쳐 조교수와 부교수, 마침내 정년이 보장된 정교수가 되었지만, 2005년 봄에 대학을 떠나 지성전 담임목사로 사역지를 옮기게 된 것입니다.

그런데 여의도순복음교회 입장에서 보면 지성전 담임목사 발령이 무척 파격적인 인사로서 비록 여의도순복음교회에서 목사로 안수를 받았지만, 대교구장도 거치지 않은 목사가 갑자기 수천 명의 성도를 담임하는 담임목사가 된 예는 전무후무할 것입니다. 물론 조용기 목사님의 우산 아래 있으니 큰 문제가 될 것이 없었지만, 그 파격적인 인사에 놀라지 않은 사람이 거의 없었을 것입니다. 조용기 목사님께서 목회 사역 적재적소에 제자들을 배치하시는 결단력과 통찰력에 경탄을 금할 수 없습니다. 더욱이 지나가는 길에 하신 약속을 잊지 않으시는 스승 목사님의 신실함에 깊은 존경과 감사를 드리지 않을 수 없습니다.

오중복음과 삼중축복, 그리고 4차원의 영성은 조용기 목사님 신학의 핵심을 쉽게 파악하게 해 주는 골든 키입니다. 세 가지 모두 귀중한 가르침으로써 어느 한 가지도 뺄 수 없지만, 특별히 4차원의 영성은 온 세계에 막강한 영향력을 행사한 능력의 메시지라고 하겠습니다. 나는 수많은 조용기 목사님의 설교에 은혜를 받았지만, 가장 감명 깊고 현재 목회 방향에까지 큰 영향을 준 것은 '천막에서 나오라'는 설교 말씀에서 받은 꿈과 비전의 영성입니다.

창세기 15장에 보면 하나님은 가나안에 도착한 후에도 여전히 고달픈 삶을 살아가는 아브라함에게 꿈을 주셨습니다. 유일한 혈육인 조카 롯과 헤어진 후, 아브라함은 하나님의 말씀을 좇아 동서남북을 바라보았습니다 창 13:14-15. 그 바라봄이 시간이 지나고 현실에 나타나지 않자 아브라함의 마음이 연약해졌습니다. 그가 천막 안에서 자식도 땅도 없는 현실만을 생각하고 있을 때, 하나님께서는 그를 밖으로 이끌어 하늘을 우러러 뭇별을 세어 보라고 하십니다창 15:5. 아브라함이 하늘의 별들을 바라볼 때, 다시 그의 마음속에 자손에 대한 꿈이 활활 타오르게 되었습니다. 하나님께서는 그것을 보시고 아브라함을 의롭게 여기셨습니다.

오늘날에도 하나님 약속의 말씀을 붙잡고 꿈을 꾸는 사람은 위대한 믿음의 사람이 될 수 있습니다. 우리는 고난의 현실에서 꿈을 꿔야 합니다. 꿈이 없는 백성은 망하고 맙니다. 꿈이 없는 이스라엘 백성들은 광야에서 다 죽고 말았습니다민 14:26-30. 요셉은 형들에 의해 노예로 팔렸으며, 애굽 바로 왕의 친위 대장 보디발의 아내의 유혹을 거절하고 옥에 갇혔습니다. 그러나 요셉은 보디발의 집에서 종살이할 때나 옥에서 고생할 때도 끝까지 꿈을 버리지 않았고, 마침내 애굽의 총리가 되었습니다. 요셉은 자신을 해롭게 하는 고난이 오히려 선으로 바꾸시는 하나님을 체험했다고 고백합니다창 50:19-20. 이처럼 꿈은 미래를 만드는 재료입니다. 고난은 하나님의 꿈의 친구입니다Difficulty is a friend of God's Dream. 그리고 꿈은 어두운 마음 하늘에 영롱하게 비치는 찬란한 빛입니다.

조용기 목사님은 사람이 어떤 꿈을 꾸느냐에 따라 미래가 완전히 달라진다고 말씀하셨습니다. 두 사람이 교도소에서 서로 다른 꿈과 비전을 가졌습니다. 한 사람은 창살을 뚫고 하늘을 보며 희망을 꿈꾸고 내일에 대한 비전을 가졌습니다. 그러나 다른 사람은 창살을 붙잡고 땅을 바라보며 하염없이 절망하고, 아무 비전도 없이 살았습니다. 두 사람이 출옥한 후 삶의 결과는 하늘과 땅 차이였습니다. 하늘을 바라본 사람은 시인이 되어 희망 속에서 살아갔고, 절망을 꿈꾼 사람은 사회의 낙오자가 되어 비참한 삶을 살았습니다. 조용기 목사님은 '세계 최대의 교회를 세운다'는 꿈을 꾸었고, 하나님께서 그 꿈을 이루어 주셨다고 고백합니다. 조용기 목사님이 개척 교회를 할 때 가끔 세계 최대의 교회를 세우겠다고 말하면 아무도 믿어 주지 않았고, 용기를 북돋워 주기는커녕 핀잔을 주었다고 합니다. 그러나 그 꿈은 하늘의 빛이었기 때문에 어떤 시련과 조롱에도 흔들리거나 사라지지 않는 꿈이었고, 마침내 그 꿈이 이루어진 것입니다.

나는 목회 일선에서 어떤 상황에 처할지라도 조용기 목사님의 제자답게 긍정적이고 위대한 꿈을 꿉니다. 그 꿈이 자기중심적이고 단기적인 육신의 꿈이 되지 않도록 끊임없이 점검합니다. 에서는 팥죽을 바라보며 배고픔을 채우는 것 외에는 다른 생각이 없었습니다. 결국 그는 장자의 축복이 먼 미래의 보장할 수 없는 허망한 꿈이라고 여겨 팥죽 한 그릇에 팔아버렸습니다. 메소포타미아의 누지Nuzi 문서에서는 장자에게 주어진 숲을 양 세 마리에 팔아버리는 내용이 나와 있습니다. 만일 우리가 에서처럼 육신의 정욕의 꿈을 꾸고 영원한 꿈을 제거해 버리면 파멸에 이르고 말 것입니다롬 8:5-6.

우리는 하나님의 말씀을 통해 긍정적이고 적극적이며 창조적인 꿈을 꿔야 합니다. 예수 그리스도 안에서 새롭게 주신 4중 신분의 꿈을 꾸며 말할 수 없는 자부심과 긍지를 가져야 합니다벧전 2:9. 우리 예수님을 믿은 사람들은 설혹 닭장 같은 현실에서 살고 있을지라도, 찬란한 창공을 날 수 있는 독수리지 결코 땅에서 푸드덕거리는 닭이 아닙니다. 우리는 항상 예수 안에서 오중복음과 삼중축복의 꿈을 꾸어야 합니다. 죄 사함의 은혜를 받은 중풍 병자마 9:2와 실로암에서 눈을 씻고 치료받은 사람요 9:11처럼, 구원받고 치료받고 언제나 마음의 평화를 얻는 꿈을 꾸며 살아야 합니다사 57:19.

나아가서 우리 그리스도인들은 사명자의 꿈을 꿔야 합니다. 자기 자신만의 출세나 부귀영달을 위해서가 아닌 사회와 국가를 위한 사명자의 꿈을 가질 때, 그 꿈이 그를 위대한 사람으로 만들어줄 것입니다. 미국의 흑인 인권운동가 마틴 루터 킹 목사Martin Luther King Jr.는 "I have a dream"이라 말하며 인종차별이 없는 세상을 꿈꾸었고, 그 꿈이 그를 위대한 자유와 평화의 사람으로 만들어 주었습니다. 그뿐만 아니라 그를 아는 많은 사람이 그러한 세상이 이루어져 가는 것을 기대하고 바라보고 있습니다. 우리 그리스도인들은 바울처럼 하나님 나라를 대망하는 영원한 꿈과 비전을 가져야 합니다. 그런 꿈이 없다면 우리는 이 세상에서 불쌍하고 초라한 존재가 될 것입니다. "만일 그리스도 안에서 우리가 바라는 것이 다만 이 세상의 삶뿐이면 모든 사람 가운데 우리가 더욱 불쌍한 자이리라"고전 15:19.

가끔 우리의 목회의 방향과 목표 설정에 있어서 꿈이 혼란스러울 때가 있습니다. 그러나 조용기 목사님이 초원 아파트를 짓고 석유 파동을 만나 위기에 처했다는 간증이 위로되었습니다. 스승 목사님이 하나님의 은혜로 그 위기를 극복한 것처럼 우리 제자들도 극복할 수 있다는 믿음을 갖게 됩니다.

성경에서 아브라함과 사라가 하나님의 말씀을 붙들고 끝까지 전진했을 때,

죽은 것 같은 그들의 몸이 새롭게 변하여 자녀를 낳을 수 있게 되었습니다. "그가 백 세나 되어 자기 몸이 죽은 것 같고 사라의 태가 죽은 것 같음을 알고도 믿음이 약하여지지 아니하고 믿음이 없어 하나님의 약속을 의심하지 않고 믿음으로 견고하여져서 하나님께 영광을 돌리며 약속하신 그것을 또한 능히 이루실 줄을 확신하였으니"롬 4:19-21 우리는 항상 죽은 자를 살리시고 없는 것을 있는 것처럼 부르시는 하나님을 부여잡고, 눈에는 아무 증거 안보이고 귀에는 아무 소리 안 들리며 손에는 잡히는 것 없고 앞길이 칠흑같이 어두울지라도 믿음으로 전진해 나가는 것입니다.

나는 일반 대학을 마치고 신학을 공부했습니다. 그런데 서울대학교에 다닐 때 여의도순복음교회를 출석하고 있었는데, 어느 날 대성전 강단에서 설교하는 꿈을 꾸었습니다. 그 영롱한 꿈이 여러 가지 변수와 역경이 있었음에도 불구하고, 대학을 졸업한 후 신학을 공부하고 주의 종이 되게 이끌어 주었습니다. 그러나 여의도순복음교회 목사가 되었음에도 불구하고 선교사적인 사명으로 한세대학교에 파송되어 17년 동안 교수 사역을 했습니다. 그러는 동안에도 목회에 대한 꿈을 버릴 수가 없었습니다.

마침내 정년이 보장되는 정교수가 되었을 때, 이제 신학교수로서 모든 사역을 마치는가 보다 하는 절망적인 생각이 들었습니다. 그래서 목회에 대한 꿈을 거의 포기하고, 65세 정년까지 17여 년 남은 기간을 5년씩 쪼개어 연구와 저술에 몰두하겠다는 3차 5개년 연구 계획을 세웠습니다. 구체적으로는 이스라엘에서 출판된 성서고고학에 관한 히브리어 논문과 저술을 한국어로 번역해서 성서학과 고고학에 기여한다는 야심 찬 계획이었습니다. 그런데 그런 계획을 세운 1~2년 후, 하나님께서는 우연히 조용기 목사님을 만나게 하셨고, 성동성전 담임목사로 임명받게 해 주심으로써 다시 나의 최초의 꿈을 이루게 해 주셨습니다. 정말로 나에게는 목회의 소명이 죽었다가 다시 살아난 것이 되었습니다.

새삼스럽지만 오늘날 광주순복음교회 담임목사로 사역하고 있는 것은 내 의지와 능력이 아니라 하나님께서 주신 꿈으로 말미암은 것임을 고백합니다. 참으로 하나님께 감사와 찬양과 영광을 올려드리지 않을 수 없습니다. 하나님께서 미천한 종에게 꿈이라는 씨앗을 심으셔서 30년을 준비하고 자라나게 하셨다가, 마침내 그 크신 섭리를 이루어 주신 것입니다. 그러므로 우리 그리스도인들은 끝까지 꿈을 버리지 말고 믿음을 굳게 해야 합니다. 반드시 하나님의 칭찬과 천국의 승리가 있을 것입니다.

"그 주인이 이르되 잘하였도다 착하고 충성된 종아 네가 적은 일에 충성하였으매 내가 많은 것을 네게 맡기리니 네 주인의 즐거움에 참여할지어다 하고"_마태복음 25:2

1970년대에 서울에 올라와 대학을 다니며 여의도순복음교회를 출석할 때는 조용기 목사님 앞에 나가는 것을 제지하는 사람이 별로 없어서 성전 주위에서 조용기 목사님을 가깝게 뵐 수 있었습니다. 그런데 그때는 휴대폰도 없었고, 사진기도 흔치 않았던 것 같습니다. 그때 사진을 찍어두었더라면 좋았을 텐데 이제 사진을 첨부하려고 해도 마땅한 사진이 없습니다. 애써 찾은 사진이 주변에 다른 사람들이 있는 사진입니다. 그렇지만 이제 스승 목사님이 천국에 입성하셨으니 이 사진이 보배가 되었습니다. 소중하고 감격적인 마음으로 첨부합니다.

김대수 목사

순복음제주도중앙교회

여의도순복음교회 남대문성전 담임목사·여의도순복음교회 남양주성전 담임목사·여의도순복음교회 안산성전 담임목사·여의도순복음교회 새신자 전도국장·현) 순복음제주도중앙교회 담임목사

23

절망에서 희망으로

23

절망에서 희망으로

죽음의 고통에서

1973년 봄, 나의 20대는 폐결핵 4기라는 중증을 앓고 있었습니다. 젊음의 패기보다는 폐병으로 인해 오랫동안 죽음의 고통을 맛보아야 했던 우울한 날들의 연속이었고, 폐병으로 인한 고통을 달고 있을 즈음 지인이 "여의도순복음교회에 가보자"라고 제안하는 짧은 한마디가 나를 솔깃하게 했습니다.

수소문 끝에 찾아간 여의도순복음교회

그때 당시는 알 수 없었지만, 그곳은 정확히 하나님께서 예비하신 곳이 분명했습니다. '무엇이 저들을 웃게 하고 저렇게 생동감을 주고 있을까?' 하는 어색함을 뒤로하고 예배의 시작과 함께 강대상에서 울려 퍼지는 조용기 목사님의 메시지는 내가 찾는 궁금증에 충분한 해답이 되었습니다. 수많은 사람의 환호들과 함께 울려 퍼지는 뇌성은 지금까지 어두운 터널에서 방황 끝의 종지부를 찍고 내 인생을 완전 역전시키라는 메아리와 같았습니다. 조용기 목사님의 메시지는 불타오르는 용광로와 같았고 그 뜨거움은 고스란히 나에게 전달되고 있었습니다.

열정적인 믿음과 희망

조용기 목사님의 뜨거운 열정 뒤에 억제할 수 없을 무언가의 힘이 나에게 끊임없이 전달되고 있었습니다. 조 목사님의 말씀 한마디 한마디가 꿀과 같은 달콤함이 느껴졌습니다. 절망 끝에 있는 나에게 감사, 기쁨이라는 감정이 천천히 나를 변화시키고 있었습니다. 무엇보다도 많은 성도가 나와 같은 절망에 빠져 있다는 것을 알았습니다.

시간이 어느 정도 흘러 조용기 목사님의 메시지를 듣는 중간에 내 생명을 거의 빼앗아갈 뻔했던 끔찍한 폐결핵 4기의 병에서 완전히 치료받았음을 깨닫게 되었습니다. 예수님을 믿음으로 말미암아 하나님의 생명을 받게 된 것입니다. 거듭나게 되었습니다.

조용기 목사님께서 죄에 대하여 설교하실 때마다 이전에 알지 못하였던 내 죄를 깨닫게 되었습니다. 그러므로 성도들에게도 죄를 회개치 않고는 하나님 앞에 나갈 수도 없고 기도를 할 수도 없으며 응답을 얻지도 못한다는 사실을 목회 현장에서 절실히 깨달았습니다. 회개의 기도가 병을 치료하고 나와 성도들을 하나님 앞으로 더욱 가까이 인도해 주었습니다.

"간절한 마음이 있으면 기도로 함께 부르짖으십시오. 부르짖는 기도가 하나님 마음에 감동을 줍니다"라는 조용기 목사님의 말씀을 시간마다 묵상하고 또 묵상을 반복하고 간절히 매달리고 기도하던 그때 하나님과 깊은 교제를 더욱 경험하게 되었고 3년이라는 오랜 기다림 끝에 감격스러운 성령세례와 방언의 은사를 받았던 나의 경험처럼 성도들에게도 응답받을 때까지 인내하며 간절히 기도하라고 외치고 있습니다.

절대적인 믿음으로 기적과 같은 일이 나에게 일어났습니다. 절망에서 희망으로 옮겨간 것입니다. 남의 간증으로만 생각했던 일들이 나에게도 현실로 이루어졌습니다. 혼자서 기도하는 것보다 두 사람이면 더 좋고 세 사람이면 더 좋았습니다. 믿음을 합치면 더 큰 능력이 있었습니다. 그만큼 인내력을 가지고 구하고 매달리면 고침을 받습니다. 병 고침과 응답받을 때까지 뒤로 물러나지 말아야 합니다.

청년회장의 사역과 헌신

나의 새로운 제2의 인생을 살게 해 주신 조용기 목사님께 보답할 수 있는 유일한 방법은 영혼 전도를 위해 온 힘을 다해 봉사하는 것이었고, 결국 1983년 여의도순복음교회 청년선교회의 회장까지 되어 헌신할 수 있었습니다. 물론 청년회장의 직함이 전부가 아니라는 것을 알지만, 그 당시 내가 할 수 있는 모든 것을 찾아 헌신하는 것이 조용기 목사님께 유일하게 보답하는 방법이라 판단하여 사역의 현장에서 빛도 없이 값도 없이 주신 은혜에 대한 보답의 마음으로 온 힘을 다했습니다.

 또한, 한없이 부족한 나 같은 종에게 목회자의 기름을 부으시고, 의정부 지성전의 소교구장으로 출발하여 오산리최자실기념금식기도원, 김포지성전, 강동성전 명일교구, 강북성전 면목교구 소교구장으로 목회의 초석을 다지게 훈련 시키셨습니다. 특별히 오산리최자실기념금식기도원의 사역을 통해서 기도 훈련과 영성의 깊이를 더욱 절실히 깨닫게 되는 과정을 거치게 하셨던 것은 지금에 와서 생각해 보면 제주도 현실 목회에 가장 큰 힘의 동력이 되는 기도 훈련을 통과하기 위해서 앞서 밑그림을 그려 주신 것 같습니다.

 몇 번의 소교구장 사역을 통하여 훈련받은 나에게 감당할 수 없는 중차대한 임무가 찾아왔습니다. 조용기 목사님께서 임명장을 주시던 날 나는 멈출 수 없는 감동의 눈물을 흘린 기억이 생생합니다.

 첫 담임 목회지로 남대문 지성전 담임목사로 임명장을 받은 그 날, 찢겨 진 나를 온전케 치유하며, 폐결핵 4기로 암울했던 나를 구원하여 주신 것은 하나님의 부르심, 곧 그분의 세미한 음성임을 확신하게 되었습니다. 지난날에 나 자신의 실패와 좌절, 위기들은 이제 원망과 불평의 요소가 아닌 나에게 허락된 위대한 선물임을 깨닫게 되었습니다. 조용기 목사님께서 베풀어 주신 사랑은 더욱 나를 겸손하게 만들었으며 더 낮은 자세로 무릎 꿇게 만드는 과정이었습니다.

여러 해가 지난 2007년, 여의도순복음교회 새신자 전도국장으로 사역하던 시절, 조용기 목사님과의 면담을 통해 이곳 순복음제주도중앙교회로 발령을 받았습니다.

더욱더 감사해야 할 것은 2007년 2월 3일 이곳순복음제주도중앙교회에서 취임 예배드리던 그 날, 수년 전에 폐결핵 4기로 절망하고 방황하던 그 시절 나를 변화시켜주신 성령님의 뜨거운 첫사랑의 음성이 예배 가운데 좌석에 앉아있던 성도들의 얼굴에서 고스란히 느끼게 되었고 이들에게 내가 만난 하나님을 전달하고 싶은 간절함이 불일 듯 일어났습니다.

제주 복음화의 불씨가 되기까지

지난날을 회상해 보면 모든 것이 하나님의 은혜였습니다. 교회에 직면한 여러 가지 어려운 문제가 하나하나 해결되는 순간마다, 아브라함이 약속의 땅을 믿음으로 찾아가 축복의 열매를 맺어 믿음의 거부가 되었던 것처럼 나에게도 무척이나 놀라운 기적의 순간들을 체험하게 하셨습니다.

교회의 큰 문제를 직면할 때마다 '과연 이 상황에 순종할 수 있을까? 해결할 수 있을까?'라는 질문이 나와 우리 성도들에게 던져졌습니다. 그때마다 나와 우리 성도들은 성전에 엎드릴 수밖에 없었습니다. 하나님께서 조용기 목사님을 통하여 나를 이곳에 보내신 목적과 계획이 얼마나 신묘막측한가를 한없이 깨닫는 순간들이었습니다.

나와 우리 순복음제주도중앙교회 성도들에게 닥쳐온 문제들이 해결될 때마다 존경하는 조용기 목사님의 절대적인 믿음과 절대적인 순종이 실질적인 목회 현장에서 얼마나 중요한가를 깨닫는 놀라운 기적을 체험했습니다.

조용기 목사님께서는 늘 제주도의 영혼들을 위해 깊은 애정을 쏟아 주셨습니다. 목회 현장의 두려움과 어려움이 닥쳐 피곤하여 넘어질 때쯤 조용기 목사님께 말씀 선포 요청을 드렸고, 그때마다 제주도에 방문하셔서 나와 우리 성도들, 그리고 제주도 도민들에게 생수의 말씀을 통하여 회복시켜 주셨습니다.

조용기 목사님은 많은 사역으로 피곤하셨을 텐데 늘 그 피곤함을 뒤로하고 이곳 제주도까지 늘 한걸음에 찾아와 주셨습니다. 나 자신이 더욱더 목회자로서 겸손해져야 할 때, 성도들이 무릎을 꿇고 기도해야 할 때, 땅의 것으로 위로받지 않고 하늘의 것으로 위로받아야 할 때 현실 목회에 가장 필요한 부분들을 이곳 제주도에 오셔서 몸소 보여 주셨습니다.

이제 성령으로 충만하여 부르심에 순종하고 각각의 유혹에 넘어지지 않으며 '성령님이 역사하시는 교회'라는 주제를 가지고 17년째 이곳에서 영적 전투를 하고 승리의 기쁨을 맛보고 있습니다.

조용기 목사님의 영적 가르침은 신음하고 고통받는 가난한 성도들에게 생수의 강물을 늘 흘려보내어 주셨습니다. 삶의 지쳐있던 제주도민들과 성도들에게, 더불어 목회 현장에서 쓰러져 있는 나에게 불기둥과 구름 기둥과 같은 인도하심이었습니다. 제주도의 영적 상황을 역전케 하신 최고의 대비책이셨습니다.

천국 소망, 부활 소망의 메시지

조용기 목사님의 건강이 속히 회복되셔서 이곳 제주에 다시 오실 날을 많은 성도가 고대하였으나 하나님께서는 제주도뿐만 아니라 전 세계의 성도들에게 천국 소망, 부활 소망의 메시지를 들려주시고자 하였던 것 같습니다. 조 목사님께서 제주도 성도들에게 베풀어 주신 은혜와 헌신적인 사랑은 다음 세대에게 큰 비전을 심게 하는 거대한 동력이 되었습니다.

이제 우리는 조용기 목사님의 살아오신 발자취를 따라 오중복음과 삼중축복, 그리고 4차원의 영성의 깊은 가르침을 잘 훈련하고 반복하여 제주도와 더불어 전 세계에 복음을 전달하는 중요한 십자가의 전달자로 살아가며 스승 목사님의 은혜에 보답하도록 하겠습니다.

김삼환 목사 · 여의도순복음김포교회

한세대학교 역사신학 조교수·여의도순복음교회 국제신학연구원장·여의도순복음교회 도봉성전 담임목사·여의도순복음교회 시흥성전 담임목사·세계성령운동중앙협의회 대표회장·한국기독교복음단체 총연합회 대표회장·프랑스) 파리 소르본대학원 졸업(종교역사학 박사)·현) 한세대학교 영산신학대학원 출강·현) 여의도순복음김포교회 담임목사

24

내 인생과 목회의 스승이 되신 조용기 목사님

24
내 인생과 목회의 스승이 되신 조용기 목사님

방송을 통해 만난 목사님

조용기 목사님은 내 인생의 스승이셨습니다. 1980년 경북대학교 철학과를 졸업한 나는 한국외국어대학교 대학원에 진학하여 독일어를 전공하고 있었습니다. 장차 외교관이 될 것을 꿈꾸고 있었기에 영어, 일본어, 독일어 등 어학 공부를 했는데, 특히 외무고시를 준비하기 위해 대학원에서는 전공을 독일어로 바꾸고 공부에 열중했습니다. 그즈음 독서실에서 지내면서 서울 목동의 한 장로교 교회를 다니며 매일 새벽기도를 나가고 있었습니다.

또한 당시 기독교방송에 나오는 조용기 목사님의 10분 설교를 아침마다 들었습니다. 설교를 들으면서 조용기 목사님은 다른 목사님들과는 달리 성령의 역사하심이 넘치시는 분이라는 것을 직감할 수 있었습니다. 그런데 조용기 목사님의 설교를 들으면서 깊은 고민에 빠지게 되었습니다. 그것은 내가 주의 종의 길을 걸어가야 하는 것이냐 아니냐는 것이었습니다. 이 심각한 고민은 성령세례를 받음으로써 결론이 났습니다. 외무고시 공부를 성령세례 받은 그 날로 다 접고 대학원 졸업을 위한 논문 작성에 몰두하면서 장차 주의 종의 길을 걸어갈 것을 결심하게 되었습니다. 이러한 결정의 배경에는 조용기 목사님의 설교를 듣고 받게 된 주님의 은혜가 있었습니다.

한국외국어대학교 대학원을 졸업하고 카투사로 입대했습니다. 당시 카투사 시험제도가 처음 생겨서 시험을 치고 카투사로 들어갔습니다. 카투사 복무를 할 때도 매일 아침이면 어김없이 조용기 목사님의 10분 설교를 들었습니다. 아침 방송 설교를 듣고 나면 바로 포메이션formation, 집합 시간이 되었습니다.

1984년 카투사 군 복무를 제대할 즈음 나는 조용기 목사님이 세우신 영산신학교에 입학하게 되었고, 1986년 전도사가 되어 압구정 교구를 담당하게 되면서 여의도순복음교회 교역자로서의 삶을 시작하였습니다.

국제신학연구원 시절 독대

1993년 2월 감리교신학대학교 대학원을 졸업한 나는 8월에 프랑스 유학의 길에 올랐고, 1998년 3월 프랑스 파리 소르본대학에서 종교역사학으로 박사 학위를 받고 그해 8월 귀국했습니다. 그 후에 여의도순복음교회에서 국제신학연구원장으로 2001년부터 2004년까지 사역하면서 여의도순복음교회의 신학을 정립하기 위해 애썼습니다. 그 당시 한 달에 한 번씩은 꼭 조용기 목사님을 독대하고 출판되는 책에 대한 보고나 여러 사안에 대해 보고를 드리고 하명을 받곤 했습니다.

　조용기 목사님과 독대하면서 조 목사님의 신앙에 대한 정확한 신학적 이해를 도모할 수 있었습니다. 핵심적으로 중요한 사항은 우리가 그리스도의 은혜에 의하여 믿음으로 죄 사함을 받고 구원을 받듯이 병 고침을 받거나 저주의 가난이나 문제에서 벗어나는 것은 구원의 차원이라는 것입니다. 그리하여 삼중 구원 혹은 전인 구원이라는 신학적 용어가 생겨난 것입니다. 구원이란 축복과는 다른 것이며 축복보다는 훨씬 근원적인 것입니다.

　구원은 그 무언가로부터의 구원입니다. 즉 '악으로부터의' 구원이며 이 '악으로부터의' 구원은 받으면 좋고 안 받아도 그저 그런 것이 아니라, 받지 아니하면 바로 멸망입니다. 즉 병고침의 구원은 받으면 좋고 받지 아니해도 그저 그런 것이 되는 축복의 차원이 아니라, 가장 근원적인 차원입니다. 성경 야고보서 5장 15절에 "믿음의 기도는 병든 자를 구원하리니"라고 기록하고 있습니다. 믿음의 기도가 병든 자를 구원한다는 말씀입니다. 병 고침이 단순한 축복의 차원이 아니라 축복보다 훨씬 근원적인 구원의 차원에서 언급된다는 것으로 그만큼 병 고침을 받기 위해 간절한 기도를 해야 한다는 것을 내포하고 있는 것입니다.

　나는 조용기 목사님의 목회 사상에서 이러한 깊이를 보았습니다. 그리하여 목사님이 병자를 위해 기도하실 때는 참으로 혼신의 힘을 다하여 지옥에서 어떤 영혼을 끄집어내듯 소원과 열정을 가지고 기도하시는 것을 이해하게 되었습니다. 조용기 목사님에게 받은 이러한 강렬한 인상은 지금 나의 목회에도 절대적인 지침을 제시하고 있습니다. '나는 과연 조용기 목사님처럼 병자들을 위하여 혼신의 힘을 다하여 기도하는 목회를 하고 있는가?' 이러한 물음이 지금도 늘 내 마음에서 올라오곤 합니다.

가장 중요한 꿈

언젠가 조용기 목사님을 독대하면서 4차원의 영성에 관해 한 가지 질문을 드린 적이 있습니다. 우리가 익히 잘 알듯이 조용기 목사님의 4차원의 영성이란 생각, 믿음, 꿈, 말 이 네 가지를 말하는 것인데, 이 네 가지 중에서도 어느 것이 가장 중요한 것인지를 여쭤본 것입니다. 그때 조금도 지체하시거나 답변을 고민하시거나 하지 아니하시고 내 질문이 끝나자마자 바로 '꿈'이 가장 중요하다고 말씀하셨습니다. 나는 그때 조 목사님의 근본 사상이 미래지향적임과 동시에 주님의 영광을 위해 살아야 한다는 인생 목적이 조 목사님의 인생을 이끌어 가고 있음을 분명히 알게 되었습니다.

4차원의 영성 중 생각이나 믿음, 말보다도 꿈이 더욱 중요하다는 뜻은 4차원의 영성이라는 것이 그 어떤 목적이 이끄는 삶과 미래지향적인 삶에 방점을 둔다는 의미입니다. 4차원의 영적 세계의 요소 가운데 꿈이 가장 중요하다는 것은 생각이나 믿음이나 말이 미래지향적인 꿈에서 비롯된다는 것도 알려 줍니다.

또한 하나님이 주신 꿈이란 사람이 꿈을 만드는 것이 아니라 꿈이 사람을 이끌어 가고 만들어 가는 것입니다. 이처럼 꿈이란 인생을 이끌어 가는 어떤 목적과도 상통합니다. 결국 4차원의 영적 세계가 3차원의 물리학적이고 경험적인 세계를 지배하고 다스리는 것은 하나님의 영광을 위하고자 하는 인생의 최종 목적이 우리의 삶을 이끌어 갈 때 비로소 가능하다는 것을 말해 주고 있습니다.

주님의 영광을 위하고자 하는 목적이 내 삶을 이끌어 가지 않는데 단순하게 그저 내가 생각을 새롭게 하고 믿음을 가지고 말을 새롭게 한다고 해서 3차원의 세계에서 그 무슨 변화가 일어나는 것은 아니라는 의미도 될 것입니다. 따라서 조용기 목사님이 늘 말씀하시듯 꿈이 없는 백성은 망하는 것입니다.

이러한 조용기 목사님의 가르침은 우리 기독교의 핵심적인 사상을 관통하고 있는 것으로 여겨지며 나는 조 목사님과 이러한 대화를 통해서 내 목회의 중심적인 지침을 얻게 되었으니 참으로 감사하지 아니할 수 없습니다.

조용기 목사님은 이제 이 세상에서는 만나고 싶어도 더는 뵐 수 없는 나의 스승 목사님입니다. 내 인생에서 획기적인 전기를 이루게 해 주셨고 여러모로 부족했던 나를 지금까지 가르쳐 주시고 힘주시고 이끌어 주신 스승님을 부활의 날에 넘치는 기쁨으로 만나 뵙고 함께 살아계신 주님을 찬양하게 될 것입니다. 그날이 반드시 올 것을 믿습니다.

남준희 목사

· 일산순복음바울교회

영산신학원 졸업·서울신학대학원(M.Div.)·아세아연합신학대학원(Th.M., Ph.D.)·여의도순복음교회 부목사·국민일보 사목·여의도순복음교회 지성전(남대문, 동대문, 시흥, 서대문, 양서) 담임목사·한세대학교 교수·순복음신학원 학감·모스크바순복음신학교 교수·현) 한국칼빈학회 회장·현) 일산순복음바울교회 담임목사

25

스승님의 영광스러운 족적을 따라가겠습니다

25

스승님의 영광스러운 족적을 따라가겠습니다

청년 초청 부흥성회에서 극적인 회심

1974년 10월 29일 여의도순복음교회 본당에서 개최했던 제7회 청년 초청 부흥성회에 연일 참석하였습니다. 그때 조용기 목사님이 선포하시는 폐부를 찌르는 성령의 역사에 의한 강렬한 능력의 말씀을 통하여 큰 충격을 받고 극적인 회심을 하게 되었습니다.

그 이후 강단에서 흘러나오는 주님의 십자가 은혜와 진리의 말씀으로 날마다 큰 감동과 감격을 하며 신앙생활을 열심히 해 오게 되었고 급기야는 복음에 불타오르는 열정을 갖고 1985년 3월 2일 영산신학원에 입학하여 소정의 신학 과정을 마치고, 하나님의 종으로서 사명을 오늘날까지 일관되게 감당해 오고 있습니다.

성령의 역동성을 온 누리에 재현

스승이 되신 조용기 목사님께서는 철저히 갈보리 십자가에 기초한 오중복음과 삼중축복, 그리고 4차원의 영성을 통하여 세계 최대 교회를 이루게 되었고, 전 세계적인 부흥을 주도하셨습니다. 따라서 스승님으로부터 배웠던 목회 철학을 마음에 새기고 성령님을 모시고 말씀과 기도에 전념하며 그리스도의 갈보리 십자가를 통한 은혜의 강단을 철저히 지켜 나아가겠습니다.

또한, 제자 된 도리로서 오순절적인 성령의 역동성을 온 누리에 재현시켜 다시금 한국 교회의 부흥을 선도해 나아갈 뿐 아니라 북한 교회를 재건하고, 온 세계 교회를 깨워 주님의 재림을 준비하는 목회자가 되기를 간절히 소망합니다.

시흥성전에서 하신 목사님 말씀

1995년 10월 성동대교구14교구는 여의도순복음교회에서 좀 멀리 떨어진 입지 조건으로 기존의 각 지성전강동, 강남, 강북으로 분할될 상황에 처했습니다. 이 때 우리는 성동대교구도 지성전의 필요성을 갖고 있음을 역설하였습니다. 그리

고 성수동에 강남성전을 꼭 빼닮은 6층 건물이 비어있음을 발견하고 각 층에서 땅 밟기 기도회를 하며 여의도순복음교회에 긴급 보고를 하게 되었습니다.

이때 조용기 목사님께서는 모든 사실을 검토하시고, 대교구를 지성전으로 승격 시켜주셔서 성수동 건물을 전세 임대하여 1996년 6월 6일 봉헌 감사예배를 드리게 되었던 일은 극히 감격스러웠습니다. 지금은 성전이 발전되어 용답동으로 매입, 이전되었고 교회 부흥을 새롭게 기약하고 있습니다.

한편, 2004년 6월경 조용기 목사님께서는 시흥성전의 신축 공사 기간이 너무 늦어지고 있다는 보고를 받으셨습니다. 그리고는 긴급히 현장을 방문하시고 일일이 돌아보셨습니다. 그때 지하수 처리를 제대로 못 하여 공사가 지연되는 현장을 발견하시고는 무척 격앙되셨고, 공사에 관여한 분들은 몸 둘 바를 몰라했습니다. 이어지는 식사 자리에서도 계속 침묵으로 일관하시다가, 이윽고 주위 사람들에게 "순복음대구교회에서 물 나는 것보다 훨씬 덜 난다" 라고 온화하게 말씀을 해 주셨습니다. 그때 공사에 관여하여 초긴장했던 모든 사람을 안심시켰던 것은 우리에게 큰 귀감이 되었습니다. 그 후 공사가 잘 진척되어 11월 초에 헌당 축하 예배를 드릴 수 있었던 것은 기념비적인 일이

었습니다. 그리하여 시흥성전이 급격히 성장하고 발전하여 복음의 등대 역할을 잘하게 되었습니다.

또한 2006년에는 남대문 상권과 동대문 상권에 활발한 복음 활동이 이루어지기 위해 여의도순복음교회에 보고하고 당회의 재가를 받아 남대문성전을 중심축으로 운영되던 동대문성전을 행정상으로 분리 독립 하였습니다. 그리하여 두 성전의 혼선된 목회 행정을 각각의 효율적인 운영 체계로 전환하게 되어 목회적인 소모를 줄이고, 더욱더 집약적인 교회의 부흥을 가져오는데 크게 기여하게 되었습니다.

무엇보다도 가장 감격스러운 일은 조용기 목사님께서 2006년 '아주사 100주년 기념성회'의 주강사로서 강단에서 성령의 깊은 감동과 은혜와 진리의 말씀을 전해 주신 것입니다. 그때에 가슴 벅찬 감동은 지금도 잊을 수가 없습니다. 이는 한국 교회가 조용기 목사님을 통해 성령 운동의 주역으로 역할을 하고 있다는 점에서 다시 없는 영광으로 간직하고 싶습니다.

그리고 2009년, 국민일보 사목 시절에 순복음평택교회 강헌식 목사의 부흥회에 조용기 목사님을 측근에서 수행하였는데, 평소에 나에 대해 얼마나 잘 알고 계셨던지, 소상하게 좋은 점만을 들어 격려해 주시는 것에 대해 몸 둘 바를 몰랐던 기억이 있습니다.

2018년 5월 18일, 상암월드컵경기장에서 이루어진 '한반도 평화와 희망나

눔을 위한 기도대성회'는 7만 명의 성도가 모여서 조용기 목사님을 모시고 이영훈 목사님과 모든 제자 교회가 함께했는데 행사로 최근에 찾아보기 힘든 감동적인 은혜의 대축제였습니다.

본 성회에는 C.G.I 회원만 2천 명이 참석하였고, 전국의 지방 교회가 운집한 가운데 순복음의 열정을 총집화하여 하나님께 영광을 돌렸습니다. 그리하여 본 성회는 새로운 순복음의 도약과 지대한 발전을 향한 천국의 축제요, 미래의 합창이요, 감격스럽고 거룩한 함성이었습니다.

2020년 6월 15일 월요일에는 한양파인컨트리클럽에서 스승 조용기 목사님과 영목회 제자 교회 목회자들이 함께 모여 은혜 안에서 운동을 하고, 점심 식사를 잘 마치게 되었습니다. 그런 후에 조 목사님께서는 일일이 한 사람 한 사람에게 악수하시며 목회를 위해 크게 격려해 주시고, 축복의 말씀을 해 주셨는데 그 일은 영원히 잊지 못할 추억이 되었습니다.

뇌막염 환자에서 컴퓨터회사 부사장으로

1986년 3월 강남성전 박 집사님이 서울대병원에 입원하여 바이러스성 뇌막염으로 혼수상태에 빠지게 되었습니다. 이때 우리는 수시로 병원에 와서 끊임없이 가족과 함께 눈물을 흘리며 기도하였지만 쉽게 호전되지 못하고 몰골이 송연하게 악화되어 가고 있었습니다. 거의 회생 가망성이 없었던 것입니다. 병원에서는 아무런 소용이 없으니 퇴원하라는 것이었습니다.

하지만, 어느 날 조용기 목사님께서 병원에 오셔서 기도해 주신 이후로 7개월 만에 극적으로 눈을 뜨게 되었고, 3개월의 회복 기간을 잘 보낸 후 완연하게 건강을 되찾아 거뜬히 퇴원하게 되었습니다. 병원 측에서는 식물인간이 될 수밖에 없고, 정상적인 활동을 할 수 없다고 판정을 내렸었습니다. 그렇지만, 그 이후 건강을 되찾고 컴퓨터 회사 부사장으로 근무할 정도로 놀라운 기적이 일어났던 것입니다.

아주 떠나신 것 아닙니다

조용기 목사님은 한국 교회와 세계 교회에 성령 운동을 대대적으로 일으키어 교회적인 위대한 부흥을 가져오게 하셨고, 한국 사회와 경제계에 지대한 영향력을 끼쳤으며, 대한민국의 위상을 세계적인 위치로 고양시키셨습니다.

이제 조용기 목사님은 사랑하시는 주님께서 부르심으로 하늘나라에 들어가셨습니다. 그리고는 영원히 천국에서 편히 쉬시고, 주님의 곁에서 무한한 영광을 누리실 것입니다. 하늘나라에 가신 스승 목사님께서는 아주 떠나신 것이 아닙니다. 주님과 함께 이 땅에 영광스러운 족적을 모두 남겨놓으셨습니다. 그런 만큼, 우리 제자들도 스승 목사님의 족적을 따라 열심히 주님의 복음 사역을 잘 감당하여 충성을 다하고자 합니다. 오직 주님께만 영광을 돌리며, 그 아름다운 희생과 섬김과 헌신의 사역을 기꺼이 충심으로 따라가고자 합니다.

송영준 목사 · 성산순복음교회

홍익대학교 전기공학 학사·영산신학원(M. Div. 석사)·리젠트대학 목회학 박사·여의도순복음교회 실업인선교연합회 담임목사·여의도순복음교회 베를린순복음교회 담임목사·여의도순복음 엘림교회 담임목사·미국 베데스다대학교 총장·현) 성산순복음교회 담임목사

26

온 힘을 다해 지켜드리고 싶었습니다

26

온 힘을 다해 지켜드리고 싶었습니다

삶의 어둠에서 만난 은혜의 줄

　군대 제대 후 복학하여 학교에 다니다가 몸이 안 좋아 병원에 갔습니다. 동네 병원에서 큰 병원에 가보라고 하여 종합병원에 가서 진료를 받는데 간단한 맹장 수술이라고 하여 입원하여 수술을 했습니다. 그런데 전신 마취와 함께 7시간 수술 후에 깨어났습니다. 맹장이 아닌 장에 있는 종양 제거 수술이었던 것입니다. 이후 회복이 되어 퇴원했고 보름 후에 종양의 결과를 알기 위해 다시 병원에 찾았을 때 좋지 않은 소식을 듣게 되었습니다.

　낙심 되고 절망스럽지만 죽음에 대한 두려움은 없었습니다. 다만 하나의 고민이 죽은 후에 어디를 가는가였습니다. 그래서 대학교 내의 불교 반을 찾아서 동아리 모임에 참여해 보았지만 전혀 마음에 닿지 않았습니다. 세상은 허무한데 착하게 살아야 겨우 사람으로 환생을 한다는 궤변, 허무한 곳에 다시 오기 위해 착하게 살아야 한다는 것 자체가 모순이라 생각했습니다. 그런데 그때 즈음 여의도순복음교회 조장을 하던 우리집 할렐루야 아줌마인 큰 누나의 전도로 조용기 목사님을 성전에서 처음으로 뵙고 설교 말씀을 들었습니다.

첫 설교에서 나의 마음을 그대로 아시고 전하는 듯한 말씀에 은혜를 받은 후 예배를 빠지지 않고 출석을 하였습니다. 나의 영혼의 답답함을 그대로 말씀으로 선포하셨던 멋진 조용기 목사님을 지금도 잊지 못합니다. 가나안의 일곱 족속을 내쫓으라는 은혜의 설교였습니다. 영적 자유와 해방을 주셔서 광야 길을 내 주신 은혜의 만남이었습니다. 캄캄한 어둠에서 은혜의 생명 줄로 구원을 받았던 날이 만남의 시작이었고 인생의 방향이 전환된 날이었습니다. 아무것도 모르고 교회를 찾았기에 복음의 전부를 마음에 담았다고 할 수 있습니다.

삶 속에 필요를 채우는 믿음

특별하게 가슴에 간직하고 꼭 기억하고 싶은 것은 영산신학대학원에 다닐 때 『4차원의 영성』이 영어로만 출판이 되어 교우들과 방과 후에 번역을 하며 공부했는데 하와이의 노처녀가 시집을 간 간증이 마음에 은혜가 되어 배우자를 바라보며 믿음으로 기도했습니다. 선교사로 나갈 수도 있으니 키가 큰 자매, 신앙이 3대가 되는 믿음의 집안, 선하고 착하며 음악의 재능이 있어 악기를 잘 다룰 수 있는 자매 등등의 제목으로 6개월이 넘게 기도한 후에 기도대로 사모를 주셨습니다. 『4차원의 영성』에서 배운 대로 기도한 결과 하나님께서 배우자와 사랑스러운 남매를 자녀로 주신 것입니다.

선교지에서 함께 고난을 받으며 이방 나라에서 믿음으로 든든히 키워주신

자녀들이 주님의 은혜로 단단히 세워주셔서 각자의 삶의 터전에서 이웃을 섬기며 하나님과 사람 앞에 자랑스럽게 지켜주신 하나님께 감사할 따름입니다.

또 하나『4차원의 영성』으로 응답을 받은 것은 조용기 목사님께서 유럽에서 최초로 선교를 하신 곳이 베를린입니다. 최자실 목사님의 기도와 조용기 목사님의 선교로 세워진 베를린순복음교회가 27년이 되었을 때 9대 담임목사로 파송을 받았습니다. 비행기가 베를린에 내릴 때 "네가 짓지 않은 집에서 살게 될 것이고 심지 않은 과실을 먹게 될 것이다"라는 말씀을 주셨습니다. 마음에 큰 울림도 없이 말씀을 받았습니다. 경험하지 못한 이민 교회에서 그 나라를 떠나가고 싶어도 떠나지 못하는 이민자의 아픔과 고통을 보았습니다.

대조동 천막 교회 때 천국과 지옥이 중요하지 않고 그들에게 필요한 복음은 요한3서 1장 2절 "사랑하는 자여 네 영혼이 잘됨 같이 네가 범사에 잘되고 강건하기를 내가 간구하노라"는 말씀이었습니다. 영혼이 잘되면 범사가 잘되며 강건하여 생명을 얻되 풍성히 얻는 은혜의 복음으로 가난한 이들에게 복음의 풍성한 열매를 맺었습니다. 삶 속에 필요를 채워주는 목회의 비법은 '할 수 있다. 하면 된다. 해 보자'로 가난과 역경을 극복하신 조용기 목사님을 생각하면서 이민 사회에 꼭 필요한 것이 무엇일까? 기도하는 중에 마음껏 쉴 수 있는 성전이 필요한 것을 깨달았습니다.

그때부터 모일 때마다 하나님께 하나님의 성전을 달라고 기도하였습니다. 교회 역사가 30년이 지났어도 내 교회가 없어서 주일 오후에 독일 교회를 빌려서 예배를 드렸습니다. 친교와 교제는 할 수 없고 겨우 예배를 드리다가 기도 중에 독일 교회를 월세로 30년 계약한 목사와 만남을 가졌습니다. 그런데 독일 종교청에서 그 교회를 매매한다는 것이었습니다. 조건은 자신이 교회를 수리하면서 들었던 경비 약 16만 유로를 갚아 주면 교회를 양도한다고 했습니다. 아주 싼값에 매매한다고 하여 이사를 하였지만 잘못된 계약이었습니다. 그때 조용기 목사님께서 베를린에 종교청의 교회를 구매하게 되었다고 하여 3억을 지원해 주셨지만, 아직 계약이 안 되어 선교국 외환은행에 예금해 두고 사태를 보는 중이었습니다.

그런데 2003년 선교대회 기간 중 조용기 목사님과 면담 시간이 있었는데, "귀국하라"고 말씀하시는 것입니다. 나는 "아멘"하고 순종을 했지만, 마음이 참으로 복잡하여 근심할 때 무슨 문제가 있느냐고 하셔서 성전이 아직 해결되지 않고 복잡하게 되었다고 말씀을 드리자 성전 문제를 해결하고 들어오라고 하셨습니다. 그리고 3년의 세월 속에서 성전 문제로 기도를 참 많이 했습니다. 새벽기도는 거의 작정 기도였고 저녁에는 말씀을 붙잡고 끈질기게 기도했습니다. 종교청에서 결정된 가격은 너무 비싸서 교민 교회에서 감당할 수 없는 가격이었습니다. 그래서 대화를 통해 교회를 저렴한 월세로 주면 좋겠다고 하였습니다.

2006년 5월 30일 선교 대회에서 조용기 목사님께서는 이제는 무조건 들어오라는 귀임 명령을 내리셨습니다. 놀라운 것은 2006년 5월 31일에 독일 베를린 종교청에서 한 달 300유로를 내는 계약서가 온 것입니다. 당시 유학생들의 한 달 방값이 350유로 할 때입니다. 믿고 구한 것은 받은 줄로 믿고 믿음으로 바라보며 그 땅을 여리고 성을 돌 듯 돌았더니 100년 계약을 맺게 되었습니다.

이제는 베를린의 성도들이 마음껏 성전에서 기도하고 유학생들이 음악회도 열고 베를린 교역자 연합회에서 1년에 한 번 하는 부흥회는 베를린순복음교회에서 하고 있습니다. 성전을 위해 후원해 주셨던 3억은 이자와 함께 조용기 목사님께 다시 반납했으며, 교회는 돈으로 사고파는 것이 아니라 기도로 세우는 것을 마음에 깊게 새겼습니다.

영산 조용기 목사님을 통해 배운 것 중에 하나가 기도로 구하면 하나님께서 반드시 응답하신다는 것입니다. 착한 배우자를 기도로 주셔서 복된 가정을 이루어 주셨고 선교지에서 기도로 내 손으로 짓지 아니한 교회를 하나님께서 주셨습니다. 기도로 세계를 교구 삼으셨던 조용기 목사님의 영성이 더욱 빛을 발하는 경험이었습니다.

『4차원의 영성』에서 기도를 통해 보이지 않는 세계를 보이는 증거로 만드는 비결이 바로 기도라고 했습니다. 기도가 가장 중요한 것을 깨닫게 해 주신 조용기 목사님께 진정한 감사를 드립니다.

엘리야도 우리와 성정이 같은 사람이었지만 기도로 시대를 깨웠던 것처럼 기도로 시대의 비전을 다시 밝히는 은혜의 순복음을 증거 할 것입니다.

사지가 뒤틀린 아이가 회복되는 기적

인도네시아 이리안자야 성회 당시 내 눈으로 처음 보는 기적이었습니다. 인도네시아 이리안자야는 자카르타에서 비행기를 네 번이나 갈아타고 가야하는 섬입니다. 당시 이리안자야 도지사 부인의 초청으로 실업인들과 함께했습니다. 성회 날 안수집사님은 휠체어를 타고 온 사람에게 손을 얹고 기도했는데 그 사람이 일어났습니다. 그리고 그 집사님은 기적이 자신의 손에서 일어난 것을 보고 더욱 철저하게 회개하며 기도했습니다.

그리고 사모와 동행했는데 뇌성마비로 사지가 비틀리고 온몸이 늘어진 아이를 손에 앉고 기도하는 중에 비틀어졌던 아이가 머리를 세우며 눈을 반짝 뜨더니 앉고 있던 손에 오물을 싸면서 완벽하게 정상으로 돌아왔었습니다. 모든 실업인이 하나님이 살아 계신다고 하며 춤을 추었고, 성회가 끝나도 그곳에 모인 사람들이 가지도 않고 심지어 한국 사람이면 다 조용기 목사님과 같은 영성이 있다고 생각하여 안수받기를 원했던 그 날을 잊지 못합니다.

실업인들은 성회 전에 관광을 다녀온 후에 성회를 참석하지만, 성회 직전까지 숙소에서 기도로 영적 전쟁을 마치신 조용기 목사님은 환한 모습으로, 마치 용사가 전쟁하러 가는 당당함으로 성회 장소를 바라보았습니다. 말씀으로 온 천하를 다스리셨던 예수님처럼 위풍당당하셨던 목사님을 기억합니다.

"내가 주께 대하여 귀로 듣기만 하였사오나 이제는 눈으로 주를 뵈옵나이다" 욥 42:5라고 했던 욥처럼, "내가 진실로 진실로 너희에게 이르노니 나를 믿는 자는 내가 하는 일을 그도 할 것이요 또한 그보다 큰 일도 하리니 이는 내가 아버지께로 감이라" 요 14:12라고 하신 예수님의 말씀을 붙잡고 기도하는 중에 크고 작은 기적을 체험하면서 승리의 깃발을 휘날릴 성산순복음교회에서 기적이 상식처럼 일어나고 생명의 회복이 가득한 교회의 꿈을 꾸며 꿈을 이루며 꿈을 나누는 교회를 이루실 하나님을 찬양하고 경배합니다.

바른 영성이 온전한 교회를 이룬다

모든 것이 다 주님의 은혜이자 조용기 목사님의 절대적인 은혜입니다. 아무것도 모르는 청년이 당산 교구에 발령이 났을 때 조장님과 권사님이 함께 기도회를 하는데 무엇이라고 설교를 할 줄 몰라서 첫 예배에 통성기도를 시킨 후에 하나님께 한참을 울면서 '뭐라고 해야 하나요? 왜 나를 여기에 세우셨나요?' 했던 시절 마음에 간직한 말씀이 있습니다. "내게 능력 주시는 자 안에서 내가 모든 것을 할 수 있느니라" 빌 4:13 이 말씀을 붙잡고 전도에 앞장섰던 지난날이 모두 하나님의 은혜였습니다.

선교사로 9년의 세월을 베를린에서 유럽의 문화를 몸에 익히고 돌아와 남양주 구리 지역의 성산순복음교회를 담당케 하셨습니다. 성산순복음교회에서 사역 중에 잊지 못할 은혜는 남편이 심장마비로 세상을 떠났는데 부인이 나는 남편의 도움이 없으면 못산다고 죽은 시신을 붙잡고 30분이 넘게 기도하여 시체실로 가야 할 사람을 중환자실로 보낸 일입니다. 이 집사님이 믿는 하나님은 분명히 살아계신 하나님, 우리의 기도를 응답하시는 하나님, 죽은 자도 살리시는 하나님을 증거합니다. 사망의 죽음에서 살아난 남편 집사님은 중환자실에서 약 21일 정도 있다가 깨어났습니다.

혼수상태에서 깨어났기 때문에 아직도 언어 신경이 마비되어 말을 못 했습니다. 펜을 달라고 하는데 펜을 주니까 '여보 나 지옥에 세 번 갔다 왔어'라고 썼습니다. 그 글을 보고 깜짝 놀랐습니다. 지옥에 갔다 왔다는 글을 문자로 보내면서 교회에서 더욱더 뜨겁게 간절하게 기도했습니다.

일반 병실로 옮겼다고 해서 아침 일찍 병원 심방을 했습니다. 그런데 문제는 신장이 망가져서 일주일에 세 번 투석해야 한다는 것입니다. 그래서 잠깐 말씀을 보고 병을 치료하시는 예수님을 선포하고 왔는데 오후에 놀랍고도 기쁜 소식이 왔습니다. 의사가 투석하지 않아도 된다며 기적이 또 일어났다고 했다는 것입니다. 나는 확신 합니다. "네 믿음이 크도다 네 소원대로 되리라"마 15:28는 말씀이 지금 이시간에도 이루어진다는 것을……. 집사님이 지옥을 보고 왔으니 얼마나 이 말씀이 믿어졌겠습니까? 확신했을 것이고 말씀을 붙잡고 믿음으로 승리를 선포한 결과입니다. 지금도 건강이 완벽하게 회복하지는 않았지만, 복음의 기쁨으로 예배를 빠지지 않고 참석하는 그 가정을 보며 하나님께 감사하고, 기적의 현장에서 배우게 하셨고, 현장 실습을 통해 일하시는 하나님을 신뢰하는 믿음으로 인도하신 스승의 은혜에 감사를 드립니다.

기적이 부흥을 갖고 오는 것이 아니라 교육을 통한 바른 영성이 온전한 교회를 이룹니다. 전도된 영혼들을 바른 양육과 교육을 통해 강한 하나님의 나라로 세워 가는 비전으로, 성령으로 충만한 성도로 양육하여 건강한 교회를 세우실 하나님을 찬양합니다.

온 힘을 다해 지켜드리고 싶었던 마음

'목사님, 사랑하고 존경합니다. 그리고 그립습니다. 세상의 탕자를 말씀으로 부르셔서 아무것도 몰랐던 자를 복음의 사람으로 만들어 주신 스승님께 감사하며 사랑하고 존경할 따름입니다. 한 가지 기대하는 것은 천국에서 다시 뵐 때 주님께서 스승 목사님께 주신 면류관과 상급을 보는 것입니다. 죄악이 가득한 세상에서 원치 않는 고난도 많으셨지만, 이제는 모든 것이 끝나고 영원한 안식을 누리실 목사님의 천상의 간절한 기도로 흩어져 있는 순복음교회가 복음의 능력으로 다시 일어나서 재림하실 예수님을 맞이하는 은혜의 통로로 쓰임받고, 하나님과 사람 앞에서 존귀하게 쓰임 받기를 소원합니다. 목사님을 사랑하고 존경하는 마음을 담아 교회의 부흥과 발전된 모습을 꼭 보여 드리고 싶었습니다. 이 모든 것이 하나님의 은혜이며 목사님의 은혜입니다. 늘 드렸던 말씀이지만 다시 한번 진심으로 고백합니다. 모든 은혜 주님께 그리고 사랑하는 스승 목사님께 올립니다. 목사님, 사랑하고 존경합니다. 그리고 그립습니다. 죽을 인생에게 생명을 주시고 진리를 선포하는 도구로 만들어 주심에 감사드립니다. 어렵고 힘드실 때 지켜드리지 못했던 아쉬움이 있지만, 온 힘을 다해 지켜드리고 싶었던 마음을 다시 전하면서…… 그리운 목사님 감사합니다.'

정재우 목사 · 은혜의정원교회

여의도순복음교회 교육연구소(현 국신원) 연구실장·순복음총회신학 교수·한세대학교 교수·순복음영산신학원 학감·런던순복음교회 담임목사·여의도순복음교회 전도국장·여의도순복음교회 청년국장·여의도순복음교회 선교국장·여의도순복음교회 중동지성전 담임목사·한세지성전 담임목사·한세대학교 교목실장·대조동순복음교회 담임목사·재단법인 오병이어 대표이사·현) 은혜의정원교회 담임목사

27

꿈과 성실을
깊이 새겨 주신 스승님

27
꿈과 성실을 깊이 새겨 주신 스승님

잊지 못할 금요 철야 예배

내가 조용기 목사님의 이름을 처음 들은 것은 여의도순복음교회가 서대문에 있던 시절 순복음중앙교회를 다니셨던 어머니로부터였습니다. 그 이전에도 친구들의 권유로 교회를 다녀보긴 했지만 내 인생에 큰 전환점은 되지 못했습니다. 그래서 적당한 거리를 유지하는 소극적 구도자 수준을 넘지 못했습니다. 하지만 군에 입대한 후 주님을 영접하는 체험을 하면서 신앙의 세계에 확연히 눈을 뜨게 되었습니다.

제대 후 영적으로 갈급한 상태에 있는 나를 보신 어머니는 다시 한번 여의도순복음교회의 금요 철야 예배가 뜨거우니 같이 나가보자고 말씀하셨습니다. 나는 어머니의 권유로 드디어 여의도순복음교회를 찾게 되었습니다. 용광로처럼 뜨거웠던 예배 분위기와 성도들의 폭발적인 기도는 나에게 큰 충격을 주었고 그 자리에서 영적인 해갈을 체험하게 되었습니다. 그때부터 나는 여의도순복음교회를 출석하게 되었고 주님께서는 서서히 나의 사명을 다듬어가기 시작하셨습니다.

교회학교에서 교사로 열심히 봉사하는 성도로 지내면서 갈수록 나의 내면은 삶의 목적에 대한 탐구와 소명에 대한 갈망이 짙어졌습니다. 결국 나는 주님의 이끄심을 따라 지금 국제신학연구원의 전신인 순복음교육연구소의 연구원으로 첫 사역의 발걸음을 내딛게 되었습니다. 그때 처음 맡았던 일이 조용기 목사님의 주일 설교를 축약하여 방송 설교 분량으로 편집하는 사역이었습니다. 돌이켜 보면 그 첫 사역이 나에게 미친 영향에 감사하지 않을 수 없습니다. 조용기 목사님의 설교 핵심을 반복적이고 끊임없이 접하는 과정을 통해 긍정과 희망의 DNA를 마음속 깊이 배양할 수 있었기 때문입니다.

당시 순복음교육연구소는 신학자를 양성하는 기관이기도 했습니다. 성경을 연구하는 일과 가르치는 일이 내 삶의 일부가 되면서 정규 석사 학위와 교단 신학원의 강의 경력을 바탕으로 문교부에서 전임 교원의 자격을 얻어 순복음신학대학에서 순복음신학연구소를 창설하는 작업을 맡기도 했으며, 목회와 신학의 균형을 추구하면서 다음 단계를 준비하게 되었습니다.

런던순복음교회에서 체험한 꿈꾸는 역사

나는 이민 목회라는 전환점을 맞이하게 되었습니다. 신학을 제대로 하기 위해서는 목회 현장을 직접 겪어 보아야 한다는 생각이 늘 자리하고 있었는데 "쓰러진 교회를 일으키라"는 성령의 감화를 받게 되면서 런던순복음교회 담임목사로 파송을 받았습니다.

주변에서는 계속 학문의 길을 가야지, 왜 무너진 이민 교회에 가서 고생을 자초하려고 하느냐 만류하기도 했습니다. 그러나 내 마음에는 이민 목회에 대한 열망이 갈수록 더 크게 다져졌습니다.

런던순복음교회의 상황은 예상보다 좋지 않았습니다. 현지의 영국성공회 교회의 교육관을 빌려 주일예배를 드리는 처지였는데 그 장소는 금요일 저녁부터 토요일까지 예배당을 일반인들의 파티 장소로 대여하고 있었습니다. 주일 아침에 교회에 들어가면 건물 바닥과 주변은 술병과 술꾼들이 토해 놓은 토사물들로 넘쳐났고 찌든 담배 냄새가 지독할 정도였습니다. 그렇게 어려운 상황 가운데 몇 명 안 되는 성도들과 열심히 청소하고 기도하면서 예배를 인도하던 기억이 생생합니다.

그때 나는 조용기 목사님이 가르쳐 주신 바라봄의 법칙과 4차원의 영성을 적용하기 시작했습니다. 그러던 중 부임한 그해, 베를린 현지 성회차 유럽을 방문하신 조용기 목사님께서 런던에 오시게 되었습니다. 치열한 이민 목회 현장에서 감사하게도 조 목사님으로부터 직접 목회 코칭을 받는 기회가 주어진 것입니다. 한인 집회가 끝나고 숙소로 모셔다드리고 가려는 나를 목사님께서 부르시고는 메모지 한 장을 전해 주셨습니다. '꿈을 가지고 열심히 기도하면서 말씀을 잘 준비하면 많은 영혼이 주께 올 것'이라는 내용이 담긴 쪽지였습니다.

그때부터 나는 무너진 이민 교회의 회복이라는 과제를 짊어지고, 한편으로는 내 속사람을 근본적으로 개조하는 연단의 과정을 지나게 되었습니다. 그때 나는 인간이 가지고 있는 절망과 고통의 보편성에 초점을 맞추고 조용기 목사님으로부터 훈련받은 오중복음과 삼중축복에 기초한 말씀을 전하는 데 힘썼습니다.

런던순복음교회에서 7년간 재직하는 동안, 조용기 목사님은 때로는 현지인 성회 차, 때로는 런던교회와 한인 성회 인도 차, 모두 다섯 번을 방문하셨는데, 그때마다 가까이에서 가르침과 조언을 받는 축복을 누렸습니다. 아울러 김성혜 총장님도 함께해 주신 기억이 있습니다. 그중 한번은 런던 여름 음악 캠프 참석차 오셔서 한 달 넘게 계시면서 매번 주일예배에 참석하셨고, 야외예배에도 동참하셔서 교우들과 교제해 주시는 등 많은 격려도 받았습니다.

그러다 보니 런던에서의 나의 목회는 가감 없이 그대로 조용기 목사님 내외분에게 알려지게 되었고 부족한 모습 그대로 격려와 조언을 받을 수 있었습니다. 특히 해외에서의 조 목사님은 서울의 분위기와는 달리 소탈하고 친근하게 지도해 주신 기억이 지금도 잊히지 않습니다. 이탈리아 리미니 성회 때에는 성회를 마치시고 귀국하시는 길에 수행팀이 먼저 출발하게 되면서 스승님과 단출하게 산마리노공화국과 베네치아를 둘러보며 여행을 가져보는 기쁨도 있었습니다.

조용기 목사님께서 여러 번 강조하신 코칭의 핵심은 '꿈꾸는 것과 성실함'이었습니다. 조 목사님의 런던 성회가 있을 때마다 숙식을 살펴드리다 보니 성회 전과 성회 후의 모습을 가깝게 지켜볼 기회가 많았습니다. 그때마다 항상 장시간 기도하며 성령님을 철저히 의지하는 목사님의 모습이 가슴 깊이 다가왔습니다. 이것은 그 이후로도 내게 모범이 되어 나도 집회를 인도할 때면 조 목사님을 기억하면서 기도에 힘쓰는 습관을 지니게 되었고, 또 그럴 때마다 성령께서 기름 부어 주시는 은혜를 크게 체험하곤 했습니다.

성실과 관련해서 기억에 남는 일은 어학 공부하시는 모습이었습니다. 성회 후 호텔에서 목사님의 짐을 빼고 방을 점검할 때마다 테이블에 단어 연습한 연습지들이 쌓여있는 모습을 본 것입니다. 그 종이에는 영어가 아닌 불어와 독일어 단어가 가득히 적혀 있었습니다. 말씀만이 아니라 성실을 실제로 실천하시는 모습이 매우 큰 감동으로 다가왔습니다.

내가 한국으로 온 뒤 런던순복음교회는 후임으로 김용복 목사님이 맡게 되면서 크게 부흥하게 되었고, 죽었던 교회가 살아나 이제는 유럽에서 가장 큰 이민 교회로 성장하게 되었습니다.

런던에서 조용기 목사님의 부르심을 받은 나는 이후 여의도순복음교회에서 선교국장, 전도국장, 청년국장을 거쳐 중동지성전 등 지성전 담임과 한세대학교 교목실장으로 일하던 중 2004년 7월에 대조동 천막 교회로 이름난 대조동순복음교회의 담임목사로 청빙을 받아 취임하게 되었습니다. 내가 부임했을 때 대조동순복음교회의 상황은 그리 좋지 못했습니다. 법률적인 분쟁과 재정적인 어려움 등 여러 가지 적지 않은 어려움이 산재해 있었기 때문입니다. 말로만 들었던 '한 지붕 두 교회' 상황을 2년 가까이 겪을 때 조용기 목사님께 배운 4차원의 영성은 그런 척박한 현실을 뒤집는 강력한 원동력이 되었습니다.

그 결과 하나님의 전적인 은혜로 모든 문제가 다 해결되어 2007년 5월에는 조용기 목사님을 모시고 축복 성회를 할 수 있었습니다. 그때, 조 목사님께서는 방명록에 '고향에 왔어요'라고 적으시며 대조동순복음교회를 당신 목회의 고향같이 여기고 있다고 귀띔하기도 하셨습니다. 그리고 당신의 삼중축복의 근원이 여기서부터 시작되었다고 말씀하시며 성회 중에도 성도들에게 그 점을 누누이 밝히시기도 했습니다. 마침 그때를 맞추어 대조동순복음교회 역사를 다룬 사진전을 열었는데, 개척 당시 생존해 계신 교우들과 해후하시면서 흐뭇한 눈길을 가지시던 모습이 지금도 눈에 선합니다.

대조동순복음교회에서 목회를 하던 중 내가 인생의 골짜기를 지나는 일을 겪을 때 가장 큰 힘이 되어 주신 분이 조용기 목사님이셨습니다. 어떤 일이든 가장 먼저 상의하였고 가르침을 구했습니다. 고난에 대한 당신의 경험을 말씀하시면서 깊은 공감으로 영혼을 감싸주셨던 고마움이 지금도 내 안에 가득합니다. 새벽기도 시간에 주님께로부터 '네가 아파봤으니 이제 아픈 사람들을 돌보라' 말씀하시는 회복 사역의 소명을 받고 대조동순복음교회 담임목사직을 스스로 내려놓고 조기 은퇴할 때에도, 그리고 개척하며 새로운 사역을 시작할 때에도 아낌없이 성원해 주시며 간절한 마음으로 기도해 주시던 손길이 무척이나 아련하고 지금도 그립습니다.

　　내가 소명을 받아 추구하는 회복 사역은 단지 상처의 회복만이 아니라, 영성의 회복, 더 나아가 각자를 향한 하나님의 원래 의도의 회복에 이르는 전인적인 폭을 가지고 있습니다. 이 취지를 말씀드렸을 때 상한 영혼들이 많아지는 이 시대에 시의적절한 사역임을 언급하시며 당신의 경험을 나누어 주시던 사랑도 생각할수록 무한 감사합니다.

　지금도 여전히 목사님이 강조하신 희망의 목회와 꿈의 영성, 성령님과의 코이노니아는 나의 목회의 근간이며 동력입니다. 매우 소중한 관계였고, 값진 가르침이었으며, 견줄 데 없는 축복이었습니다. 존경과 감사와 사랑의 마음이 계속 내 안에서 메아리칠 것입니다. 감사합니다.

정재우 목사

임형근 목사 · 여의도순복음강릉교회

서울대학교 교육학과 졸업·서울대학교 교육학 석사수료, 영산신학원 졸업·Fuller신학대학교 (M.A. 및 Ph.D.)·여의도순복음교회 국제신학연구원장·상파울루순복음교회 담임목사·여의도순복음교회 목회담당 부목사·한세대학교 교수·현) 여의도순복음강릉교회 담임목사

28

그리스도와 복음을 위해서라면

28
그리스도와 복음을 위해서라면

조용기 어린이

여느 목사님들처럼 나도 조용기 목사님의 제자라는 점에 큰 자부심을 가지고 있었습니다. 그리고 조용기 목사님에 대해서 잘 알고 있다고 생각하고 있었습니다. 교회성장의 비결은 평신도 지도자 활용, 하루 3시간 이상 기도, 좋은 설교 메시지, 훌륭한 교회 행정 등이라는 것을 조용기 목사님께 듣고 배워서 그렇게 알고 있었습니다. 그런데 하루는 교역자 조회 시간에 당신이 지난 43년 동안 겪어온 이야기를 쭉 해 주셨습니다. 그날 나는 충격을 받았습니다. 교회성장의 비결 가운데 가장 중요하고 핵심적인 것을 그날 새롭게 깨닫고 알게 되었기 때문입니다. 그것은 성실하고 정직하고 충성스러운 인격이었습니다.

그날 조용기 목사님께서 당신의 어릴 때의 일을 말씀해 주셨습니다. 조용기 목사님이 초등학생 때였습니다. 그때는 먹고 살기 위해서 아이들도 모두 일을 해야만 했었습니다. 초등학생 조용기는 당시 역의 철도 선로를 지키는 아르바이트를 하고 있었습니다. 밤새 간첩들이 철도 선로를 바꿔 놓는 일이 있었기 때문에 밤중에 그 선로를 지키는 일을 하였습니다. 하루는 선로를 지키고 있는데 밤중에 웬 건장한 사람이 선로 스위치 박스 쪽으로 다가왔습니다. 조용기 어린이는 암호를 대면서 상대방의 암호를 물었습니다. 그러나 아랑곳없이 그 사람은 스위치 박스 쪽으로 다가왔습니다. 조용기 어린이는 두 팔을 벌리고 막아서면서 암호를 대지 않으면 못 간다고 하였습니다. 그러자 그 사람은 품에서 권총을 꺼내 들고는 "이 새끼, 저리 꺼져"라고 말하면서 겁을 주었습니다. 조용기 어린이는 "나를 죽여도 좋습니다. 암호를 대지 않으면 여기는 못 들어갑니다"라고 하면서 막아섰습니다. 그 사람은 당돌한 이 어린아이의 태도에 적지 않게 놀랐습니다. 그리고는 자기의 신분을 밝혔습니다. 자기는 방첩대에서 나온 사람이며 선로 확인을 하기 위하여 나왔다고 하였습니다. 그 사람은 어린 조용기에게 감동하여 동전을 주면서 과자를 사 먹으라고 하였습니다. 그리고는 "장차 어른이 되더라도 그렇게 열심히 살아라" 하면서 격려와 함께 칭찬해 주었습니다.

하나님께서 양들을 맡길 만한 자에게 맡겼구나

그리고 또 한 가지, 조용기 목사님이 신학교에 다닐 때의 일입니다. 당시는 선교 단체를 통해서 구호물자를 많이 보급해 주었습니다. 하나님의 성회 선교부에서도 많은 구호물자를 보급해 주었습니다. 한국 순복음신학교를 통하여 물자를 나누어 주었습니다. 그런데 미국 선교사가 구호물자 창고의 물품 재고 정리를 하면 늘 물건이 새어나가는 것을 발견하였습니다. 열쇠를 신학교 학장에게 맡겨도 물건이 새어나가고 교수에게 맡겨도 새어나가고 목사에게 맡겨도 새어나갔습니다. 그러다가 선교사가 한 학생을 유심히 보았습니다. 학생회장 조용기 신학생이었습니다. 그 학생이 성실하기에 물품 창고의 열쇠를 맡겨보았습니다. 그러자 그때부터 창고의 물건이 새어나가는 일이 없어졌습니다. 매일 밤이면 교수와 목사가 와서 조용기 신학생을 협박하기도 하고 회유하려고도 하였습니다. 그런데 조용기 신학생은 요지부동이었습니다. 그러자 목사들이 누명을 씌워서 서대문경찰서에 집어넣기도 하였습니다. 서양 선교사는 이 젊은 청년의 정직성을 보았습니다. 그래서 나중에 서대문에 하나님의 성회 총회를 짓고 순복음부흥회관순복음중앙교회을 조용기 전도사에게 맡겼습니다.

나는 그날 교역자 조회 시간에 조용기 목사님께서 당신에 관한 말씀을 하는 것을 처음 들었습니다. 조 목사님은 맡은 일을 충실하게 이행하기 위하여 목숨도 내어놓고 감옥에 가는 것도 두려워하지 않고 일하신 과거를 들었습니다. 인격에 관한 일화였습니다. 그때까지만 해도 앞에서 말한 교회성장의 비결 네 가지 혹은 다섯 가지를 설명하고 가르치고는 했었습니다. 그런데 알고 보니 그것은 껍데기에 불과했습니다.

그날 나는 '하나님께서 양들을 맡길 만한 자에게 맡기셨구나' 하는 것을 느꼈습니다. 그리고는 조용기 목사님에 대한 존경과 신뢰의 방향이 바뀌었습니다. 이전에는 기도를 많이 하시는 분, 설교 말씀이 탁월하신 분, 어학에 천재적인 재능을 가지신 분 등으로만 알고 있었습니다. 그런데 그날 나는 내가 따라야 할 본이 되는 인격자라는 것을 깨닫고 나도 그렇게 목회하리라는 결심을 하였습니다. 지금도 나는 조용기 목사님을 믿고 존경합니다. 그분의 탁월한 재능이 아니라 나로서는 도저히 따라가기가 힘든 인격을 가지셨기 때문입니다.

항상 겸손했던 거장

한세대학교 50주년 기념 신학 세미나 때의 일입니다. 그때가 2003년 5월이었던 것으로 기억합니다. 세미나 발제자와 사회자 그리고 논찬자들이 한자리에 모여서 조용기 목사님과 저녁 만찬을 가질 때의 일입니다. 나는 그때 '조용기 목사의 성령 이해: 성령과의 교제를 중심으로'라는 주제로 발제를 하였습니다. 총장, 학장들이 참석한 만찬 자리에 지극히 작은 자였지만, 나도 발제자였기에 동참할 수 있었습니다.

나는 조용기 목사님 맞은 편에 앉아있었고, 내 옆에는 성결대학교 김성령 총장님, 조용기 목사님 옆에는 장로회신학대학교 민경배 총장님이 앉아계셨습니다. 나는 이날 조용기 목사님의 신앙과 인품이 얼마나 크고 넓은지를 직접 내 귀로 듣고 내 눈으로 보고 확인할 수 있었습니다.

민경배 총장님이 조용기 목사님을 칭찬하면서 천재적인 머리를 가졌다고 하였습니다. 그랬더니 조용기 목사님이 정색하면서 겸손하게 말씀하셨습니다. "아닙니다. 총장님, 저기 성결대학교 총장님이 계시지만, 내가 주장하는 오중복음은 성결교에 있는 사중복음에다가 축복의 복음 하나를 보탠 것일 뿐입니다. 그리고 우리 순복음의 신학은 다 장로교에서 나온 것입니다"라고 하였습니다. 그러자 좌중座中에서 박수 소리가 나왔습니다.

이어서 조용기 목사님이 이러한 말씀을 하셨습니다.
"오늘 발제한 윌리엄 멘지스William Menzies 박사가 따로 방을 마련해서 학생들과 지금 대화하고 있는데 그는 나를 볼 때마다 '조 목사님, 성령충만은 하나님의 성회 용어가 아니니까 대외적인 곳에서 설교할 때는 꼭 성령세례를 받아야 한다고 말을 해야지 성령충만을 받으라는 말을 하면 안 됩니다'라고 이야기합니다. 나는 이 말을 몇 번이나 들었습니다. 내가 그것을 왜 모르겠습니까? 그런데 장로교나 침례교단에 가서 내가 성령세례를 받으라는 말을 하면 그 사람들은 어떻게 생각하겠습니까? 그들은 구원받을 때 다 성령을 받는 것이라고 알고 있습니다. 그런데 그런 성도들 앞에서 성령세례를 받으라고 하면 구원에 대하여 혼동만 주지 않겠습니까? 그러나 그들도 성령충만 받으라고 하면 모두가 다 고개를 끄덕이고 성령충만 받기 위하여 기도합니다. 내가 왜 그들 앞에 가서 하나님의 성회 교리를 앞세워서 성령세례 받으라는 말을 하겠습니까? 성령충만이나 성령세례는 같은 것이라고 내 속으로만 생각하면 됩니다. 그런데 어떤 용어를 사용할 것인가 하는 것은 지혜롭게 선택하는 것이 좋습니다. 나는 다른 교단에서 설교할 때 항상 성령충만 받으라는 말을 하기에 미국에서 제일 큰 남침례교단에서 나를 세 번이나 강사로 초청을 하였습니다. 그런데 미국 하나님의성회 총회장은 지금까지 한 번도 남침례교단에 가서 설교한 적이 없습니다. 성령세례를 받으라고 하니까 그쪽 교단에서 초청할 리가 만무합니다."

이렇게 말씀하시자 민경배 박사님이 손뼉을 치면서 조용기 목사님이 최고라는 말을 하였습니다. 그러자 조용기 목사님께서 위르겐 몰트만Jurgen Moltmann 박사님의 이야기도 꺼내었습니다. 처음에 위르겐 몰트만 박사님이 한국에 왔을 때 주변에서 조용기 목사님과 위르겐 몰트만 박사님이 서로 대화하도록 주선을 하였습니다. 조용기 목사님이 처음에는 거절하였습니다. 왜냐하면 위르겐 몰트만 박사님의 신학이 신신학이었고 당시 조용기 목사님은 지극히 보수적인 신앙을 가졌기 때문이었습니다. 그러다가 자리가 주선되었습니다. 두 분이 대화하는데 서로가 대화의 접촉점을 찾았습니다.

위르겐 몰트만 박사님은 세계 2차대전 중 영국에 포로로 잡혀가서 쪽 복음을 전달받았습니다. 복음서를 읽고는 예수님의 복음이 절망적인 인간에게 희망을 주는 복음이라는 것을 깨달았습니다. 그래서 나중에 희망의 복음을 주장하게 되었습니다. 조용기 목사님 역시 절대 절망 가운데 놓인 인간에게 절대 희망의 예수님을 전하는 것을 목회의 철학으로 삼아왔습니다. 조용기 목사님의 목회가 희망 목회였습니다. '희망'이 두 분의 신앙과 신학에 공통점이었습니다. 그래서 두 분이 의기투합하였습니다. 대담을 마친 뒤 위르겐 몰트만 박사님이 조용기 목사님에게 천식을 위하여 기도해 달라고 부탁하였습니다. 그 자리에서 기도해 드렸습니다. 나중에 위르겐 몰트만 박사님으로부터 천식이 많이 나아졌다는 편지를 받았습니다. 그래서 그때 그일 이후로 두 분이 더 가까워졌다고 말씀을 하셨습니다.

나는 이날 조용기 목사님이 품지 못할 사람이 없고, 받아들이지 못할 신학이 없다는 것을 느꼈습니다. 조용기 목사님은 하나님의성회 교단에서 목회하셨지만, 그분의 신앙과 사상과 철학을 하나님의성회 교단 신학으로 한정 지을 수가 없고 다 담을 수도 없습니다. 조용기 목사님에게는 예수 그리스도와 복음을 위해서라면 누구든지 받아드릴 수 있는 연결고리가 있다는 것을 느꼈습니다.

'목사님, 신앙인으로 살아가야 할 바른 신앙이 무엇인지 가르쳐 주셔서 고맙습니다. 직업인으로서 목사가 하나님께 버림받지 않고 사람에게 존경받는 길을 가르쳐 주셔서 감사합니다. 목사님의 신앙을 신학화 하는 일에 제 남은 생애를 드려서 목사님의 신앙과 사상이 예수님을 믿고 섬기는 후세 사람들 가운데 오랫동안 살아있기를 기원합니다.'

임형근 목사

양병초 목사 · 여의도순복음한세교회

구소련(러시아와 중앙아시아)에서 16년간 선교 사역 · 20개 이상의 중앙아시아 현지 교회 개척 · 러시아 신학대학원 설립 · 카자흐스탄) 침케트순복음교회 담임목사 · 순복음러시아총회 영산신학대학원 학장 · 순복음러시아총회 총회장 · 여의도순복음교회 새신자 전도국장 · 현) 여의도순복음한세교회 담임목사

영적인 스승이자 아버지이신
조용기 목사님

29

영적인 스승이자 아버지이신 조용기 목사님

즉시 낸 순복음신학원 원서

평신도로 여의도순복음교회를 다니던 서른 살 즈음이었습니다. 주의 종으로 부르신 하나님의 확신을 구하던 중 평일이었지만 무작정 교회를 찾아가서 직접 조용기 목사님을 대면할 수 있게 된다면 부르심에 대한 확증으로 알겠다고 기도하고 여의도로 갔습니다. 그런데 본 성전 로비에 들어서는 순간 조용기 목사님께서 몇 분의 수행원과 함께 대성전 로비를 지나가고 계셨고 나는 바로 앞에서 조 목사님을 대면하게 된 것입니다. 그래서 그 즉시 신학교에 입학원서를 내고 주의 종의 길을 가게 되었습니다.

그 후 신학교를 졸업하며 전도사 시절에 결혼을 하게 되어 조용기 목사님께 주례를 부탁드렸는데, 바쁘신 조 목사님의 일정으로 결혼식은 화요일 오전 10시_{화요일 교역자 조회를 마친 시간}, 베들레헴 성전으로 정해졌습니다.

그런데 조 목사님께서 예식 시간보다 일찍 오셨고, 결혼식 사회를 맡으신 그 당시 원당성전 담임목사님은 너무 당황하고 긴장해서 예식 시작 준비 상황을 확인하지도 않고 바로 예식을 시작했습니다. 그러나 신부와 함께 입장하셔야 할 장인어른께서 아직 식장에 도착하시지 않아 어쩔 수 없이 다른 분이 신부와 함께 입장하여 식을 시작하였고 이후 모든 식이 끝난 후 장인어른과 신부가 입장하는 촬영만 따로 한 웃을 수도 울 수도 없는 해프닝도 있었습니다.

목사님께서는 언제나 모든 예배와 행사 시작 시간보다 적어도 30분에서 1시간 정도는 일찍 오셔서 준비한다는 것을 실제로 체험하게 된 날입니다.

그 후 오랜 시간이 지난 후 선교지에서 성전봉헌 예배를 드릴 때도 역시나 조용기 목사님은 예정 시간보다 1시간 가까이 일찍 도착하셨는데, 성도들이 채 모이지 않아 당황했던 경우도 있었습니다. 그래서 우리끼리 농담으로 조 목사님께는 예정 시간보다 1시간 늦게 말씀드려야 한다고 이야기하고는 했습니다. 모든 일행보다 훨씬 일찍 준비하시고 모든 짐까지도 다 챙긴 후 문 앞에 계시기에 일찍 출발할 수밖에 없었던 그때의 추억이 생각납니다. 조용기 목사님의 모든 일상의 모습을 통해 그분의 성품을 엿볼 수 있었던 소중한 기억들입니다.

목사님을 통해 구소련 선교지로 파송됨

소련이 공산주의에서 막 붕괴 되던 1991년 9월 교역자 조회 시간에 조용기 목사님께서 구소련이 붕괴 되어 선교사 파송이 필요하다고 하시며 "그곳은 공산주의이므로 그동안 대교구장 중심으로 교민 교회에 선교사를 파송했으나, 이제부터는 원주민 선교 사역을 위해 젊은 목사가 가야 한다. 그러니 기도 가운데 성령의 음성을 들은 사람은 자원하라"고 말씀을 하셨습니다. 그때 나는 기도 중에 성령의 음성을 들었고, 조회가 끝난 후 바로 선교사로 지원하였습니다. 그리고 한 달 만에 1991년 10월 중앙아시아의 '침켄트' 선교사로 안수 및 파송 받게 되었습니다.

그 후 1998년 11월 6천 평 부지에 성전을 건축하고 3일 동안 '조용기 목사님 침켄트 치유 성회', '성전 헌당 예배', '신학교 졸업식'를 드리게 되었습니다. 성회 준비하던 당시 이슬람 문화권인 나라인지라 정부와 시에서 외부의 대형 공연장이나 야외 대 운동장에서의 종교 집회를 허락하지 않아 성전 옆 부지인 공터에 임시 강단과 좌석을 만들어 이틀간의 성회를 성황리에 마치고^{주변의 주차}

장 시설에 사람들이 올라서서 집회를 참석했던 광경이 벌어짐 마지막 날은 신학교 졸업식과 성전 헌당 예배를 드렸습니다. 치유 성회를 통해 많은 사람이 구원받고 치료받는 역사가 일어났습니다.

카자흐스탄 옆 나라인 우주베키스탄, 키르기스스탄, 러시아인들도 참석했던 성회였습니다. 공터에 임시로 만든 의자가 부족하여 담벼락과 부지 옆의 차고 지붕에 올라가 성회를 지켜보았던 사람들의 모습이 인상 깊었기에 지금도 잊히지 않습니다.

성회에서는 말씀 선포 후 많은 사람이 줄지어 나와 구원받은 감격과 치유받은 간증을 했습니다. 이 성회를 통해 이슬람권 중앙아시아에 복음이 전파되는 계기가 되었고, 수년이 지난 후에도 교회를 찾아와 그 성회 통해 구원받고 치료받았다고 간증하곤 했습니다.

카자흐스탄에 '영산신학교'를 설립하심

성회를 마치고 마지막 날 조용기 목사님께서는 그 성회를 했던 성전 옆 공터 부지에 신학교를 건축하라고 하셨습니다. 나는 이미 성전 건축으로 고생을 많이 했던 상황인지라 바로 '아멘!'이라고 답을 하지 못하고 머뭇거렸습니다. 그러나 조용기 목사님께서는 "양병초 선교사! 성전 건축하면서 물질로 고생하는 것을 알고 있다. 신학교 건축비는 내 개인 선교비로 도와주겠다"라고 하셨고, 조 목사님께서 한국으로 귀국하시고 곧바로 사비로 신학교 건축비를 보내 주셔서 침켄트에 영산신학대학 건물과 기숙사를 신속하게 건축할 수 있었습니다.

가장 기억하고 싶은 목사님의 가르침과 추억

목사님의 가장 큰 가르침은 하나님을 떠난 인간의 실존은 절대 절망이기에 그리스도 안에서 절대적인 소망의 메시지로 오중복음과 삼중축복 메시지를 전하신다는 가르침입니다. 그다음은 구원받은 성도들에게 영적 세계를 실제적으로 체험하고 적용하는 생활을 하도록 가르쳐 주신 4차원의 영성 가르침입니다.

그리고 그리스도께서 우리에게 회복해 주신 4중 신분에 대한 확신과 하나님 나라에 대한 확장으로 질병을 강력하게 고치며 귀신을 쫓아내는 사역을 행하면서 국내 전도와 해외 선교를 통해 교회를 세워나가시는 열정적인 가르침이었습니다.

조용기 목사님과의 추억으로는 1998년 침켄트 신유 성회와 헌당 예배에 오신 조 목사님을 가정집에서 3박 4일 동안 가까이 모시면서, 언제나 기도하시는 모습, 사랑이 많고 인자하신 모습, 복음전파에 대해서 순수하신 모습을 보게 되었습니다. 우리가 알던 대로 성회 중 오직 기도와 성회 말씀에만 집중하시는 모습을 뵙고 더욱더 존경심이 들었습니다.

그 후 선교 사역을 이어 가던 중, 2000년도에 활동할 수 없을 정도로 몸이 아프게 되어 한국에 들어와 목사님을 찾아뵙고 기도를 받았을 때, 조용기 목사님께서는 하나님의 뜻을 이루는 병이라고 말씀해 주시고 간절히 기도해 주셨는데 그 기도로 얼마나 큰 위로를 받았는지 말로 표현할 수 없었습니다. 그 기도와 사랑 가운데 건강을 회복하고 사역을 이어 가다가 16년간의 선교 사역을 마치고 2007년 2월에 다시 여의도순복음교회로 불러주셔서 조 목사님을 가까이 섬길 수 있도록 허락해 주시는 무척이나 큰 은혜를 받았습니다.

스승의 영향을 입어 사역하는 현장 이야기

조용기 목사님께서 세우신 한세대학교 내에 세워진 한세교회에서 경기 남부 지역에 오중복음과 삼중축복의 메시지를 기초로 하여 4차원의 영성을 전파하면서 그리스도의 영과 생명을 강력하게 전파하며 교회를 이끌어 가고 있습니다.

전 세계를 다니시며 복음 전하신 목사님의 영성을 따라 특별히 러시아, 중앙아시아에 선교 사역을 기도와 물질로 후원하고 매년 성도들과 단기선교를 다녀오며 선교지의 현지 사역자들과 현지 성도들을 초청하여 선교대회를 개최하고 있습니다.

그리고 안산시와 화성시 향남과 발안 지역에 세워진 러시아어권 외국인들을 위한 교회와 현지인 목회를 기도와 물질로 지원하고 있으며 세종시에도 교회를 세워 지원하고 있습니다.

스승 목사님을 추모하는 마음의 글

나의 목회 인생에서 중요한 만남은 목사님과의 만남입니다.
목사님은 영적인 스승이자 아버지이십니다.
목사님께서 가르치시고 보여 주셨던
복음의 정수와 순수한 사랑으로 사람을 살리고 회복시키고,
교회를 세워나가시는 순복음의 사역을 이어나가길 소망합니다.
목사님은 내 마음속에 영원히 살아계십니다.
목사님, 사랑하고, 존경합니다! 감사합니다!

김유민 목사 · 여의도순복음안산교회

여의도순복음교회 비서실장·여의도순복음원당교회 담임목사·미국베데스다 대학교 부총장 및 담임목사·여의도순복음 영광대학 학장 및 개척국장·여의도순복음김포교회 담임목사·여의도순복음교회 여의도직할성전 담임목사·여의도순복음강동교회 담임목사·현) 여의도순복음안산교회 담임목사

30

좋으신 하나님, 좋으신 스승님

30
좋으신 하나님, 좋으신 스승님

온 가족이 여의도순복음교회로

1977년 다니던 장로교 교회에서 여의도순복음교회로 온 가족이 교적을 옮기면서 순복음 성도가 되었습니다. 1978년 1월경 당시 구역장이셨던 어머니를 따라갔던 교회 사무실에서 처음 조용기 목사님을 뵈었습니다. 신학교를 가려던 나에게 입학금을 지원해 주신 것이 처음 만나게 된 동기였습니다.

그 후 1988년 여의도순복음교회 교역자로 출발하였고, 1994년에 조용기 목사님 비서실장으로 발령을 받아 1995년까지 1년 동안 지근거리에서 조 목사님을 모시게 되었습니다. 850여 명의 교역자 가운데 10명의 인사카드가 뽑혔고, 최종적으로 내가 선발되었다는 것을 추후 김홍원 목사님을 통해서 전해 듣게 되었습니다.

1년 동안 조용기 목사님을 단순히 만난 정도가 아니라 새벽 출근부터 저녁 늦게까지 보좌하면서 수많은 것을 보고 배우고 깨닫고 공부하게 되었습니다. 개인적으로 이 기간을 조용기 목사님께 사역에 대한 모든 것을 배운 유학 기간이라고 부르고 있습니다. 그 후 지금까지 조용기 목사님 제자로서 늘 스승 목사님을 마음에 모시면서 사역하고 있습니다.

좋으신 하나님의 신앙

어려서부터 장로교 교회에서 신앙생활을 해왔던 터라 성령님, 성령세례, 성령충만 그리고 좋으신 하나님이라는 내용은 한 번도 들어 본 적이 없었습니다. 하지만 여의도순복음교회에 처음 와서 조용기 목사님께 들은 메시지는 대부분이 '좋으신 하나님을 믿는 신앙'이었으며, 매시간 '보혜사 성령님과 동행', '성령세례와 성령충만한 신앙'이었습니다. 이것은 당시 나에게는 큰 충격이었습니다. 그리고 조용기 목사님은 이와 같은 오순절적인 신앙교육을 늘 강조하셨고, 나는 그것을 가까이에서 깨우칠 수 있었는데 돌아보면 이것이 나에게는 아주 큰 축복이었음을 고백합니다.

특별히 2003년 미국 캘리포니아 몬트레이 성회 시 조용기 목사님께서 아침 목회자 세미나와 저녁 연합집회를 인도하셨습니다. 그때 4차원의 영성에 대하여 집중적으로 말씀하셨는데 그 당시 엄청난 도전과 은혜와 강력한 성령의 임재를 느꼈습니다. 그리고 이후 나의 목회에 모든 설교와 강의와 말씀 선포에 대한 명확한 핵심과 주제를 정하게 되었습니다. 나아가서 성경을 4차원의 영성 관점으로 재해석하여 가르치고 선포해야겠다는 동기부여도 얻게 되었습니다.

비서실장에서 배우는 참 목회, 목사님과의 추억

비서실장으로 처음 발령받던 날, 당시 부목사님이었던 김홍원 목사님으로부터 연락을 받고 토요일 아침에 당회장님 실에 갔었습니다. 그때 총무국장이었던 진풍호 장로님과 부목사님이 제 양팔을 붙잡고 "당회장님께서 무슨 명령을 내리시더라도 무조건 '아멘'으로 순종하세요"라고 해서 도대체 무슨 명령을 내리시려고 그러시나 잠시 두려움이 스쳤던 기억이 있습니다. 그리고 당회장실 문을 열고 들어서서 눈도 못 맞췄습니다.

"부르심 받고 왔습니다."
"자네, 오늘부터 여기서 근무하게."
"예, 알겠습니다."

이렇게 비서실장으로 발령받았으며, 그날이 처음으로 조용기 목사님을 일대일로 뵈었던 것이며, 그 모습이 지금은 추억이 되었습니다.

또한, 조용기 목사님께서 시계를 선물해 주시던 날은 잊을 수 없습니다. 비서실장의 주된 업무는 옆에서 수행하는 것인지라 엘리베이터를 타게 되면 단둘밖에 없었습니다. 숨도 제대로 못 쉴 것 같은 긴장감은 항상 느끼고 있었는데 하루는 목사님께서 손에 있던 시계를 풀어서 주시면서 말씀하셨습니다.

"이거 자네가 차라."
"감사합니다."

얼떨결에 받았지만 지금 생각하면 무척이나 고맙고 감사할 뿐입니다. 또한 따뜻한 배려와 격려의 마음이 여전히 느껴집니다.

조용기 목사님을 모시고 운전했던 날도 나에게는 추억으로 기억됩니다. 비서실장이었던 나는 조 목사님을 모시고 운전할 일은 전혀 없습니다. 그래도 어쩌면 그런 일이 생길지도 모르겠다고 생각해 본 적이 있었습니다.

1999년 미국 선교사 발령을 받고 베데스다순복음교회를 섬길 때 일이었습니다. 한번은 조용기 목사님께서 가족과 함께 오셔서 내가 모시고 운전해 드렸는데 갑자기 조 목사님만 관사로 돌아가시고 다른 가족은 별도의 볼일이 생겼습니다. 그래서 내가 운전하여 관사로 모셔드렸습니다. 그때 해 주셨던 말씀이 있습니다.

"자네가 한국에 있을 때는 나를 위해 섬겨 주더니 미국에서는 우리 사모를 위해서 섬겨 주어서 고맙다."

돌아오는 차 안에서 많은 눈물을 흘리며 감동과 감사기도를 드렸던 추억이 생각납니다.

4차원의 영성과 교육 실천

순복음신앙과 신학으로 무장되고 4차원의 영성으로 준비되는 말씀 선포가 사역 현장에 가장 강력한 영향을 입었다고 느낍니다. 성경은 어떤 관점으로 바라보는가에 따라서 메시지의 방향이 얼마든지 달라질 수가 있는데 철저하게 오중복음과 삼중축복 그리고 오순절 성령세례와 성령충만을 기초로 하는 보혜사 성령님과 함께 하는 신앙으로 가르치고 선포하고 끊임없이 교육하고 있습니다.

특별히 4차원의 영성생각, 믿음, 꿈, 말이 열매적인 것에 중점을 둔다면 이 모든 것을 기초로 하게 하는 '4차원의 신앙'이라는 관점을 응용하여 철저하게 신앙 교육을 하고 있습니다.

4차원의 영성과 신앙으로 성경 강의안을 만들어 대만 영산신학원에 가서 강의를 하였고, 영산신학원과 목회대학원에서도 강의하였습니다. 그리고 할 수만 있으면 일반 성도들은 물론 후학을 가르치는 신학생들에게 강의를 할 수 있도록 계속해서 성경 교재와 교안들을 만들어나갈 계획입니다.

모든 것이 스승님의 작품입니다

장로교 교회에서 신앙의 싹을 틔웠다면 순복음에 와서 신앙이 자라고 성장하고 나아가서 사역자로서 교육 훈련받아 열매를 맺어가고 있음을 고백합니다. 조용기 목사님으로부터 목회자로서 모든 사역의 말씀과 성령과 은혜와 능력을 전수받았으니 성령님과 함께 목사님께서 만들어 주셨고 세워주셨으며 지금까지 모든 것은 스승님의 작품임을 고백하며 진심으로 전심으로 감사와 고마운 마음을 고백합니다.

영산 조용기 목사님을 추모하며

갓 스무 살 넘어 조용기 목사님 집무실에서 뵈었던 순간은 내 인생에 분수령 같은 축복의 출발점이었습니다. 그때는 몰랐지만, 세월이 지난 후에 조용기 목사님을 곁에서 모실 수 있는 비서실장이 되었을 때가 내 일생일대에 최고의 축복이었으며 은혜였습니다. 그 후 모든 사역에 조용기 목사님의 가르침대로 온 힘을 다하려고 몸부림쳤던 순간들이 지금 생각하면 날마다 기적이고, 날마다 감사였음을 고백합니다.

사랑하는 스승 목사님,
가시떨기나무와 같이 연약한 존재였던 저에게
성령님께서는 스승님을 만나게 하셨고,
가르침을 받게 하셨습니다.
불타는 떨기나무처럼 사명을 붙잡고
마지막 순간까지 감당하시던 스승님의 모습을
늘 가슴에 새기도록 하겠습니다.
수없이 많은 헌신과 사명의 수고를 모두 감당하시고
이제는 천국에 편히 쉬고 계시리라 믿습니다.
사랑하는 스승 목사님,
너무 많이 울어 며칠간 몸과 마음을 움직일 수도 없었습니다.
그럼에도 불구하고 다시 뵐 때 부끄럽지 않도록
온 힘을 다하여 스승님의 제자로서 삶을 살겠습니다.
그리고 평생을 고마움과 감사함을
가슴에 간직하고 살겠습니다.

임동환 목사 · 여의도순복음하남교회

미국 리전트대학교 목회학 박사·미국 바이올라 대학 교육학 박사·여의도순복음교회 남대문성전 담임목사·오사카순복음교회 담임목사·미국 베데스다대학교 부총장·순복음 영산신학원 학장·현) 여의도순복음하남교회 담임목사·저서) 『상한 마음의 치유와 용서』

31

나의 영원한 스승, 조용기 목사님

31
나의 영원한 스승, 조용기 목사님

설교 듣고 생긴 희망과 힘

고등학교 때 아버지의 사업이 망하여 우리 집은 경제적인 어려움을 당하게 되었습니다. 그때 동네에 사시는 여의도순복음교회의 구역장님이 어머니를 자주 찾아와 전도하였습니다. 처음에 어머니는 전도를 거절했으나, 구역장님의 끈질긴 전도로 결국 여의도순복음교회를 출석하게 되었습니다. 어머니가 교회를 다니시더니 어느 날 나에게도 교회에 가자고 말씀하셨습니다. 나는 그렇게 어머니의 손에 이끌려 여의도순복음교회를 나가게 되었습니다.

당시 나는 체육관같이 큰 교회를 보고 놀라고, 강대상에서 빠르게 말씀을 전하시는 조용기 목사님을 뵙고 다시 한번 놀랐습니다. 얼마나 말씀이 빠른지 귀를 기울이고 신경을 써서 들어야 말씀을 놓치지 않을 수 있었습니다. 조용기 목사님의 설교를 듣고 나면 나도 모르게 힘이 생겼습니다. 현실을 바라볼 때는 아무것도 가진 것이 없지만, 설교를 듣고 있으면 나도 잘될 수 있다는 믿음이 생겼습니다. 조용기 목사님은 내가 가장 어려운 시기를 보낼 때 큰 힘을 주셨습니다.

긍정적인 꿈과 믿음, 그리고 십자가 진리

조용기 목사님께 배운 첫 번째의 은혜는 '긍정적인 꿈과 믿음'입니다. 나는 학교 다닐 때부터 안 된다는 말을 입에 달고 살았습니다. 당시 우리 집의 환경은 모든 것이 불가능해 보이는 환경이어서인지 나 자신도 모르게 안 된다는 말을 자주 했습니다. 그런데 조용기 목사님의 설교 말씀을 들으면서 '할 수 있다. 하면 된다. 해 보자'라는 생각이 나의 마음을 사로잡기 시작했습니다. 고등학교를 졸업하고 대학을 진학할 수 있는 가정의 형편이 되지 않아서 대학 진학을 포기했으나, 나도 할 수 있다는 꿈이 생겼습니다. 그래서 직장 생활을 하면서 대학 공부를 할 수 있게 되었습니다. 그 이후 하나님의 부르심을 받아서 신학교를 들어가게 되고 대학원에 진학하여 박사 과정도 공부할 수 있는 길이 열렸습니다.

꿈을 가지고 도전하니 길이 열리는 것이었습니다. 그것은 나에게는 기적이었습니다. '돈도 없는데 어떻게 대학을 가고, 대학원을 가고, 박사 과정 공부를 하나?' 하는 부정적인 생각이 다가와도, 그것은 돈의 문제가 아닙니다. 꿈을 가지고 하나님을 믿는 믿음을 가지면 모든 것이 풀릴 것을 믿는 믿음이 생겼습니다. 마음에 꿈을 품고 긍정적인 믿음을 가지고 하나님을 의지하고 살아가면서 하나님이 이루시는 놀라운 은혜를 경험하게 되었습니다.

조용기 목사님께 배운 두 번째의 은혜는 '십자가의 진리'입니다. 조용기 목사님께서 늘 설교마다 강조하신 십자가를 통하여 변화된 나의 운명을 깨닫게 된 것입니다. 예수님의 십자가 은혜로 내가 죄에서 사함을 받고 구원을 받고,

성령의 충만을 받아 권능 있는 삶을 살게 되었고, 가난과 저주가 떠나가고 아브라함의 복을 받게 되었고, 예수님이 채찍에 맞음으로 나의 모든 약한 것과 병든 것이 떠나가 고침 받게 되었고, 다시 오실 예수님을 기대하며 천국의 삶을 살 수 있게 되었다는 것을 믿게 된 것입니다. 나는 바울의 고백처럼 예수님의 십자가의 은혜로 이전 것은 지나고 새로운 피조물이 되었습니다.

오사카 성회에서 일어난 기적

여의도순복음교회 남대문성전 담임목사로 사역하고 있을 때였습니다. 어느 날 조용기 목사님이 부르신다고 비서실에서 연락이 와서 조용기 목사님을 뵈었습니다. 조 목사님께서 나에게 일본 오사카순복음교회에 가서 담임 사역을 할 생각이 있느냐고 물으시는 것이었습니다. 그때 내가 23년 전에 했던 기도가 갑자기 떠올랐습니다. 당시 여의도순복음교회는 일본 1천만 구령을 위해서 열심히 기도하고 있었고, 조용기 목사님도 열심히 일본 선교를 하시는 시기였습니다. 그때는 평신도였으나 이렇게 기도했습니다.

"하나님, 저도 일본에 가서 복음을 전하게 하여 주옵소서!"

그런데 하나님은 내가 목회자가 되어서도 일본으로 보내지 않으시고, 미국으로 보내셨습니다. '일본 선교는 기도와 후원으로만 해야 하는가 보다'라고 생각하고 있었는데, 조용기 목사님께서 일본 오사카순복음교회로 갈 의향이 있느냐고 물으신 것입니다. 그래서 23년 전에 그런 기도를 드린 적이 있다고 말씀을 드렸습니다. 하나님은 우리의 기도를 늘 듣고 계시고, 반드시 그 기도에 응답하십니다.

그렇게 나는 일본 오사카순복음교회의 담임목사로 부임하여 사역을 시작했습니다. 당시에 조용기 목사님은 일본의 대도시에서 순회 전도 집회를 하셨습니다. 나는 조용기 목사님께서 일본 오사카에 오셔서 전도 집회를 하시도록 준비를 시작했습니다. 오사카 중심에 있는 중앙공회당을 대관하고, 성회 준비를 시작했습니다. 주변의 일본 목사님들을 찾아다니며 동참해 줄 것을 부탁하고, 오사카순복음교회 성도님들과 매일 집중해서 기도하며 많은 사람이 오사카에 중앙공회당에 모이도록 기도했습니다. 드디어 성회 당일이 되었습니다. 조용기 목사님께서 중앙공회당에 들어가셔서 놀라셨다고 합니다. 1층과 2층 모든 좌석이 가득 찼기 때문입니다. 조 목사님도 기뻐하시고, 우리 모두가 기쁨이 충만한 성회가 되었습니다. 기도하면 기적이 일어난다는 것을 증명한 성회였습니다. 지금도 잊을 수 없는 추억입니다.

오사카 중앙공회당의 성회가 끝나고 오사카 국제공항에서 조용기 목사님이 출국하시기 전에 대기실에서 대화를 나눌 시간이 있었습니다. 그래서 그때 평소에 궁금했던 질문을 목사님께 드렸습니다. "목사님, 목사님은 설교를 어떻게 준비하시나요?" 그때 목사님께서는 늘 40개 정도의 성구를 묵상하고 계신다고 말씀하셨습니다. 그래서 충분히 묵상하여 은혜가 되는 성구를 하나 뽑아서 그것으로 설교를 작성하신다는 것입니다. 그래서 하나가 빠지면 또 다른 성구를 넣고 묵상하신다는 것입니다. 조 목사님의 설교가 늘 은혜 충만한 이유를 알게 되었습니다. 조 목사님은 설교하시기 전에 충분히 말씀을 숙성시키는 과정을 거치신 것입니다. 충분히 묵상하고 그 말씀을 주시는 성령님과 교제를 거쳐서 말씀을 전하시니 은혜가 되지 않을 수가 없었던 것입니다. 그 말씀을 듣고 나서 나도 성경을 오랫동안 묵상하고, 숙성시키는 작업을 하게 되었습니다. 그러면 깜짝 놀랄 일이 생깁니다. 평소에는 생각지도 않았던 은혜가 말씀 속에서 발견되는 것입니다. 조 목사님과 오사카 국제공항에서 나누었던 그 대화가 나의 설교 사역을 변화시키는 계기가 되었습니다.

마음의 치유는 용서에서

조용기 목사님의 중요한 사역 중의 하나가 치유의 사역입니다. 치유 사역

은 육신의 질병만을 치료하시는 것만 아니라, 마음의 병이 있는 사람에게는 상한 마음도 치유하시는 것입니다. 나는 조용기 목사님의 치유 사역에 근거하여 상한 마음의 치유와 용서 사역을 시작하게 되었습니다. 나의 상한 마음의 치유와 용서 사역의 바탕에는 조용기 목사님의 '좋으신 하나님의 신학'이 있습니다. 나는 목회를 하면서 '왜 사람들은 예수를 믿고 살아감에도 불구하고 여전히 다른 사람들에게 상처를 주고 살아갈까?' 하는 의문을 품게 되었습니다. 평신도에서부터 목회자에 이르기까지 사람들에게 서로 상처를 주고 상처를 받고 살아가고 있습니다. 그 이유를 연구하다 보니 우리는 어려서부터 부모에게서, 형제에게서, 친구에게서 상처를 받고 살아왔기 때문이라는 것을 알게 되었습니다. 어려서부터 많은 사랑을 받은 사람도 있습니다. 문제는 받은 사랑은 거의 기억하지 못하고, 받은 상처만 기억이 나는 경우가 많다는 것입니다. 그러나 좋으신 하나님이 우리의 상한 마음을 치유하십니다. 예수님이 우리를 위해서 채찍에 맞으심으로 우리 육체의 질병만이 아니라, 우리의 상한 마음을 치유해 주십니다. 우리가 자신의 상한 마음을 깨닫고 십자가 앞으로 나가서 예수님께 내려놓으면 예수님이 우리의 아픔을 어루만져 주시고 치유해 주십니다.

조용기 목사님께서 어느 날 창세기에 나오는 '요셉의 용서'에 대한 설교를 하셨는데, 나는 그 설교를 들으며 상한 마음의 치유는 용서에서 완성되는 것이라는 사실을 깨닫게 되었습니다. 이 깨달음이 내가 미국의 바이올라대학교 박사 과정에서 '용서'를 연구하고, 그 주제로 졸업논문을 쓰게 된 계기가 되었습니다. 요셉은 형들에게서 버림을 받고 노예로 팔려 애굽에 가서 노예 생활을 하였습니다. 또한 그곳에서 억울한 일을 당하여 감옥에 들어가게 되었습니다. 그러나 요셉이 감옥에 있는 기간은 하나님을 만나는 기간이었고, 자신의 상한 마음을 치유하고 형들을 용서하는 기간이 되었습니다. 형들이 자신을 노예로 판 것은 아버지가 자신만 편애하고 자신에게만 채색옷을 입혔기 때문에 형들이 자신을 미워했다는 것을 깨닫게 되었고, 자신을 노예로 팔았던 형들에 대하여 공감하고 용서할 수 있게 된 것입니다.

우리는 누구나 상처가 있고 아픔이 있습니다. 그러나 우리에게 상처를 준 사람들도 깊은 상처가 있어서 자신도 모르게 다른 사람에게 상처를 주고 아픔

을 주다 보니, 나에게도 상처를 준 것을 알아야 합니다. 그것을 이해하고 우리에게 상처를 준 사람들을 공감해 주고 용서할 때 우리에게도 참된 자유가 시작되는 것입니다. 하나님은 오늘도 우리의 마음과 몸을 치유해 주십니다.

'사랑하고 존경하는 목사님, 감사합니다. 사랑합니다! 오늘의 제가 있을 수 있도록 꿈과 희망을 주시고, 가르쳐 주시고, 이끌어 주셔서 감사합니다. 저는 목사님을 만난 것이 저의 인생에 있어서 큰 복이었음을 고백합니다. 목사님의 뒤를 이어서 목사님께서 가르쳐 주신 복음의 진리를 열심히 가르치고 전하겠습니다.'

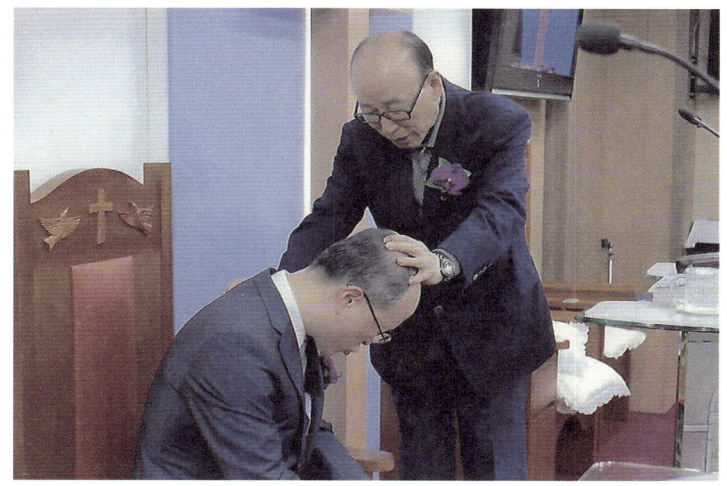

민장기 목사
순복음엘림교회

순복음신학원 교무처장 겸 교수·미국 필라델피아 연합신학대학원 신학박사(Th.D.)·미국 필라델피아 선교대학원 명예신학 박사(Ph.D.)·한세대학교 교목실장 겸 교수·여의도순복음교회 한세성전, 남대문성전, 직할성전 담임목사·경기도 군포시 기독교연합회 회장(초교파 연대)·한세대학교 이사·미국 베데스다대학교 이사·현) 순복음엘림교회 담임목사

32

내 아버지여! 내 아버지여!

32

내 아버지여! 내 아버지여!

여기에도 하나님이 계시네

45여 년 동안 섬겨오던 제자 앞에 이제 내 스승이자 아버지는 미소 짓는 영정사진만을 남겨놓고 떠나가셨습니다. 영적 아버지를 떠나보낸 후, 내 마음은 텅 빈 채, 외로운 고아가 되어버렸습니다. 마치 엘리사 선지자가 이스라엘의 위대한 지도자이며 스승인 엘리야 선지자와 생이별할 때 "내 아버지여! 내 아버지여! 이스라엘 마병이여!" 외치며 절규하는 그 마음이 내 가슴을 울립니다. 지난날의 아름다운 추억들, 은혜가 넘치는 성령의 역사와 병을 고치고 귀신을 쫓아내며 '여기도 하나님이 계시네!'라고 생각하며 기적을 체험하고 통쾌한 마음으로 춤을 추며 하나님께 영광을 돌렸던 그때가 그리워집니다.

내가 조용기 목사님을 만나게 된 것은 1977년 초가을, 여의도 맨하탄호텔에서 재경 동문회에 참석 후 1층 카페에서 후배들과 차를 마시는데 창밖 건너편 교회에서 수많은 인파가 구름떼처럼 밀려 나왔습니다. 후배가 교회를 가리키며 세계적인 여의도순복음교회라고 소개하며 조용기 목사님이 설교하신다고 하였습니다. 그날이 마침 주일이라, 후배 두 명과 함께 교회를 구경하려고 길을 건너는데 사람들이 인산인해라 봉사하는 집사들이 바리게이트를 치고 못 들어가게 하였습니다. 다른 교회들은 어서 오시라고 환영을 하는데 잘못된 교회가 아닌가? 신기해하며 돌아섰는데 하얀 옷에 빨간 명찰을 찬 분이 달려와서 처음 오신 분들이냐고 하여 "무슨 이런 교회가 있느냐?"라며 구박을 주었습니다. 그랬더니 건물이 무너질까 봐서 바리게이트를 친 것이라 설명하며, 수많은 군중을 뚫고 우리 일행을 안내하여 2층에 들어섰는데 입추의 여지가 없이 사람들로 가득 찼습니다. 하는 수 없이 세 사람은 중앙 통로 빨간 계단 왼쪽으로 초등학생처럼 줄을 지어 앉아 예배를 구경하게 되었습니다. 그때, 강단에 이마가 번쩍번쩍 빛나는 조용기 목사라는 분이 등단하여 쌍권총을 든 무법자처럼 총알같이 말을 토해냈습니다.

나는 전도를 받지 않고 성령의 인도로 신자가 되었기에 가끔 지금의 나에게 전도한 분이 있었다면 얼마나 좋았을까? 생각하며 은혜 안에서 감사하고 있습니다.

그 후 나는 하나님의 은혜로 신학에 입문하여 조용기 목사님의 제자로서 15년간 선지생도들을 가르치는 교육계에 사역하고 있었습니다. 어느 날 선지생도 중 4학년 여 선지생도가 은퇴 목사님들을 위하여 복지관을 건축해서 설립 예배를 드리는데, 조용기 목사님을 초빙하고 나를 사회자로 초청하여 스승 목사님과 단둘이 김포 매립지에서 예배를 드리고, 조 목사님과 여 생도와 나 이렇게 세 사람이 함께 식사하는 영광을 입었습니다. 그 당시는 조용기 목사님은 세계적인 위대한 하나님의 종으로 감히 대화할 수 없었던 터라, 그때 스승님과 대화를 나누었던 친교의 그림이 지금도 새록새록 기억이 납니다.

상암월드컵경기장에서 열린 민족을 위한 대성회

스승님과 잊지 못할 추억들이 수없이 많지만, 2005년 10월 중순 10만 군중이 상암 월드컵 경기장에서 나라와 민족을 위한 기도 대성회를 기획 총괄하는 본부장을 맡았을 때였습니다. 그 당시 큰 행사의 책임을 위하여 생명을 걸고 충성스럽게 직무를 수행하였습니다. 행사 기획과 섭외를 비롯한 재무와 산출 근거를 직접 조율하고 총괄하여 10개월을 준비하였으나, D-day 2일 전부터 5일 내내 계속 비가 온다는 일기예보가 마음을 어둡게 하였습니다.

오픈 행사 하루 전, 기도 행사의 모든 리허설을 완벽하게 마쳤으나, 계속 장대비가 내려서 100여 명의 스태프진 모두가 큰 걱정이었습니다. 그러나 모든 것이 본부장 책임인지라, 당시 마지막으로 하나님께 기도드리는 방법밖에 다른 수단이 없었습니다. 즉시 금식하며 기도하기 시작했으나, 비는 그칠 기미도 보이지 않았습니다. 밤 10시에 기도실을 뛰어나와 세차게 내리는 가을비를 맞으며 행사장으로 사용하는 축구장을 가로질러 강단으로 뛰어가는데 대형 애드벌룬 두 개가 플래카드를 드러내놓고 잔디 위에 내려앉아 있었습니다. 행사 본부 강단에 있는 피아노와 소파와 음향기기 등을 비닐로 씌워놓았으나 강단이 물 바다가 되어 있었습니다. 빗물이 넘치는 강단 비닐 위에 무릎을 꿇고 1년을 준비한 대성회의 영광을 위하여 마지막으로 생명을 걸고 장대비를 맞으며 처절한 기도를 하기 시작했습니다. 그러나 밤이 새도록 비는 그칠 줄 몰랐습니다. 그 홍수같이 쏟아붓는 빗줄기는 나의 교만과 탐심의 돌멩이를 쓸어안고 한강 물처럼 몸에서 빠져나갔습니다.

어느덧 기나긴 밤이 지나고 새벽 6시가 되었을 때 장대비가 이슬비로 바뀌었습니다. 높은 강단에서 눈을 들어 축구장을 내려다보니, 자욱한 안개 속에서 대형 애드벌룬 두 개가 물에 잠긴 플래카드를 건져서 서서히 떠오르는 것이었습니다. 드디어 오전 7시, 하얀 뭉게구름이 푸른 가을하늘과 함께 화창한 무대를 연출해 주었습니다. 하나님은 우리의 기도에 반드시 응답해 주신다는 믿음은 지금도 변치 않습니다.

1시간 후, 조용기 목사님께서 행사 현장에 도착하셔서 하신 말씀이 지금도 마음속에 쟁쟁합니다. "민 목사님의 기도가 응답이 되었습니다!" 하시며 오른손을 꼭 잡아 주셨습니다. 하나님께서 나의 순전한 기도를 들으시고 손을 잡아 주신 은혜였습니다. 할렐루야!

5일 동안 계속 큰비가 내린다는 확증된 일기예보도 생명을 걸고 기도함으로 하나님께서 동풍을 불게 하사 상쾌하고 아름다운 날씨를 허락하신 것입니다. 나라와 민족을 위한 기도 대성회는 10만 성도들의 기도로 불타올랐고, 하나님께서 영광을 받으신 것입니다.

지금도 그날을 회상하며 기도의 힘을 믿는다

그동안 수많은 시험과 연단을 거쳐 지성전 담임목사로 이동하면서 마지막 인사발령이 순복음엘림교회였습니다. '아! 내가 하나님께 순종하고 신학에 입문하여 지금까지 열심히 시무했으나 마지막 결실을 보아야 할 목양의 임지가 땅 한 평이 없고 건물 하나도 없는 교회라는 말인가?' 잠시 실망했으나 기적의 경험이 많은 나는 거룩한 성전 건축을 위하여 기도하기 시작했습니다.

서울시에서 엘림복지센타에는 교회가 있을 수 없으니, 이 땅을 떠나라는 공문과 계속 독촉장이 날아왔었고, 장장 20년을 여의도순복음교회가 후원한 기득권이나 조그만 보상도 전혀 없습니다. 오히려 교회 건축이 완공할 때까지 매년 1억 3천만 원씩 사용료를 내라는 징수 통지서가 날아왔습니다. 섭섭함은 이루 말할 수 없었으나 금식에 들어갔고 기도를 들으신 하나님께서 개입하셨습니다. "땅 한 평 없어도 성전을 건축하라!"는 확신을 주신 것입니다. 그때 기적을 기대하는 믿음이 살아났습니다.

이제 담임목사인 내가 죽든지 살든지 제1호로 성전 건축 헌금을 작정하고, 주일 하루를 정하여 직접 여섯 번 대예배를 인도하며 "우리 믿음으로 성전을 건축합시다!" 눈물로 호소하고 성전 건축 헌금 작정을 인도하였습니다. 그 결과 희한하고 기이한 일들이 일어나기 시작하였습니다.

당회에 성전 건축 위원 장로를 임명하고 설계와 시공회사를 입찰한 후 2천 3백 평의 거룩한 성전 부지를 은행 대출로 구매했습니다. 그 부지 안에 고압선 철탑철거로 인하여 재정에 도움을 받아 기적 같은 은혜를 체험하며 계속 기도를 이어나갔고, 지하 160m를 관정하여 우물을 팠는데 암반수가 터져서 하루 40톤이 솟아났습니다. 순복음엘림교회는 8년이 지난 지금까지 수돗물을 마시지 않고 생명수를 마시며 거룩한 성수로 성전을 청소하고 있습니다. 그것뿐이 아닙니다. 냉난방 시설을 빙축열 시스템으로 개발하여 성전 관리비가 저렴하여 교회 운영에 효자 노릇을 하고 있습니다.

또한, 자랑스러운 일은 우리 순복음엘림교회 성도들의 성전 건축 작정 헌금이 103%가 납부되어 스승 목사님께서 "와! 내가 만난 하나님을 민 목사가 만났습니다"라고 하시며 미소 지으신 그 모습이 눈에 선합니다.

내가 목회하는 순복음엘림교회의 성전 건축은 공사 기간 온 성도가 기도함으로 쇠 소리나 망치 소리가 들리지 않고, 하루도 빠지지 않고 1년 10개월에 4천 평의 거대한 성전이 준공되어 하나님께 봉헌 예배를 드렸습니다. 이것이 하나님이 살아계심을 증명하는 기적이었습니다.

이처럼 조용기 목사님은 나에게 수많은 기적을 체험하게 하신 거룩한 스승이요, 영적 아버지로서, 나의 생애에 지울 수 없는 위대한 스승이십니다. 다시 한번 우리 아버지 하나님께 영광을 돌립니다. 아멘.

함덕기 목사

한세대학교, 총회신학대학교, 연세대연합신학대학원(졸)·개혁신학대학원(Th. D. 조직신학) GCU. D. Min. · 러시아선교사 11년 사역(사할린 순복음교회 담임)·마포, 강서 대교구장, PMTC 선교훈련 원감·남대문, 남구로, 용산성전, 새성북교회, 청주교회, 남구로교회, 금옥교회 담임목사·순복음부흥사 대표회장·여의도순복음교회 목회담당 부목사, 선교 개척 담당 부목사·연세대연합신학원 총동문회장·현) 여의도순복음동포선교센타장·현) 민족복음화운동본부 대표회장·현) 한국올림픽선교회 대표회장

33

성령충만의 역사를 계속 이루어 가라

33

성령충만의 역사를 계속 이루어 가라

가만있어도 떠밀려 대성전으로

나는 장로교 교회 전도사로 사역할 때부터 영산 조용기 목사님을 지면으로 뵙고 세계적인 교회성장 목회자로, 복음 전도자로, 부흥사로 알고 롤 모델로 동경하던 중 여의도순복음교회를 다니는 아내를 만났습니다. 그때 아내를 만나 데이트하려면 여의도순복음교회를 가야 했기에 수요예배와 특히 토요일 2시 예배에 참석하고 은혜를 많이 받으며 함께 시간을 가졌습니다.

예배 후에 우리의 데이트는 둘만의 별도의 시간을 갖는 게 아니라 영혼 구원하기 위한 하나님의 종으로서 행하는 일이었습니다. 그것은 바로 3호선 전철역으로 가서 「순복음가족신문」을 통해 전도하는 것이었으며, 그 일은 성령에 사로잡히는 계기가 되었습니다. 장로교 교회 전도사가 「순복음가족신문」과 전도지를 돌리는 것이 상식적으로 말도 안 되는 일이었습니다. 그래도 그 일이 좋았기에 예배에 빠지지 않고 늘 전도했습니다.

그때는 매회 정말 떠밀려 예배실에 들어갔습니다. 가만히 있어도 자동으로 떠밀려 대성전까지 직행하였습니다. 예배는 생동감이 넘쳤으며 강단에서 전해 주시는 말씀으로 충만한 은혜를 받았습니다. 그리고 예배 후에는 충만한 은혜를 받은 성도들이 다시 쏟아져 나왔기에 생각할 겨를도 없이 나는 이미 떠밀려서 밖에 나와 있었습니다.

당시 돈이 없어 라면 끓여 먹고 차비가 없어 학교에 가지 못할 때도 있었지만, 항상 말씀의 은혜가 있어서 기쁨과 감사가 넘쳤습니다.

나는 전도사 사역 중에 섬기던 교회에서 설교할 기회가 많았습니다. 그때마다 여의도순복음교회에서 은혜받은 말씀을 기억하며 「순복음가족신문」에 나오는 조용기 목사님의 설교를 요약해서 주일 저녁이나 수요 저녁 예배 때 말씀을 전했습니다. 그러면 성도들이 엄청나게 은혜를 받고 병이 낫고 방언이 터지고 귀신이 나가는 역사가 나타났습니다. 말이 장로교 교회지 장로교 순복음이었습니다. 성도들은 담임목사님이 설교할 때보다 은혜를 더 받는다면서 칭찬이 자자했습니다. 실은 담임목사님이 설교하는 주일 낮 예배보다 더 많이 출석하여 곤란할 지경이었습니다.

조용기 목사님의 설교를 요약하면서 2년간 설교한 후 결론을 얻었습니다. 그것은 희망의 복음, 희망의 설교였습니다. 나는 희망을 전하시는 조용기 목사님께 매료되어 조 목사님 흉내를 내려고 애썼으나 그렇다고 순복음교회 목사들과 같이 되는 일은 쉬운 일이 아니었습니다. 내가 스스로 준비한 설교는 효력이 없었으나 카피 요약한 설교는 엄청난 결과를 가져다주었습니다.

그 후 나는 순복음으로 사역지를 바꾸기 위해 순복음신학교로 편입하고 졸업을 했습니다. 그리고 졸업과 동시에 기도원에 가서 금식하며 기도했습니다. 금식하는 중에 목회를 배울 수 있는 중형 교회를 가기로 하고 장로교 교회 네 곳, 순복음교회 한 곳, 이렇게 다섯 곳에 이력서를 내놓고 제일 먼저 연락 오는 교단과 교회가 나의 사역 방향이라 생각하기로 작정했습니다. 그리고 다시 기도원에 올라가 금식기도하고 있는데 4일째 되는 날 순복음대구교회에서 연락이 왔습니다.

생생한 성령의 체험

금요일 철야 예배 전까지 대구로 오라고 고석환 담임목사님께서 연락을 주셨습니다. 그래서 나는 난생처음 대구 땅을 밟게 되었고, 고석환 담임목사님을 만나 뵈었습니다. 그리고 그날 바로 서울로 가지도 못했습니다. 주일부터 청년선교회 담임을 하라고 말씀하셨기 때문입니다. 이렇게 사역지를 정하여 1990년부터 4년간 순복음대구교회를 섬기게 되어 순복음 사람이 되었습니다.

이때부터 나는 영적인 훈련에 몰입했고, 내 머리에 있었던 고정관념의 지식이 밀려 나가고 생생한 성령 체험의 지식이 채워지기 시작했습니다. 귀신 들린 자들과 영적 싸움을 2년간 매일 같이 했습니다.

밤 기도는 8시부터 12시까지, 그 외에는 귀신 쫓는 기도에 쉼이 없었습니다. 그러던 중 조용기 목사님의 부르심을 받아 1994년 순복음대구교회를 사임하고, 고석환 목사님께서 여의도순복음강남교회 70억을 해결하는 일을 사이드에서 도우며 10개월을 보내게 되었습니다.

그리고 개척할 맘이 있어 가슴에 100만 원짜리 수표 한 장을 품고 밤 10시부터 새벽 6시까지 40일 동안 긴 터널을 지나 듯 작정 기도를 하면서 개척 사역을 준비했습니다. 그런데 40일 작정 기도를 마치는 밤 11시경에 선교국장이셨던 양태흥 목사님이 전화하셔서 일본 나고야 지역에 있는 교회에 선교사 자리가 있으니 그곳 선교사로 나가라는 것이었습니다. 3일후 이삿짐은 먼저 일본으로 보냈습니다. 이렇게 이삿짐은 일본으로 갔는데, 그해 겨울 러시아 선교사로 파송을 받으며 임명장을 받고 처음으로 스승이신 조용기 목사님께 안수를 받고 사할린순복음교회 담임 선교사로 부임하게 되었습니다.

러시아 선교사 파송되는 날 김포공항에서 조금 이상하게 생각되었습니다. 부목사님과 선교국장님과 선교회 장로님들과 권사님들 그리고 내가 가르치던 청년들 합이 100여 명 가까이 환송하는 것이었습니다.
'왜 이렇게 번잡할까? 무슨 일이 일어난 것일까?' 궁금해하며 세관을 통관하고 동행하시는 박우택 장로님과 이창렬 장로님과 함께 러시아 행 비행기를 타려는데 비행기 타는 곳이 비행기 꽁무니였습니다. 그곳으로 올라가니 승객은 한 사람도 없고 승무원과 기장과 우리 일행 여섯 명밖에 없었습니다. 이 정도면 전세기를 탄 것과 마찬가지였습니다. 정원 40명만 태우는 프로펠러 경비행기였습니다. 엔진이 과열되고 충전이 되어서 윙~~~ 하는 광음을 울리며 7시간 동안 동해로 일본 상공을 경유해서 블라디보스토크 공항으로 향하더니 드디어 도착했습니다. 온 세상이 하얀 눈밭이었습니다. 그곳에서 1시간 30분 동안 주유를 하고 배터리 충전 후 다시 윙~~~하는 광음을 울리며 2시간 30분 후 도착한 곳이 유즈노사할린스크 땅이었습니다. 한국의 조그마한 정미소방앗간 같은 곳이 국제공항이라고 했습니다. 시간은 새벽 4시경인데 살펴보니 전기불도 없어 촛불을 켜고 통관 업무를 보는 국경 수비대가 군복 차림으로 있었습니다. 마치 영화에 나오는 장면과 다름이 없었습니다.

온통 칠흑같은 새벽. 나는 생각이 정리되지 않았습니다. 세계적인 공산국으로 미국과 맞서는 나라의 모습이 너무나 초라하기가 그지없었습니다. 온통 눈 바다를 이루고 있고 우리나라 50~60년대 초기의 모습이 눈앞에 펼쳐졌습니다. 세관을 통관하는 데 3시간이 걸려 겨우 공항을 빠져나와 사역지에서 첫날을 보내게 되었던 것입니다.

다음날 장로님 두 분이 다시 한국으로 돌아가고 우리 부부만 남아 살아가며 선교할 맘을 먹어야 하는데 분명 잘못 온 것만 같았습니다. 마피아가 득실거리고 외국인이 표적이 되어 계속 죽는 이야기만 들렸습니다.

세를 얻어 놓은 교회와 사택 아파트는 걸어서 2시간 걸렸고, 집에서 교회로 가는 길은 험지였습니다. 교회는 이전 선교사가 임대한 자그마한 소극장으로 70여 명이 들어갈 수 있는 크기였고, 창고형 사무실 하나가 붙어 있는 곳이었습니다. 그날부터 순복음 특공 선교가 시작되었던 것입니다. 교회에 도착해서는 성도들이 오면 어쩌나 노심초사하면서 하나님께 기도하였습니다.

"아버지 하나님! 부탁드립니다."

눈에 보이는 로조사전, 영로성경

"하나님, 제가 러시아 말을 할 줄을 모르니까 말할 때까지는 절대로 사람을 교회로 보내 주시면 안 됩니다. 아버지! 덕기가 사할린에 왔습니다. 꼭 들어주세요."

주일 아침에 드리는 나의 기도는 여느 선교사들의 기도와는 달랐습니다. 그런데 아침 일찍 교회 문을 두들기는 소리가 있었습니다. 문 틈새로 보니 러시아 여자 세 분이 교회 문을 두드리며 서 있는 것이었습니다.

'아이코, 하나님은 내 기도를 안 들어 주시고 맘대로 하시는구나. 이를 어찌해야 하나?'

당황 중에 곰곰이 생각하니 하나님은 내게 지혜를 주셨습니다. 우리 몸에는 말을 못 해도 말을 다 담아 놓으셨습니다. 그것은 손짓, 발짓이었습니다. 그래서 문을 열고 손으로 들어오라고 말하고 의자를 가리키며 앉으라 손짓해 놓고 사무실로 들어가서 기도했습니다.

"아버지, 좀 너무하십니다. 제가 러시아 말을 할 수 있을 때에 보내 주셔야지요. 저는 러시아 말도 못 하는 벙어리나 마찬가지인데 이렇게 빨리 보내 주시면 예배를 어떻게 드리라고요?"

정말이지 대책이 없는 상황이었습니다. 투덜거리며 기도했습니다. 그런데 내 눈에 로조사전과 영로성경이 보였습니다. 그리고 지혜가 떠오르기 시작했습니다. 홍해 앞에서 이스라엘 백성을 구원하시기 위한 하나님께서 바람을 불게 하사 홍해를 가르시고 바다 밑에 길을 여셨던 것 같이 내게도 하나님의 은혜 성령의 지혜가 생각나게 하셨습니다.

나는 요한복음 3장 16절을 러시아말 성경에서 찾았습니다. 그리고 마분지 같은 A4 용지를 테이프를 이용해서 전지 크기로 3장 만들었습니다. 그리고 영로 사전에서 'This', 'Only', 그리고 세계 공통어인 'Hallelujah'와 'Amen'을 찾아냈습니다. 그것은 에따This, 오따꼬이Only, 알릴루이야Hallelujah, 아민Amen이었습니다. 나는 이것을 적어서 벽에 걸고 예배 타임 테이블을 만들었습니다. 찬송가 214장 '변찮는 주님의 사랑과새찬송270장'를 1절만 40분간 부른 후, 가장 먼저 '에따!'라고 적은 것을 보여 주고, 이후 '오따꼬이', '알릴루이야! 아민'을 보여 주고, '알릴루이야, 아민!'을 서너 번 반복 또 반복하도록 하고, 합심 기도 후 축도로 예배를 마치면 되겠다고 생각했습니다. 이렇게 준비를 마치니 마음에 담대함이 생겼습니다. 그래서 그대로 시행하고 12시에 예배를 마치고 서둘러 세 명의 성도를 집으로 돌려보냈습니다.

　나는 기뻐 찬양을 드렸습니다. 왜냐면 이런 설교를 듣고 다시는 성도들이 안 올 것이니 처음에 하나님께 드렸던 기도를 확실하게 응답받을 수 있는 기회였기 때문입니다. 그런데 저녁에 여섯 명이 되었고, 부흥의 불길이 일어나

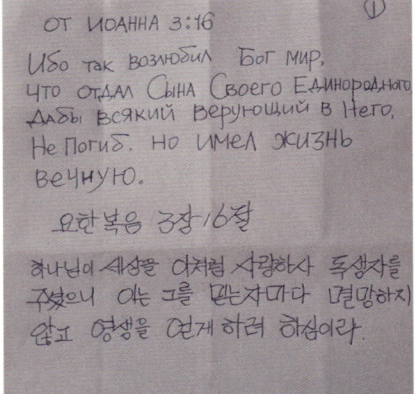

그다음 주는 열세 명이 되었고 계속 배 이상으로 참석하였습니다. 하지만 나에게는 달라지는 일이 없었습니다. 목소리만 커지고 담대한 것밖에 러시아 말을 알 수 없었습니다.

그러던 중 비자 만기가 되어 2주간 한국에 귀국하게 되었습니다. 어렵게 올라탄 귀국길 비행기는 낮게 비행했습니다. 몇 시간이 흐른 후 일본 영공쯤 지나고 있는데 뭉게구름이 양탄자처럼 펼쳐져 있는 풍경이 무척 아름다웠습니다. 밖으로 뛰어나갈 충동이 생길 정도였습니다.

나는 찬양하기 시작했습니다. '주 하나님 지으신 모든 세계……', '참 아름다워라 주님의 세계는……' 한참을 찬양하고 있는데 이번에는 쌍무지개가 뭉게구름 벌판 위에 떠 있는 것이 아닌가? 그 모습이 아름다워서 혼자서 보기가 아까워 옆에 있는 아내에게 손가락으로 가리키며 무지개를 보라고 했습니다. 그런데 아내는 아무것도 안 보인다고 했습니다. 희한한 형상이 나에게만 보인 것이었습니다.

잠시 시간이 흐르고 또다시 내 눈에 원형 무지개가 뭉게구름 벌판 위에 떠 있는 것이었습니다. 다시 아내에게 말을 건네며 무지개 좀 보라고 했습니다. 그런데 아내는 동문서답했습니다.

"여기가 어디쯤이에요?"

"왜요?"

"엄청나게 큰 십자가에 예수님께서 달려계셔서요."

교회 종탑 위 십자가에 예수님이 달린 모습이 아내에게는 보였던 것입니다. 일본에 그렇게 큰 교회가 있는 줄 알았습니다. 그러나 그곳은 일본 공해인 러시아와 일본 사이인 동해 상공이었습니다. 귀국해서 저녁에 기도 시간을 갖고 하루에 있었던 이야기를 나누었습니다. 나는 다시 러시아에 들어가지 않으려 했는데 구름 속에 무지개 환상을 두 번 보여 주셨습니다. 그리고 아내도 화장실도 제대로 없는 선교지에 가지 않으려고 했다는데 고난 당하고 십자가에서 피 흘리고 계신 주님을 본 것입니다. 갈등하던 우리에게 스승 목사님께서 말씀을 주셨습니다.

"주님은 함 목사를 통해 동토의 땅에서 고통받는 영혼들을 위로하고 복음을 듣게 해서 구원하려고 하십니다. 성령님을 의지해서 꼭 주님을 기쁘시게 해 드립시다."

스승 조용기 목사님의 말씀을 생각하고 영혼 구령을 위해 부름을 받은 사명자가 됨을 감사하게 되어 다시 선교지로 향할 수가 있었습니다.

그리고 지방회장 당시 동경에서 아시아총회 초청받아 갔을 때 스승 조용기 목사님께서 동러시아 성회시 납치되어 1만 루블을 주고 풀려난 적이 있었다고 말씀하시며 동토의 땅 그 사할린에서, 마피아가 득실거리는 곳에서 선교하며 고생한 것을 안다고 하셨습니다. 그리고 93동러시아 성회 때 디나모 경기장에서 2일간 있을 성회가 하루로 줄고 그 운동장 주변을 소방대원과 KGB옛 소련의 국가 보안 위원회Komitet Gosudarstvennoi Bezopasnosti 요원들로 둘러싸인 채로 성회를 하신 이야기도 들려주시며 "함덕기 목사, 예수 복음을 위해 마피아가 많은 동토의 땅에서 고생 많이 한다. 자고로 선교와 목회는 기도로 승패 하는 것이니 기도하는 목회자가 되어야 한다"라고 위로와 격려를 해 주셨습니다.

동러시아에서 발해 땅과 고구려 땅을 순복음으로 되찾아오자는 각오로 이

지역을 100회 이상 비행기를 타고 다니며 복음을 전하고 영혼 구령에 힘썼습니다. 나는 그 말씀을 깊이 간직하며 가급적 부득이 한 경우 외에는 하루를 새벽부터 오전에 기도하는 일을 전념하며 진실한 목회자가 되려고 노력했습니다. 그 후 선교대회 때마다 뵙고 인사를 드리고 기도를 받곤 했습니다.

11년 사역을 마치고 한국에 들어와서 기도원 총무로 3년간 사역할 시기에 기도원 오실 때마다 영목회 제자들에게 전해 주시는 은혜의 말씀을 많이 들었습니다. 그 후 사할린순복음교회가 어려울 때 조 목사님이 "자네가 세운 교회가 어렵게 되었으니 자네가 들어가 해결해야겠으니 사할린에 가서 교회를 잘 정리하고 들어오길 바란다"라고 하셔서 1개월간 문제를 해결하고 왔습니다.

세월이 흘러 목회담당 부목사가 되었을 때 주일 아침과 행사 때마다 뵙고 인사를 드리며 영목회 회원으로 운동하실 때도 함께했습니다. 선교 개척 담당 부목사일때는 한 달에 두 번정도는 운동 모임을 가졌는데 기분이 항상 좋으셨습니다. 그러던 2015년 초겨울 눈발이 휘날리는 날 운동을 잡고 모신 적이 있는데 방경현 목사와 나에게 "자네들은 절대 은퇴가 되는 때 은퇴하지 말라"고 하시며 "은퇴하고 나니 긴장이 풀리고 할 일이 줄어드니 기도도 줄어들고 건강도 기분도 별로 좋지 않다. 그러니 자네들은 절대 은퇴하지 말고 끝까지 성령을 의지하여 목회하라"고 하셨습니다.

부목사로 섬기며 지방회장으로 사역할 때 자주 뵙기에 별다르게 찾아뵙지는 않았으나 자주 찾아뵐 것을 하는 아쉬움이 남습니다. 세월이 흘러 영목회 임원으로 임원들과 스승 목사님을 뵙고 병원에 입원하시기 전 7월 첫 주에 우리는 모두 큰 은혜 색다른 경험을 했습니다. 그날도 스승 목사님과 제자 목사들이 운동을 재미있게 하고 수림원화정에서 함께 식사를 하셨습니다. 식사 후 배웅하기 위해 밖에서 도열하고 있는데 스승 목사님께서 제자 목사들 한 사람씩 덕담과 격려와 기도를 해 주시는 것이었습니다. 나는 거의 마지막 부분에 서 있었는데, 나를 보시자 "함 목사! 자네는 성령충만한 사람이니 성령충만의 역사를 계속 이루어 가라"고 하시며 축복 기도를 해 주셨습니다.

   이것은 내생에 잊을 수 없는 사건이었습니다. 스승 목사님은 일일이 축복하셨고 그 후로 뵙지 못했습니다. 스승 목사님께서 그토록 사모하고 그리던 주님의 품 안으로 훌쩍 떠나셨기 때문입니다. 이 세상에 우리를 남겨두시고 주 예수께 받은 사명인 은혜의 복음을 증거하는 일에 스승 목사님처럼 행하다가 따라오라고 손짓하시는 것만 같습니다. 그렇습니다. 스승 조용기 목사님이 그렇게 복음을 위해 충성하셨던 그 일을 뒤따르며 다시 만날 그 천국의 소망을 갖고 온 힘을 다하여 예수 생명, 피의 전달자로서의 사명을 다하며 목숨을 위협받았던 일이 있으나 이 부족하고 어린 종을 지금까지 붙드시고 사용하신 주님께만 영광을 돌립니다

변성우 목사 · 여의도순복음시흥교회

한세대학교 신학과 졸업·풀러신학대학원 졸업 (선교학 석사)·순복음세계선교회 네팔 선교사·여의도순복음교회 굿피플 담임목사·여의도순복음교회 강서 대교구장·여의도순복음교회 국제사역국장·여의도순복음교회 청년국장·현) 여의도순복음시흥교회 담임목사

34

또 하나의 열매가 되길 바라며

34

또 하나의 열매가 되길 바라며

선교사 훈련과정에서 만난 목사님

초등학생 때부터 여의도순복음교회에 다녔어도 조용기 목사님을 개인적으로 뵐 기회는 없었습니다. 그러나 조 목사님은 나에게는 아버지 같은 분이었고 존경하고 의지하는 대상이었습니다. 특별히 나는 조용기 목사님의 말씀 외에도 여의도순복음교회와 조 목사님의 세계선교 사역을 보며 해외 선교사로서의 꿈을 꾸게 되었고 신학교에 진학하였습니다.

신학교를 졸업하고 여의도순복음교회에 선교사 지원을 하고 1년간의 선교훈련을 받았는데, 이 시간은 나에게 많은 축복을 받게 했고, 특히 조용기 목사님을 가까이서 만나는 기회를 가질 수 있었습니다. 조 목사님께서는 아시아와 아프리카 등에서 집회를 하시면서 그곳 원주민들을 양육하고 복음화해야 한다는 것을 느끼고 그곳에 선교사를 집중적으로 파송하고자 선교사 후보생을 모집하고 1년간의 정규선교사 훈련과정 이하 MTC: Missionary Trainning Course을 만들었습니다.

네팔 선교를 꿈꾸고 있던 나는 네팔 선교사로 지원하여 MTC 1기생으로 지원하였습니다. MTC 1기생은 모두 열네 명이었는데, 조용기 목사님께서는 열네 명의 소수 훈련생 훈련을 위해서 자주 오셔서 강의도 해 주시고 기도도 해 주셨습니다. 이로 인해 언제나 가까이에서 뵈며 가르침도 받았는데 나에게는 무척이나 소중하고 평생의 사역을 위한 사역 철학을 갖게 되는 시간이었습니다.

그리고 훈련을 마치고 파송 받기 전 결혼을 하였는데, 조용기 목사님께 주례를 부탁하였을 때 흔쾌히 결혼식 주례를 해 주시며 축복해 주셨습니다. 결혼 후 선교사로 파송 받기 전 1년 반의 시간을 선교국의 선교기획훈련과에서 사역을 하였습니다. 그때 나는 선교사 훈련생들이 조용기 목사님의 말씀을 더욱 잘 이해할 수 있도록 설교를 주제별로 분석하고 그 핵심 내용을 정리해서 훈련 자료를 만들었습니다. 나름대로 조용기 목사님의 말씀을 공부하면서 조 목사님의 사상과 믿음을 알게 되었으며, 1996년 8월 25일 조용기 목사님으로부터 안수를 받고 네팔 선교사로 파송을 받았습니다.

젊은 사람이 선교의 불모지인 네팔에 가서 개척하겠다고 하니 참 대견하다고 하시며 많은 축복을 해 주셨습니다. 나는 모태신자였고 가족은 장로교 교회에 출석하였지만, 어머니가 여의도순복음교회로 교적을 옮기고 모든 가족이 여의도순복음교회에 다니게 되면서 조용기 목사님은 자연히 나의 목사님이 되셨습니다. 자연스럽게 조 목사님의 선교적인 메시지와 세계선교 사역을 보고 들으며 선교사로서의 사역과 삶을 꿈꾸게 되었고 해외 선교사로서 사역을 마치고 돌아와 지금의 여의도순복음시흥교회를 섬길 수 있게 되었습니다. 나에게는 여의도순복음교회에 출석하고 조용기 목사님을 알게 되고 선교사로서의 소명을 갖게 된 것이 내가 받은 가장 큰 복이라고 생각합니다.

갈보리 십자가의 신앙이 기반

조용기 목사님의 설교를 정리하면서 모든 설교와 신학은 항상 예수님과 갈보리 십자가가 기반이 되었음을 알게 되었습니다. 그리고 조 목사님의 예배와 사역을 보면 늘 성령님을 인격적으로 모셔 들이시고 성령님과 동행하시듯 사역하신다는 것을 알 수 있었습니다. 조용기 목사님은 "성령님은 예수님의 말씀과 십자가의 은혜를 우리에게 현재화시켜주시며 하나님을 인격적으로 알게 하시기에 우리는 늘 성령님의 임재와 도우심 속에서 신앙생활해야 하고, 성령님께서 주신 감동과 도전을 담대하게 선포할 때 하나님의 역사가 나타난다"라고 말씀하셨습니다.

성령님의 임재와 도우심을 위해서는 지속적이고 간절한 기도가 필요한데, 간절한 기도는 분명한 말씀의 확신을 주며, 말씀과 성령이 우리를 지배하고 이끄시게 하므로 정기적이고 오랜 기도의 시간을 가져야 한다고 늘 강조하셨고, 몸소 보여주셨습니다.

화려하지 않아도 분명한 말씀의 확신과 담대함이 있다면 조용기 목사님과 같은 설교를 하고 성령의 역사를 이루게 할 수 있다고 생각합니다. 환경과 상황보다 하나님의 말씀이 지배하고 다스릴 수 있도록 말씀을 의지하고 흔들리지 않도록 기도하며 성령이 나를 옷 입을 수 있도록 믿음의 그릇을 준비해야 한다는 것을 알았습니다. 그러므로 성령님을 인격적으로 인정하고 모셔 들이며 성령이 나를 옷 입고 사역하실 수 있도록 마음과 생각과 삶을 거룩하게 하도록 예수님의 보혈을 의지하고 말씀과 성령으로 충만하기 위해서 경건의 삶을 추구해야 한다는 것입니다. 이것이 내가 스승님의 사역과 삶을 보며 깨달은 핵심 내용입니다.

네팔 선교사로 있었을 때

네팔 선교사로 파송되어 사역하며 받은 축복 가운데는 조용기 목사님의 서아세아 지역 성회에 참석한 것이었습니다. 1996년 12월 인도 뭄바이에서 조 목사님의 인도 성회가 있어서 참석했습니다. 성회일 보다 먼저 뭄바이에 오신 조 목사님과 일행을 맞이하며 함께 저녁 식사를 하였는데, 네팔에 잘 도착해서 정착했냐는 안부를 물으시며 다음과 같은 선교의 원포인트 레슨을 해 주겠다고 하시며 말씀과 기도를 해 주셨습니다.

"선교는 아파트와 같은 건물을 짓는 것과 같다. 높은 건물을 지을 때 그 옆에 그 건물을 세우기 위해 보조 건축물을 같이 세우는데, 선교사는 그 보조 건축물과 같은 것이다. 보조 건축물은 본 건물이 다 지어지면 철거되어야 하는데, 자네의 사명은 현지 교회와 지도자를 잘 세우고 철거되는 것이다. 이 말을 명심하고 자네가 잘 철거될 수 있도록 사역하라. 그리고 명심할 것은 여의도순복음교회와 나에게 배운 대로 자네와 같은 한 사람을 세우고 그 교회가 자립, 자치, 자전하며 스스로 설 수 있도록 한 사람에게 집중하라. 한 사람의 현지 지도자가 많은 수의 외국 선교사보다 더 효과적으로 하나님의 나라를 네팔에 세울 것이다."

나는 그때의 조용기 목사님의 말씀이 평생 사역의 기초가 되었습니다. 그리고 세월이 흘러 네팔 선교의 열매들이 조금씩 나타나기 시작할 때, 교회에 큰 사고가 있었고 현지로부터 많은 핍박이 오며 어려운 지경에 처했었습니다. 그해 선교대회에 나와서 조 목사님께 면담을 신청하고 나와 네팔의 애로 사항을 이야기하고 자문을 구했습니다. 조 목사님은 어려움을 호소하는 나를 보시고 환하게 웃으셨습니다. 그리고 "네팔 선교는 자네가 전문가이고 하나님은 선교사에게 사도적인 권위를 주셨으니 자네가 기도하고 확신대로 밀고 나가라"고 말씀하셨습니다. 또한 "하나님께서 자네를 사용하시고 성령님이 함께하시니, 이번에 자네를 통해서 일하시는 하나님을 경험하면 자네는 진짜 선교사가 될 것이네"라고 하시며 격려해 주셨습니다.

어린 선교사를 믿어 주시고 격려해 주심에 나는 한없는 눈물을 흘릴 수밖에 없었고, 조용기 목사님의 진심 어린 축복 기도는 나를 다시 성령충만하게 하였습니다. 조 목사님의 집무실에서 무릎을 꿇고 기도 받은 나는 성령님의 강한 임재를 느낄 수 있었고, 이러한 나에게 조 목사님은 "지금의 마음과 믿음의 확신을 잊지 말고 자네와 네팔 교회를 잊지 않고 기도하겠으니 강하고 담대하라"고 하셨습니다. 나는 마치 여호수아가 된 기분이었고, 담대하게 그 모든 문제를 이길 수 있었습니다. 그 후로도 조용기 목사님이 인도에 성회를 오실 때마다 목사님을 가까이서 뵐 수 있는 기회를 가졌는데, 선교지에서 가진 조 목사님과 만남과 그때마다 주시는 양육이 나에게는 가장 기억되는 조 목사님과의 추억입니다.

스승의 영향을 입어 사역하는 현장 이야기

내가 사역하는 여의도순복음시흥교회는 조용기 목사님으로부터 배우고 영향을 받은 대로 예수님과 갈보리 십자가의 은혜, 그리고 성령님의 강한 임재를 사모하고 의지하면서 예배를 드리고, 성도들을 심방하며 성도들이 하나님을 경험하고 성령님을 인격적으로 만날 수 있도록 성령세례와 방언하기를 강조하고 있습니다.

하나님의 나라는 말에 있지 않기에 성도들로 하여금 하나님의 능력을 체험하고 경험할 수 있도록 하는 것이 중요하다고 생각합니다. 그 결과 성도들은 하나님의 은혜 안에서 믿음이 자라고 삶의 변화와 승리를 경험하고 있습니다. 날마다 구원받는 사람들이 늘어나며 교회가 예수님 중심으로 든든히 세워지고 있습니다. 사람을 경험하는 성도가 아니라 하나님을 경험하는 성도, 그리고 교회로서 성장하고 있습니다.

조 목사님께 꼭 드리고 싶은 한마디의 말

'육신의 연약함과 환경의 어려움에도 불구하고 강력한 믿음과 메시지와 비전으로 오늘날 여의도순복음교회를 있게 하신 하나님의 사람, 예수 그리스도의 사도, 성령님의 종으로서 사역하신 목사님의 믿음과 열정과 헌신을 본받아 순복음신앙을 잘 계승하여 다음 세대에까지 이 영성이 전달되도록 온 힘을 다하겠습니다. 누구보다 하나님을 사랑하고 예수님을 높이며 성령님과 동행하신 목사님을 따라 사역하겠습니다.'

정재명 목사

· 여의도순복음성북교회

한세대학교 대학원 졸업·여의도순복음교회 교구 사역과 교회학교 사역·현) 여의도순복음성북교회 담임목사

35

기도하는 대로, 바라는 대로

35

기도하는 대로, 바라는 대로

어릴 적 나의 별명은 '새끼 목사'였습니다. 어머니가 나를 가지셨을 때, 하나님께 드리기로 서원을 하셨기에 어머니를 비롯하여 나를 아는 많은 분이 새끼 목사라 불러주곤 했습니다. 그래서였는지 조용기 목사님도 나를 '새끼 목사'로 보아 주셨습니다. 조 목사님을 뵐 때마다 손자 보듯 반갑게 맞아 주셨고 기도와 격려를 아끼지 아니하셨습니다.

조용기 목사님의 은혜로 2011년 여의도순복음성북교회 담임으로 부임을 받고 10년 동안 조 목사님을 가까이 뵐 수 있었던 것은 나에게 무척이나 큰 영광이요, 기쁨이 아닐 수 없었습니다.

나는 조용기 목사님과 큰 성과나 사업을 이룬 일도, 조 목사님이 가시는 해외 성회를 가 본 적도 없었습니다. 예루살렘에서 열린 '예수 2000' 성회에 참여하여 먼발치에서 뵈었을 뿐입니다. 하지만 그때 갈릴리 호수에서 조 목사님이 인도해 주셨던 성만찬은 아직도 내 마음에 깊은 감동과 감격으로 남아 있습니다. 그러기에 조 목사님이 나와 교회에 주셨던 말씀 한마디 한마디는 지금도 나의 귓가에 쟁쟁히 들리는 듯하고, 소소히 주셨던 말씀과 기도는 나에게 반석처럼 큰 믿음의 도전이 되었습니다.

성령의 빛으로 살아라

조용기 목사님과 나의 만남은 내 기억에도 없을 정도로 오래전에 시작되었습니다. 나의 어머님이 1969년 성령을 받으셨을 때, 나를 임신 중이셨다고 합니다. 성령을 받고 무척이나 기쁘셨던 어머니는 배 속의 아이가 건강하게 태어나면 주님의 종으로 드리겠다고 하나님께 서원하셨고, 출산 후 조용기 목사님을 찾아가셨다고 합니다. 그때만 해도 아직 아버지는 조 목사님의 제자도 아니셨고, 또 제자였다 한들 감히 조 목사님을 편히 만날 수 있는 위치도 아니셨지만, 성도님들이 욕심을 내어 머리를 내밀면 조용기 목사님을 만날 수 있던 때였기에 어머니는 조 목사님을 뵐 수 있었습니다.

어머니는 조용기 목사님께 내 이름을 지어 달라 간청하였고, 조 목사님은 '재우'와 '재명'이라는 이름을 두고 한참을 기도하셨다고 합니다. 성령의 비와 성령의 빛, 이 둘을 놓고 기도하신 후에 "성령의 빛이 있는 삶을 살라"고 말씀하시며 재명이라는 이름을 주셨습니다. 그래서 나는 '재명'이라는 이름을 갖고 살게 되었으며, 그것이 나와 조용기 목사님과의 첫 만남이 되었습니다.

꿈을 기록하여 바라보라

내가 어렸을 때 나의 어머니는 누나와 형을 동원해 조용기 목사님의 『4차원의 영성 The Fourth Dimension』을 번역하게 했습니다. 4차원의 영성이 아직 한글로 번역되지 않은 때였습니다. 당시 중고등학생이던 우리에게 번역은 쉬운 일이 아니었습니다. 더욱이 컴퓨터나 프린터기가 있어 정리하는 것도 아니고 노트에 볼펜으로 한 줄 한 줄 써 내려가야 하는 상황이었습니다. 그렇게 서툴고 어설프기만 한 번역본을 만들기 시작했습니다. 어머니는 한 챕터씩 번역이 끝날 때마다 그것을 복사해 구역 식구들과 나눠 읽으셨습니다. 책을 모두 번역하지는 못했지만, 지금 생각해 보면 '4차원의 영성'을 우리의 가슴에 깊이 새겨 놓을 수 있는 계기가 되었던 것만은 확실했습니다. 그래서였는지 이후 『4차원의 영성』은 우리 남매에게 의미 있는 책이 되었고 우리의 삶에 깊이 자리 잡게 되었습니다. 어머니는 조용기 목사님의 가르침을 따라 우리 책상머리에 꿈을 붙여 주셨습니다. 누나는 교수, 형은 과학자, 나는 목사로 적어 두었습니다. 물론 우리의 의견은 반영하지 않은 어머니의 꿈이었지만 놀랍게도 그 꿈은 우리의 꿈이 되었고, 30여 년이 지난 후 그 꿈은 우리의 현실이 되었습니다.

목회는 기도로 이루어진다

어린 나이에 신학을 하며 입버릇처럼 "예수님이 서른 살에 공생애를 시작하셨으니 나도 서른에 목회를 시작한다"라고 말하곤 했습니다. 다른 친구들은 교육전도사로 사역하며 목회의 경력을 쌓아나갔지만 나는 서른 살까지 목회를 준비했고 감사하게도 서른 살이 되는 해, 여의도순복음교회 교역자로 사역을 시작하게 되었습니다. 그런데 사역을 시작한 지 얼마 되지 않아 고민이 생겼습니다. 계속 공부를 해야 하는지 아니면 목회에 전념해야 하는지에 대한 갈등이었습니다. 동기들이 학업을 이어 가며 학위를 취득하는 것을 보면서 부러운 마음도 있었던 것 같습니다. 작정 기도를 하며 하나님의 인도하심을 구하고 있을 때였습니다. 우연이었는지 하나님의 섭리였는지 알 수 없지만 40일 기도를 마치는 날이 수요일 교직원 예배가 있던 날이었습니다. 그날 아침 교역자 예배를 인도하시던 조용기 목사님의 첫 말씀은 "여러분은 목회자가 되려 합니까? 신학자가 되려 합니까? 만약 목회자가 되려 한다면 여의도에 들어올 정도만 공부했으면 됩니다. 목회자는 기도로 이루어집니다. 하나님께 기도하고 목회하십시오"라는 것이었습니다. 여느 때와는 달리 확고하며 단호한 말씀이었습니다. 이 말씀이 나에게 주시는 하나님의 응답이었음을 확신할 수 있었습니다. 그리고 그날 이후 오직 목회에 전념하며 달려올 때 하나님은 나에게 큰 은혜의 선물들을 주셨습니다.

상 받기를 바라라

그렇게 목회에 전념하고 여의도에서 부 교역자로 사역하고 있던 어느 날, 조용기 목사님의 설교가 내 마음에 들어오는 것을 느꼈습니다. "상 받기를 사모하세요. 하나님께 상 받으려 할 때 우리의 삶이 견고해질 것입니다." 그 말씀이 나에게는 큰 소망으로 다가왔습니다. '하나님에게 상을 받는 것은 고사하고 조용기 목사님께 상을 받고 싶다. 나도 조 목사님 앞에 서고 싶다'라는 마음이 생겨났습니다. 그런데 놀랍게 그 해가 끝나기 전 조용기 목사님께 세 가지의 상을 받게 되었습니다. 아직도 내 책상에는 그때 부상으로 받은 시계와 성경책이 놓여 있습니다. 특별히 마지막으로 받은 상은 6개월간 진행된 목회자 보수교육 과정에서 일등을 해서 조용기 목사님께 직접 상을 받았습니다. 그날 이후 "상 받기를 바라라"는 말씀은 나의 목회의 한 부분이 되었습니다. 상을 기대하며 목회의 사역을 해나갈 때 열심과 열정을 낼 수 있었습니다. 그리고 반드시 하나님이 상 주실 것을 믿으니 어떤 어려움도 이겨 낼 수 있었습니다. 더욱이 이후 정말 큰 상을 받았는데 여의도순복음성북교회 담임목사로 세워 주신 일이었습니다. 지금도 조용기 목사님께 감사드리며, 무엇으로도 보답할 수 없는 은혜로 마음에 새기고 있습니다.

교회의 부흥은 설교로 승부 된다

처음 담임목사가 되고 조용기 목사님을 모시는 축복 성회를 개최하게 되었

습니다. 설레는 마음으로 목사님을 찾아뵈었을 때 뜻밖에도 "설교 잘 듣고 있다. 잘하고 있다"라고 하시며 "교회는 프로그램이 이끄는 것이 아니다. 오직 말씀과 예배이다. 설교가 은혜가 되면 성도들은 몰려온다"라고 말씀하셨습니다. 처음에는 내 설교를 듣는다는 조 목사님의 말씀을 단순한 인사치레라 여겼지만, 마음 한편으로는 '내가 뭐라고 조 목사님께서 인사치레하실까'라는 생각이 들어 설교에 더 열정을 낼 수밖에 없었습니다. 조용기 목사님이 언제 어디서 어떤 설교를 보고 들으실지 몰라서 한편의 설교를 할 때마다 열정을 다하게 되었습니다.

그리고 여의도순복음성북교회를 이끌어 가며 상번제를 작정하고 아침과 저녁으로 예배를 드리게 되었습니다. 이러한 예배의 열정이 1년이면 1천 번의 예배가 되었고, 매년 드려진 '일천번제 감사 예배'도 10년이라는 시간을 쌓게 되었습니다. 그 기도를 통해서 성도님들이 힘을 얻을 뿐 아니라 참으로 많은 복을 누리게 되었습니다.

이 사람아, 무슨 말인가 네 입을 크게 열게

여의도순복음성북교회에서 선교사를 파송하고 필리핀에 선교관을 세우며 국내 국외 사역의 장을 펼쳐갈 수 있게 된 것 역시 조용기 목사님의 기도와 격려의 말씀 덕분이었습니다. 조 목사님께 교회 사역을 보고드리며 "우리 교회를 기도하며 예배하는 교회로 세워가겠다"라고 말씀을 드렸을 때 뜻밖에도 조 목사님께서 호통을 치시며 말씀하셨습니다. "이 사람아, 무슨 말인가. 네 입을 크게 열게. 사역은 네가 하는 것이 아니라 성령님이 이끄시는 대로 하는 거야"라고 말씀하셨습니다. 그저 성도들과 조촐하게 예배하며 오순도순 목회하기를 바라는 마음이 내 안에 있었지만, 목사님의 말씀을 통해 우리 교회를 향한 하나님의 마음을 알게 된 것입니다. 그렇게 하나님의 뜻과 계획을 알게 된 이후 조용기 목사님의 가르침을 따라 선교의 사역뿐 아니라 다음 세대를 향한 '비전센터'와 '블레싱스쿨' 그리고 '블레싱오케스트라'까지 사역을 넓혀가며 지역과 선교지의 다음 세대를 섬기고 있습니다.

마귀의 파도는 파멸을 가져오지만, 하나님의 파도는 축복이다

축복 성회를 위해 우리 교회를 방문하신 조용기 목사님께서 강력하게 마귀를 쫓아내신 기억이 있습니다. 강하게 기도하시는 모습을 강대상에서 바라보며 의아하게 여기고 있던 내게 성회를 마친 후 조용기 목사님께서 "교회 마귀들을 다 쫓았다. 깨끗이 청소했다"라고 말씀하셨습니다. 실상 초창기 여의도순복음교회의 예배에는 성령충만을 위한 기도와 귀신을 내쫓는

양 기둥의 기도가 있었습니다. 무슨 일만 있으면 마귀 탓을 할 만큼 우리는 마귀에 대한 존재를 기억하며 그들을 내쫓았었습니다. 그런데 언제인지 모르게 마귀를 쫓아내는 기도보다는 신사적으로 예수 믿게 된 것 같습니다. 그래서 조용기 목사님도 이 시대의 마귀는 성도들로 하여금 그들의 존재를 알지 못하게 하는 것이라 말씀하셨으리라 생각됩니다. 이어서 조 목사님은 "너희에게 기도의 바람이 불고 있다. 교회에 파도가 일고 있다. 마귀의 파도는 파멸을 가져오지만, 하나님의 파도는 축복이다"라고 말씀하셨습니다. 이 말씀은 목사님께서 우리 교회에 전해 주신 마지막 말씀이요, 기도였습니다. 조 목사님의 예언적 기도가 여의도순복음성북교회에 이루어지기까지 그의 말씀을 기억하고, 목사님의 삶을 기억하려 합니다.

조용기 목사님은 살아 있는 하나님의 사자였고, 성령과 함께한 성령의 동역자였습니다. 그분으로 인해 성령을 알고 성령과 함께 살아가게 되었습니다. 조 목사님을 잊지 않고, 그분의 가르침을 잊지 않겠습니다. 조 목사님의 성역 64년을 이어 65년으로 살아가겠습니다. 하나님의 뜻이 조용기 목사님을 통해 이루어졌듯, 이제 우리를 통해 이루어질 것을 믿습니다.

김형근 목사 · 순복음금정교회

호주 시드니 매쿼리대학교 철학박사(Ph.D.)·호주 브리즈번순복음교회 청년대학부 담당·시드니순복음교회 청년대학부 담당·지성전 담임 및 성경 교육 담당·여의도순복음교회 영어예배 담당·국제신학연구원 목회연구소장 및 신학연구소장·사)교회성장연구소 소장·호주 알파크루시스 신학대학교 교수·한세대학교 외래교수·영산순복음신학원 교수·순복음총회신학원 교수·현) 순복음금정교회 담임목사

36

영원히 위대한 종이신 사랑하는 목사님

36
영원히 위대한 종이신 사랑하는 목사님

신유기도 시간에 일어난 기적

대학교 다닐 때 허리가 아파서 고생한 적이 있었습니다. 그러던 중에 친한 친구의 소개로 여의도순복음교회에 출석하게 되었습니다. 그 친구는 나에게 조용기 목사님께서 신유의 은사가 있는데 조 목사님께서 기도해 주시면 반드시 나을 것이라며 전도했습니다. 허리 통증이 심했던 나는 친구 말에 기대와 소망을 품고 조용기 목사님께서 설교하시는 예배에 참석했습니다. 예배를 드리는 가운데 조 목사님의 신유 기도를 받고 실제로 허리의 통증이 사라지고 치유되는 기적을 체험했습니다. 이 치유 사건 이후로 살아계신 하나님, 병을 고치시는 치료의 하나님을 만나게 되었고 원래 출석하던 장로교 교회에서 여의도순복음교회로 옮겨 신앙생활을 하게 되었습니다.

영원한 설교 리더십

개인적으로 살아계신 하나님을 체험하고 난 뒤에 그해 방언을 받게 되었습니다. 그리고 조용기 목사님의 설교 테이프를 사서 매일 밤 테이프 앞, 뒤가 늘어질 정도로 설교를 듣고 많은 은혜를 받았습니다. 나중에 호주에서 '설교 리더십'으로 박사 학위를 공부하게 되었는데, 그때 조용기 목사님의 설교와 목회 리더십이 큰 힘이 되었습니다. 특히 조 목사님께서 해외 설교를 다니시면서 영어로 설교하시는 모습이 나에게는 큰 도전과 은혜가 되어 내가 영어 공부를 다시 시작하는 중요한 동기가 되었습니다. 조 목사님의 설교를 통하여 나는 어떤 일을 하든지 십자가 위에 예수 그리스도와 함께 죽고 무덤에서 부활하는 신앙을 소유하게 되었습니다. 또한 어떤 상황 속에서도 긍정적인 생각을 하고 감사하며 사는 영적인 영향력을 받게 되었습니다.

잊지 못할 수요예배 동시통역

호주 브리즈번에서 4년의 유학을 마치고 2000~2005년까지 여의도순복음교회 수요예배 동시통역을 하게 되었습니다. 대성전 2층 통역실에서 조용기 목사님의 설교를 꾸준하게 통역한 그때가 목사님의 설교와 영성, 그리고 어떤 마음으로 사역을 해야 하는지를 배울 수 있는 귀한 시간이었습니다.

해외에 있으면서 받은 은혜

조용기 목사님께서는 2005년에 내가 철학박사 학업을 할 수 있도록 배려해 주시고 장학금 혜택까지 주셨습니다. 그리고 호주 시드니 매쿼리대학교Macquarie University에서 '교회성장과 설교 리더십'에 대한 공부를 했었는데 당시 조용기 목사님의 설교와 리더십의 깊은 은혜를 내 삶에 적용할 수 있는 좋은 기회였습니다. 또한 그 기간은 단순히 학문적으로만 공부할 뿐만 아니라 호주 시드니순복음교회에서 매주 설교하며 조용기 목사님의 설교와 목회의 영성을 실제로 나의 삶과 사역에 접목할 수 있게 되었습니다. 지금 생각해 보면 조용기 목사님께 가장 감사드리고 싶은 추억입니다.

무엇보다 학위 과정 중에 조 목사님과 인터뷰를 할 기회가 있었습니다. 조 목사님께서는 나에게 "학위는 끝까지 포기하지 않고 공부를 하게 되면 딸 수 있게 된다"라고 말씀하시면서 "열심히 학위를 끝낼 때까지 공부하라"고 말씀하시며 용기를 주셨던 기억이 납니다.

호주 시드니순복음교회에서 사역하면서 호주 청년들과 해외 단기선교를 가게 되었습니다. 단기선교를 마치고 조용기 목사님을 서울에 와서 뵈었습니다. 조용기 목사님께서 말씀하셨던 것이 "하나님의 목회 사역은 늘 십자가만 바라봐야 한다"였고, 그때 내가 담당하던 청년부에 많은 어려움이 있었는데 목사님의 말씀대로 모든 부서원이 십자가만 바라보고 기도했을 때 신기하게 모든 문제가 해결되었던 것을 기억합니다.

사역의 첫발

1997년도 내가 제일 먼저 목회했던 곳은 호주 브리즈번순복음교회에서 청년 대학부 담당 전도사로 사역을 시작했습니다. 당시 청년들과 성도들은 서울에서 배달되는 목사님의 설교 테이프를 함께 들으면서 큰 은혜를 받았습니다. 또 조용기 목사님의 『4차원의 영성』을 읽으며 그 내용을 중심으로 토론했습니다. 이민 교회에서 변화될 수 없을 것이라고 여겨졌던 사람들이 하나둘 변화되는 것을 직접 목격하게 되었습니다.

1999년부터 2005년까지 여의도순복음교회 영어예배 선데이 스쿨 담당, 영어예배 담당 목사로 사역을 하게 되었습니다. 주로 한국에 거주하는 미군들이 영어 예배에 많이 출석하고 있었습니다. 군인 가족을 돌보며 목회를 하는데 '조용기 목사님Dr. Rev. Yonggi Cho'에 대한 외국 사람들의 생각을 들을 수 있었고, 체험하게 되었습니다. 실제로 한 미국 군인이신 성도님은 일부러 한국에 자원하여 파견 근무를 나오게 된 이유가 조용기 목사님이 인도하시는 예배를 현장에서 직접 드리고 싶어서라고 말했습니다. 미군 부대의 군 목사님들조차도 조용기 목사님에 대한 각별한 사랑과 존경심을 표현하기도 했습니다. 내가 용산 대교구 외국인 교구장으로 사역할 때 조용기 목사님을 사랑하는 많은 분께 물심양면의 큰 도움을 받았던 기억이 있습니다. 이 모든 것이 조용기 목사님을 통해서 하나님께서 나에게 부어 주신 큰 은혜였습니다.

호주 시드니에서 박사과정을 하면서 받은 은혜들

나는 다시 하나님의 은혜로 2005년부터 2011년까지 박사 과정을 공부하는 가운데 호주 시드니순복음교회에서 사역할 기회가 있었습니다. 당시 호주 시드니순복음교회는 정우성정바울 목사님이 담임하셨습니다. 하나님의 은혜 가운데 영어 예배와 지성전 담임목사를 맡아 사역하면서 참 많은 간증이 있었습니다. 조용기 목사님께서는 국내뿐만이 아니라 해외에서도 많은 분의 존경과 사랑을 받으셨는데 호주에 있는 많은 목회자도 조용기 목사님을 존경하고 또 사모하고 있었습니다.

특별히 조용기 목사님께서 오래전에 멜버른에서 집회를 하실 때 정확한 꿈과 목표를 정하라는 설교를 하셨습니다. 예를 들면 내년에는 몇 배가 부흥되는 것을, 또는 지금의 교회가 두 배로 성장하고 내년에는 어떤 일이 일어나기를 바라보는 등 눈에 보이는 가시적인 목표를 추구하라는 말씀을 듣고 멜버른 지역으로부터 호주 전역에 큰 부흥의 바람이 불었던 정말 전설과도 같은 이야기가 있습니다.

조용기 목사님의 집회 가운데 큰 은혜 받은 이야기들을 호주에서 늘 들을 수가 있었습니다. 실제로 호주 현지 교회 목사님이 나를 식사에 초대해서 갔던 적이 있습니다. 호주 목사님이 말씀하시기를 "제가 조용기 목사님을 통하여 많은 은혜를 받고 늘 갚고 싶은 소망이 있었습니다. 한국에서 여의도순복음교회 목사님이 호주에서 박사 과정을 공부하며 사역한다는 이야기를 들었고, 조용기 목사님께 받은 은혜가 감사해서 섬기고 싶은 마음에 식사 초대를 했습니다"라고 말할 정도로 조용기 목사님의 영향을 받은 사람이 많았습니다. 세계 곳곳에서 조용기 목사님을 통한 하나님의 그 은혜를 체험하고 조 목사님 사역의 체취가 느껴졌습니다. 해외 선교지에서 조 목사님의 영향력을 더욱더 가깝게 느낄 수 있는 귀한 시간이었습니다.

여러 연구소에서 연구한 목사님의 신학

귀국 후 국제신학연구원 신학연구소장과 목회연구소장을 역임하면서 조용기 목사님과 여의도순복음교회에 관하여 많은 연구를 할 수 있어서 감사했습니다. 특별히 교회성장연구소 소장으로 있으면서 한국에 있는 큰 교회를 방문할 기회가 많았습니다. 그런데 그때 만났던 대부분의 목사님이 여의도순복음교회 조용기 목사님과 오산리최자실기념금식기도원에 관련된 추억들을 한두 가지 이상 가지고 있었습니다. 그만큼 조용기 목사님은 한국 교회와 나아가 전 세계에 영향력을 끼쳤던 목사님이신 것을 확인할 수가 있었습니다.

현장에서 적용하는 변화의 역사

내가 부산 순복음금정교회 담임목사로 사역하면서 조용기 목사님으로부터 배웠던 설교와 십자가의 영성은 내 삶의 끊임없는 도전과 변화를 촉구시켰습니다. 특별히 오중복음과 삼중축복, 4차원의 영적 세계를 현대 사회에 맞게 변화시켜 순복음의 정체성 및 순복음의 신앙 노선을 성도들과 나누고 있습니다. 그러면서 오늘날에 필요한 순복음의 정체성을 확립할 수 있는 좋은 시간을 가지고 있습니다.

특별히 지난 2021년은 '21일 다니엘 말씀 양육'을 다섯 차례 인도하면서 올라인온라인과 오프라인을 통해 예배를 드렸습니다. 코로나19로 힘든 교회 환경 속에서도 출석 성도가 늘고 있는 은혜는 조용기 목사님으로부터 받은 십자가의 고난과 부활의 영성입니다. 순복음금정교회 성도님의 헌신과 기도로 교회를 리노베이션 했고, 교회 근처 신도시에 종교부지를 구입할 수 있었던 것도 모두 성령님의 은혜요, 조용기 목사님으로부터 물려받은 삼중축복의 열매입니다.

식탁에서 들려주신 메시지

조용기 목사님은 경남과 부산 지역에서 성장하셨기에 부산에 오시면 생가를 방문하시고 저녁 식사를 같이하곤 했습니다. 특히 2019년 12월 12일과 2020년 5월 20일 조용기 목사님과 저녁 식사를 하면서 기도에 대한 잊을 수 없는 가르침을 받았습니다. 조 목사님께서는 "기도는 무엇인가? 끝까지 한 가지 목표를 설정하고 응답받을 때까지 간절히 드리는 것이다"라고 말씀해 주셨습니다. 평생 사역을 하면서 조용기 목사님의 기도에 대한 메시지를 기억하겠습니다.

역사는 영원히 위대한 종으로 평가할 것

조용기 목사님은 한국과 세계를 빛낸 하나님의 위대한 종이십니다. 역사는 조용기 목사님을 하나님의 위대한 종으로 평가할 것입니다.

'사랑하고 존경하는 목사님, 목사님께서 천국에서 제자들과 교회를 위해 중보해 주실 때에 하나님의 놀라운 은혜와 부흥이 끊이지 않게 될 것을 확신합니다. 목사님, 사랑합니다. 그리고 감사합니다.'

조용기 목사님을 기리며

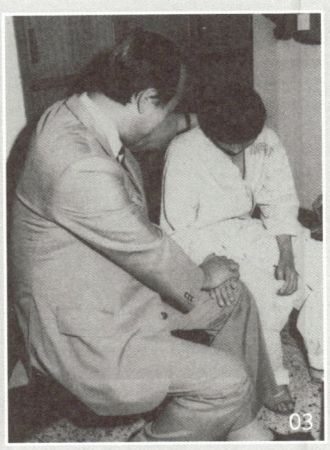

01. 1958년 순복음신학교 졸업식 날 최자실 목사와 함께
02. 불광동 천막교회 시절 건축 준비 중 최자실 목사와 함께
03. 심방하며 기도해 주는 모습
04. 최자실 목사, 이영훈 목사의 모친 김선실 목사와 함께
05. 결혼식 직후 김성혜 사모와 함께
06-07. 국민훈장 무궁화장 받은 모습

08. 민족 제단 상량식
09. 새 성전 착공 예배 후 진행된 시삽식
10-11. 동양 최대 돔 방식으로 건축되는
　　　 성전 착공식
12-13. 성도 10만 돌파 기념 예배

14. 영국 웨스트민스터 센트럴홀 부활절 설교하는 모습
15. 1969년 제3차 동북아시아대회
16. 개척교회 시절 통역하는 모습
17. 1981년 대만 장로교 연합부흥성회 설교하는 모습
18. 1987년 아르헨티나 성회에서 알폰신 대통령과 함께
19. 빌리 그레이엄 목사와 함께
20. 로버트 슐러 목사와 함께
21. 2012년 인도 하이데라바드 성회에서 안수하는 모습
22. 2012년 인도 복음화 대성회 목회자 세미나
23. 2012년 아부다비 성회

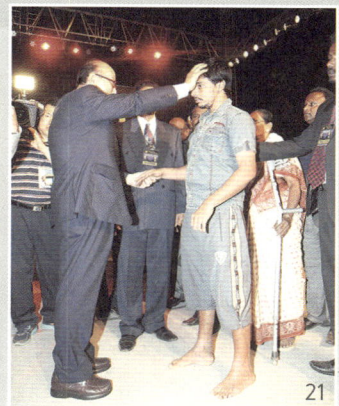

24-25. 1990년 여의도 광장 구국기도회
26. 잠실 올림픽 주경기장 구국기도회
27. 1992년 남북통일과 민족복음화 기도대성회, 로버트 슐러 목사와 함께
28. 1995년 성령엑스포 성회
29. 2006년 아주사 100주년 기념성회
30. 북한 조용기 심장병원 착공식
31. 2008년 8월 6일 부시 대통령을 만남
32. 북한 봉수교회 앞에서
33. 김대중 전 대통령과 함께
34. 한경직 목사와 함께

30

31

32

33

34

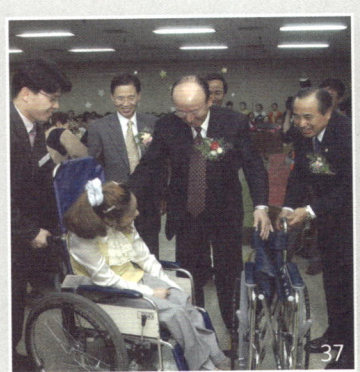
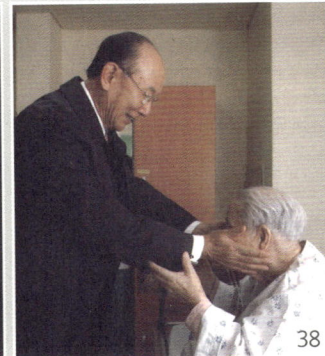
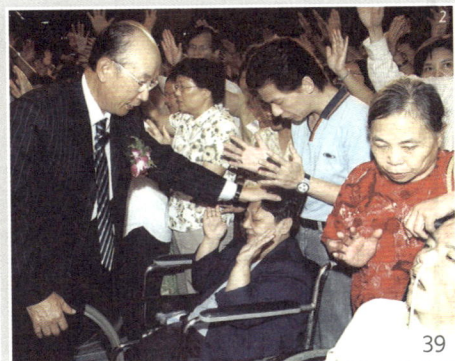

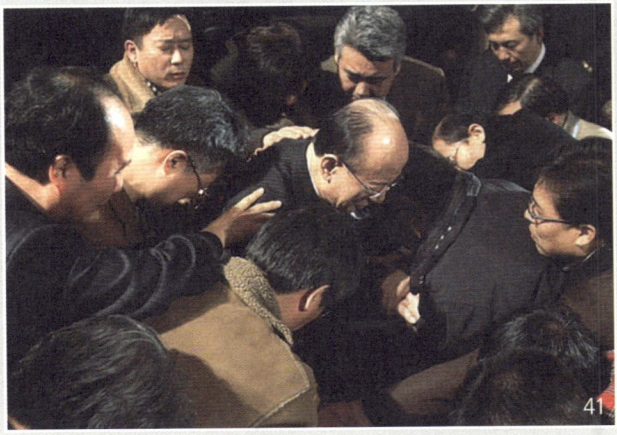

35. 2005년 서울 힐튼호텔 컨벤션센터에서 열린 제37회 국가 조찬 기도회
36. CGI 대회때 피터와그너 박사와 함께
37-40. 환우들을 돌보고 기도하는 모습
41. 비판적인 목사님들과 화해 시간

42. 2007년 태안 기름 유출 사고 현장에서 기름때 제거 작업하는 모습
43. 한세대학교 영산신학 심포지움 예배 후
44-45. 영목회 주최 생신 축하연
46. 한세대학교 명예 문학박사 학위 수여식

47-50. 스승의 날을 맞이하여 영목회 회원과 함께
51. 오산리금식기도원 성회
52. 상암경기장 기도대성회
53. 여의도순복음교회 전경
54. 성역 50주년 및 원로목사 추대 예배

영산(靈山)의 기슭에서

초판 1쇄 발행 | 2022년 3월 16일

편　저　영목회

발행인　이영훈
편집인　김영석

펴낸곳　교회성장연구소
등록번호　제 12-177호
주　소　서울시 영등포구 은행로 59 영산복지센터 4층
전　화　02-2036-7936
팩　스　02-2036-7910

홈페이지　www.pastor21.net
쇼핑몰　www.icgbooks.net

※ 책 값은 뒤표지에 있습니다.
※ 잘못된 책은 구입하신 곳에서 교환해 드립니다.
※ 이 책은 저작권법에 의해 보호를 받는 저작물이므로 무단 전재 및 무단 복제를 금합니다.
※ 이 책에 편집된 사진 일부는 순복음가족신문 김용두 팀장이 제공해 주었습니다.

ISBN | 978-89-8304-330-6 03230

"무슨 일을 하든지 마음을 다하여 주께 하듯 하라" 골 3:23

교회성장연구소는 한국 모든 교회가 건강한 교회성장을 이루어 하나님 나라에 영광을 돌리는 일꾼으로 성장하는 것을 목표로, 목회자의 사역은 물론 성도들의 영적 성장을 도울 수 있는 필독서를 출간하고 있다. 주를 섬기는 사명감을 바탕으로 모든 사역의 시작과 끝을 기도로 임하며 사람 중심이 아닌 하나님 중심으로 경영한다. "무슨 일을 하든지 마음을 다하여 주께 하듯 하라"는 말씀을 늘 마음에 새겨 하나님께서 주신 사명을 기쁨으로 감당한다.